生活因阅读而精彩

生活因阅读而精彩

管人容易

GUANREN RONGYI GUANXINNAN

管心难

禅门十一堂人心管理课

韦 渡 ⊙编著

中国华侨出版社

图书在版编目(CIP)数据

管人容易管心难:禅门十一堂人心管理课 / 韦渡编
著.—北京:中国华侨出版社,2012.5

ISBN 978-7-5113-2318-7

Ⅰ.①管… Ⅱ.①韦… Ⅲ.①禅宗-应用-企业管理
Ⅳ.①F270

中国版本图书馆 CIP 数据核字(2012)第 073219 号

管人容易管心难:禅门十一堂人心管理课

编　著 /	韦　渡
责任编辑 /	尹　影
责任校对 /	孙　丽
经　销 /	新华书店
开　本 /	787×1092 毫米　1/16 开　印张/19　字数/290 千字
印　刷 /	北京溢漾印刷有限公司
版　次 /	2012 年 6 月第 1 版　2012 年 6 月第 1 次印刷
书　号 /	ISBN 978-7-5113-2318-7
定　价 /	33.00 元

中国华侨出版社　北京市朝阳区静安里 26 号通成达大厦 3 层　邮编:100028
法律顾问:陈鹰律师事务所
编辑部:(010)64443056　　64443979
发行部:(010)64443051　　传真:(010)64439708
网址:www.oveaschin.com
E-mail:oveaschin@sina.com

　　"诸行无常是一切有为法"，禅学认为，世间唯一不变的就是变化，世界上没有常存不变之物，变化普遍存在于一切时间和空间。对于企业管理者来讲，更应该将这种"诸行无常"的发展变化观运用到企业的经营管理当中。

　　今天的市场环境无时无刻不在发生着变化，市场需求、竞争对手、经济环境、宏观政策乃至世界格局都处在无常的变化之中。面对这纷繁复杂的变化，企业管理者必须具备因时而变、因势而变、以变应变、以变制变的思想和能力，不能有一丝一毫的懈怠和放松。

　　禅学通过对人之禅性的精细分析，把能否修身养性完全归于人的自身、归于人的自我努力、归于人对于内心的自我净化，从而确立了人及其思维的中心地位，这又与现代企业的管理精髓不谋而合。应该说，现代企业管理强调的就是"以人为中心"的管理，通过经营人心达到员工与企业共同发展，从而实现双赢的最终目的，因此，企业管

理也要像禅学所主张的"对心的修炼"一样，强调并重视人及人心。

本书通过以慈摄众、以法领众、以智教众、以容管众、以利养众、以变示众、以平待众、以谦笼众、以理服众、以文合众、以实率众等诸多章节，向读者展示了包罗万象、深湛难解的禅学对于企业管理的妙用，让企业管理者有如醍醐灌顶一般参透个中的玄妙。

究竟人们如何借助深湛的禅理将其融入现代企业管理之中呢？那就请翻开本书，在书中寻获你要寻找的答案吧。

目录

1

3

第一堂管理课

以慈摄众，
用慈爱之心感化大众

佛教倡导慈悲为怀，那么慈悲是什么?慈悲是一种悲天悯人、济人苦难的博大深厚、至善至美的情怀，正是因为有了这样的情怀，佛祖释迦牟尼在29岁时有感于人世生、老、病、死等诸多苦恼，便舍弃王族生活，出家修行。35岁时，他在菩提树下大彻大悟，遂开启佛教，这种舍身本身就是一种慈悲。正是因为他具有拯救万物生灵的慈悲心，才有了日后放弃自己所有、出家修行以度化迷途中的众生的举动；正是因为有了这样的情怀，玄奘大师才会过雪山、渡流沙，历经19年的艰难险阻，最终取回圣典；也正是因为有了这样的情怀，太虚大师才会力排众议，顶着种种压力革新佛教，直至鞠躬尽瘁、死而后已……

尽管从古至今，人人都会倡导慈悲，甚至自己也在奉行慈悲，但对于慈悲的意义与层次却不一定能了解透彻。从广义上来讲，慈悲是净化的爱、升华的爱，是无私而充满智慧的服务济助，是不求回报的布施奉献，是成就对方的一种愿心，集合了爱心、智慧、愿力与布施；从佛学的观点来讲，"慈"是与人以乐，"悲"是拔人以苦。"慈悲"的含义有两层：一是助人，自己拔苦得乐；二是自己拔苦得乐，其真实意义就是助人得乐，自己也得乐。慈悲并非一个简单的词汇或概念，它含摄三界众生，佛教也不是一个狭隘的宗教概念或一门特殊的哲学理论，当然更并非是某些人所批判的度亡宗教和民间迷信。佛教的令度是博大的，佛教的精神也是积极入世的，而这种积极入世的精神表现在形质上就是"慈悲"二字：在人们的心目中，地狱是最苦难、最可怕的地方，但地藏菩萨却自愿到那里度化众生，并且发出"地狱不空，誓不成佛"的大愿；证严法师因目睹了人间的种种苦难，也因而发出了"让天下所有的苦难就由我一介贫尼来承担"的悲呼，继而创办了从最初的艰难发展到今天颇具规模的慈善机构，这可以说是对"慈悲"二字最有力的阐释。

佛教的三藏十二部虽然有数不胜数的法门和教义，但却皆是以慈悲为根本。佛经上说："一切佛法如果离开慈悲，则为魔法。"由此可见，慈悲思想与佛教关系之密切，尤其是大乘佛教的菩萨道更是佛教慈悲精神

的实践与完成："菩萨因众生而生大悲心，因大悲心而长养菩提，因菩提而成就佛道。"换言之，如果众生的忧苦没有激发菩萨的慈悲心，进而上求下化、拔苦与乐，那么最终无法成就菩提大道。因此可以说，慈悲心是菩萨成佛的必要条件。

尽管"慈悲为怀"这个词在千百年来一直被人们口耳相传，是人人都耳熟能详的口头禅，但是如果进一步去探讨，许多人却未必了解慈悲的真谛。

慈悲不是一纸空谈，它最早是由佛祖释迦牟尼身体力行并倡导开来的。据说佛祖曾不辞辛苦地为生病的比丘看病，照顾其生活起居，还为双目失明的阿那律尊者穿针引线、缝制新衣，不厌烦琐。正是因为释迦牟尼从不以权威力量来摄服大众，而总是以无与伦比的慈悲之心来摄服大众，故而得享万世声名，收罗无尽信徒。

慈悲之心是使万物能够生生不息的源泉，人间之所以还留有几分美好，皆是因为人间还有慈悲。一个家庭如果缺乏慈悲，纵然再奢华、再富足，住在里边的人也形同生活在金子打造的冰窖里；一个服务机关如果缺乏慈悲，即使其福利再优厚，也不过是让人感觉自己得到的是施舍。同样，一个企业如果缺乏慈悲，即使实力再雄厚，也不过是一台冷冰冰的办公场所，员工只会将其视为糊口谋生的地方，而永远不会将其视为一个温暖的家庭，而缺乏凝聚力的直接后果就是，一旦有了工资更高的谋生场所，员工便会毫不留恋地抛弃旧"饭碗"。留不住人才就等于自掘坟墓，长此以往，导致企业最终破败就是显而易见的事实了。相反，如果企业能够学习佛祖释迦牟尼以慈摄众，将慈悲之心带入企业，用慈爱之心感化大众，那么其员工的工作势必易于开展，企业也必然会发展壮大。

第一节 视彼如己,慈悲法象,不分彼此

□ 核心提示

佛经有云:菩萨无我相,故对一切众生常生慈爱心,视彼如己,毫无彼此之分。菩萨自度度他,对每位众生皆发和谐之语。

佛祖释迦牟尼所倡导的慈悲并非仅限于待人以诚、母慈子孝,这类慈悲是道德之基,而佛祖的"慈悲"远非于此。毋庸置疑,释迦牟尼是伟大的,他的最伟大之处就在于能教会一个普通人如何做好人,把一个立志成佛的人超度为一位对人类有贡献的圣人。从创立佛教、收罗信徒,直到现在遍布世界各地的佛庙,从经营管理的角度来看,释迦牟尼应该是世界上最伟大的企业家,其所传承的事业在其死后两千多年依然香火繁盛。应该说,佛教几乎没有任何形式意义上的产品,它提供给世人的仅仅只是慈悲的爱和大彻大悟的智慧。那么,释迦牟尼究竟如何创造了这样数量惊人的"财富"?不可否认,"慈悲"是释迦牟尼手中最有力的武器。

在《大正藏·六度集经》中有这样一个故事。

在很久很久以前,有500个商人一起去海中采集宝贝,他们在风吹日晒的环境中与狂风恶浪搏斗了足足几个月,克服了种种艰难险阻,最后终于得到了许多世上罕见的珍宝。商人们欢呼雀跃,庆幸自己没有白受这几个月的苦楚,却不料想一场铺天盖地的灾难正悄悄向他们逼近。

就在他们满载着财宝准备返航的时候,突然间,海上狂风骤起、乌云

翻滚，天地顿时陷入了一片漆黑之中。黑暗过后，刺眼的闪电和震耳的雷声使得商人们在一瞬间明白了自己的处境：在雷鸣电闪中，他们清楚地看见了站立在滔天恶浪里、面目狰狞的海神率众包围了船队，海神那双血红的眼睛在黑暗中闪闪发光，凶狠地盯着这些商人。

商船上顿时一阵恐慌，每个人都绝望地喊着："完了！这下我们都跑不掉了，只有死路一条！"

商船上有位年轻的商人在这个万分危急的时刻也和大家一样焦急、绝望、恐怖，唯一与大家不同的是，他并没有失去往日的冷静："在这关键时刻，最主要的是想一个办法，不惜一切代价挽救大家的性命。过去曾经听说海神有洁癖，他们最厌恶的就是死尸，如果我们把自己的鲜血倾注于大海之中，让海神感到厌恶，也许他们就会放了船上的人。在这危急关头，能以自己的生命救众人性命才是最高尚的！"想到这里，他果断地对众人说，"请诸位用手托着我的身体。"商人们不明白他要干什么，但还是照办了。

年轻人随即抽出一把短刀，迅速向自己的喉管刺去，他死了，殷红的鲜血洒到船上、海中，漂在波浪上。

海神果然是有洁癖的，见到这种情景便慌慌忙忙躲开，海上顿时风平浪静，大家都得救了。

所有的人都被这个年轻人的行为所感动，大家抱着他的尸体，呼天抢地、悲痛欲绝地叫道："天啊！这必定是菩萨下凡呀！宁可我们这些凡夫俗子死去，也不能让这个有德的人死掉呀！上天啊！救救他吧！"

商人们诚心诚意的祈求混合着他们悲痛的泪水，终于深深地感动了天帝释，于是他派天神下凡，用一种天上的仙药灌入年轻人的口中，随后又用仙药涂遍了他的全身。

在众人期待的目光中，年轻人渐渐苏醒过来，他环顾周围，好像刚从梦中醒来一样，奇怪为什么这么多人围着他，而且个个都焦急不安，而后又都笑容满面。当他知道是众人祈求天神救了自己之后，也深深地被他

们的深情感动了。

后来，天帝释又变出各种奇珍异宝送给商人们，比他们原有的还要多 1000 倍，商人们将这些宝物足足装满了几艘大船，然后顺利地返航。

亲友们见到众人归来，个个都兴高采烈，在听说了海上发生的事情后，大家一致同意将这些财宝都用来救济穷人。

可以说，慈悲是一个大概念，它涵盖了太多的东西，涉及了太宽的范围，因此，要想说清慈悲到底是什么，就必须先把它具体化。而结合当代的社会现状，对于现代企业来讲，不妨将慈悲具体化为"以人为本"。

也许很多人一看到"以人为本"，就不免嗤之以鼻，认为它是现代的新名词，与佛教与释尊毫无关系。而事实上，"以人为本"这个词汇的出现最早可追溯到距今 2500 年以前，而且其最早的思想来源正是佛教因众生而慈悲的精神。

据史料记载，在唐贞元年间，罽宾国（又作劫宾国、羯宾国，位于印度北部，即今克什米尔一带之地）三藏般若译《大方广佛华严经》共 40 卷，称为《四十华严》。其中《大方广佛华严经——普贤行愿品》中说："诸佛如来以大悲心而为体故。因于众生，而起大悲；因于大悲，生菩提心；因菩提心，成等正觉。菩提属于众生，若无众生，一切菩萨终不能成无上正觉。"这应该就是最早的"以人为本"的精神了。此外，在《大方广佛华严经》第 20 卷中也提到"王以人为本，亿兆同一身，爱人如爱己，率己以随人"，这似乎应该是"以人为本"最早的出处了。

应该说，现代企业在今天崇尚以人为本是恰如其分、恰如其时的。随着经济社会发展的多样化、复杂化和人们的消费结构、消费观念的转变，现代企业管理在社会文化层面上的观念创新越来越成为一个紧迫的课题。以人为本即人本主义，是现代企业管理理念的精华和主题，"坚持以人为本，树立全面、协调、可持续的发展观，促进经济社会和人的全面发展"的科学发展观，对指导现代企业管理观念的创新、树立以人为本的企业

管理理念具有重大的理论和实践意义，因此，佛教的慈悲所度化出的"以人为本"的理念不仅是佛家慈悲的体现，更是当前企业管理中的要点和重点。

近几年来，"以人为本"算得上是一个比较流行的词汇，很多企业家、管理学者都对这一理念给予了高度的重视。但在企业的发展中，如何真正地体现"以人为本"，使之能够真正为企业的发展以及经济效益的提高产生实际的效用，这就要和释迦牟尼的"慈悲"相衔接了。

企业管理是一门深奥的学问，管理者所要探究的就是如何提高企业的经济效益。那么，企业的经济效益从哪里来？无疑，每一个管理者都会回答："效益是由人创造的。"因此，无论是企业管理还是企业文化都离不开"人"这个主体，而这个主体就是企业中的所有员工。如何能够最大程度地调动企业员工的积极性和主观能动性，培养员工对企业的认同感和归属感，只有很好地解答了这个问题，企业才会进入良性稳定的发展轨道。

那么，企业究竟应该如何"以人为本"呢？这里应该包含两方面的意思，其一，以人为本就是指以人为根本，也就是说，任何事情的完成必须靠人来完成，没有人，就没有发展；其二，就是以人为血液、为生命，把企业的生命与员工的生命紧密结合起来。现代很多企业都认为，只要企业发展壮大了，员工就会有发展。但似乎很少有人愿意进行反向思考，即如果企业把员工的发展当做企业的首要发展，那么员工发展了、提高了，企业自然也能得到相应的发展和提高。

说到"以人为本"的具体实施和操作，首先，企业管理者应该针对"人"的特点去制订管理措施、宣扬企业文化。作为企业的各级管理者，应该站在更高的层次采取有效的措施，发挥每位员工的积极性，以此使企业更具有发展的动力和后劲。特别值得注意的是，发挥员工的积极性、调动员工的主观能动性，靠的不是奖金和职位的诱惑，更不是阴谋拉拢或是结派排挤，而是要靠佛家所倡导的"视彼如己，不分彼此"的理念。

严格来说，"以人为本"中的"人"字可以作不同的理解。一般的理解

是,这里的"人"就是企业的员工,即企业对员工是尊重的,在企业内部的管理中,企业是把员工作为"人"来看待的,而不是将他们等同于机器设备来对待,因此在这些企业中,其管理理念具有很多人性化的东西,很富有人情味。

然而,从世界五百强企业之一的诺基亚所提倡的"以人为本"的理念中,人们却可以发现另外一种对于"人"的解释,那就是顾客。企业的高科技、企业的管理、企业的产品和服务,一切都是为了满足顾客或消费者的需要。当然,以人为本的科技并非只是以顾客为本,它同样要以企业中的人,即企业员工为本,因为这些人是运用科技创造科技成果的人,而顾客正是享用这些科技成果的人。

事实上,以人为本中的"人"还不仅仅限于企业的员工和顾客,还包括企业的其他所有利益相关群体,比如企业的供应商、企业的求职者、企业所处的社区、企业的股东以及企业的合作伙伴等各个领域的人。之所以会形成这样的良好局面,其根本原因是,如果企业对人的尊重是发自内心的,并且已经深入企业的骨髓,成为企业的灵魂,那么它就必然会渗透融合于企业的各种关系之中。

此外,对"以人为本"中的"本"字也需要作进一步的剖析。关于"本",既可以将其解释为"根本",也可以解释为"资本(人力资本)",还可以解释为"原本"、"本性"。因此,"以人为本"实际上并不能明确地体现出到底应该以人为何种"本",是将人作为挣钱的根本、为企业获取利润的人力资本,还是表示企业的管理方式着眼于作为人的员工个人以及群体的本性需要?抑或是将企业的产品或服务作为满足人的根本需要之本?事实上,或许是出于误解,或许是出于实用主义的需要,不少企业一方面口口声声地宣称"以人为本",但在实践中却仅仅将员工作为赚钱的工具。

从本源上来讲,以人为本实际上是"人本主义"的一个命题,而"人本主义"又是针对"资本主义"而提出的。众所周知,早期的企业都是以资本

为中心建立起来的，资本的不断积累和企业规模的不断扩大是企业谋利的最主要手段，再加上资本的相对稀缺和劳动力的相对剩余，人在企业中的地位就必然是从属于资本的，与此相适应的管理也是以"资"为"本"的。然而，随着资本主义生产方式的进步，尤其是 20 世纪 50 年代以后，企业越来越清楚地认识到人对企业生产率以及利润目标的贡献。"人力资本"概念的提出更是将企业中的人提升到比物质资本更为重要的地位上来，于是，"人本主义"逐渐在企业管理理论中占据了主导地位。由于作为人力资本载体的人不仅仅具有生产性，同时还具有社会性，因此，以人为本的管理方式也就应运而生了，其核心是：对企业中的人应当视为人之"本身"，而不仅仅是作为一种资源。由此不难看出，以人为本的"本"，实际上具有一种哲学意义上的"本位"、"本身"的含义，是一种从哲学高度产生的对企业自身性质的再认识。

从事经营管理的人都应该有一颗慈悲为怀、以人为本的心，尤其是领导者更应该具备这种情怀。被世人称为"经营之神"的松下幸之助就曾经遇到过具有这种情怀的管理者。当时他在生意场上曾与人发生纠纷，当双方争执不下时，一位管理者站出来为双方仲裁劝和，并劝告松下幸之助说："松下先生，这件事你就认输好了，要赢是可以赢的，但你应该考虑到你的属下。为了自己的属下，你可以输掉这场纠纷。一个领导者应该替属下设想，并有委曲求全的胸襟才对呀。"这掷地有声的一席话，顿时令当时还在盛怒中的松下幸之助冷静下来并为之感动，认为这位管理者说得很有道理，一个有责任心与地位的人应该具有慈悲为怀的胸襟，没有慈悲心的人与禽兽无异。

其实，严格来说，佛教的以人为本并不等同于西方以人为本位的人本主义，佛教的以人为本就是关怀众生、尊重生命、奉献社会、创造价值，但从某种意义上来说，这种理念对于企业管理也同样适用。一个企业的管理者如果做到了这几点，那么受到企业关怀和尊重的人自然会十倍、百倍地回报于企业，于员工来说，他们会发挥自己的一切光和热为企业

创造价值；于顾客来说，他们会自发地为企业宣扬口碑、购买企业的产品或服务；于对手来说，他们会在竞争之余增加一分敬意和钦佩……正如前面佛经中所提到的那个舍身救人的年轻商人一样，他虽然奉献了自己的生命，但他得到的却是众人真心的悼念和诚心的祈求。年轻人是慈悲的，众位商人同样是慈悲的，他们没有为失去一个争夺财宝的对手而兴奋，反而秉承着人性中最善良、最淳朴的信念，祈求上天让年轻人复活，而最终的结果是，年轻人复活了，众位商人也同样得到了多于以往的财富，这就是慈悲的力量所创造的奇迹。

第二节　舍身大无畏，慈悲法象，我不入地狱，谁入地狱

□ 核心提示

地狱梵名泥犁耶，译为不乐、不自在，可厌苦具、苦器、无有等，号称彼诸有情无悦、无爱、无味、无利、无喜乐，故名泥犁耶。或有说者，由彼先时，造作增长，增上暴恶，身口意业恶行，住彼生彼，令彼相续，故名泥犁耶。

佛教认为，身体不过是地、水、火、风"四大"假合而有的，无常、不净是众苦之本。佛教徒为了行菩萨道，舍己为人、普度众生，不惜牺牲一切，包括自己的生命。

舍身是释迦牟尼"本身"的故事之一，见于《金光明经·舍身品》。很久

很久以前，释迦牟尼曾是南瞻部洲的一个大国——摩诃罗檀囊的小王子，名叫摩诃萨青，天生具有一副慈悲心肠。一天，摩诃萨青入山游玩，见到一只母虎生下7只小虎崽，因为没有食物，即将饥饿而死。王子顿生大悲心，于是走进竹林，脱掉衣服卧倒在地等待饿虎来吃，谁知饿虎因为过度惊奇反而呆滞不动。王子没办法，只好再从高山跳下，并以竹尖刺破颈项，使鲜血汩汩流淌而出。一直咬着嘴唇的饿虎看到鲜血，立刻恢复了神志，吐出鲜红的舌头开始舔食王子的鲜血。饿虎喝足了血，又继续啃食王子的肉体。当时，诸天雨花、大地震动。摩诃萨青王子死后便投身到了兜率天上。

此外，舍身还包括多种形式，如禅宗中有为法舍身的传说，据《五灯会元》卷一载：慧可禅师原为道教信徒，为了向达摩祖师求法，彻夜立于雪地之中，并斩断左臂，表示自己义无反顾地向佛之心；入寺院服劳役、做苦行，也称为舍身，南北朝时期的南朝梁武帝就曾三度舍身入同泰寺；宋代陶谷所著的《清异录·圆通居士》中也说："比丘海光住庐山石虎庵，夜梦长人清瘦而斑衣，言舍身为庵中供养具。"发展到后来，亦用舍身泛指献身、牺牲自己。

应该说，佛教所说的舍身是为了"上求佛道，下化众生"，是一种大无畏的菩萨精神，而非毫无意义的苦行。后世有些人仅从字面意思中解读"舍身"，从而误解了舍身的真正意义，仅仅是在形式上进行模仿，从而产生了许多流弊，比如泰山的舍身崖，过去就常有人"舍身"跳崖，自以为这样就可以得到解脱；还有人愚蠢地燃肉身灯，以为如此便可消除罪行。实际上，这些行为都是毫无意义的苦行，是愚昧无知的表现。

说到舍身，就不能不提到地藏王菩萨，那个"我不入地狱，谁入地狱"的愿望虽然只有短短9个字，读来平淡异常，但细细品味后却令人深刻感受到地藏王菩萨对众生所持的悲悯之心。

幽冥教主地藏王菩萨总管地府，名目莲，是释迦牟尼佛的弟子，十分孝顺。他的母亲刘氏生平吃素，后来受到亲友们的教唆，劝她不用长吃素，可以吃肉，刘氏终于忍不住口腹之欲而破戒吃肉，死后终因其犯破戒吃肉杀生而堕落至地狱饿鬼道中。目莲以神通看到自己的母亲在地狱中受苦，极度伤心，流泪说："我不入地狱，谁入地狱。"于是先后 3 次下地狱救母，后其因孝感动天，受佛祖怜悯，于是传授他盂兰盆之法，以解除其母的厄难。现在民间所流传的农历 7 月 15 日举行的盂兰节就出自"目莲救母"的典故。后来，目莲因有感其母曾堕入地狱受苦，如天下众生父母受苦，于是立下宏愿要度尽苍生。

地藏王菩萨的威德、神通和誓愿是不可思议的，他发愿"地狱不空，誓不成佛；众生度尽，方证菩提"，并用神威度一切罪恶深重的众生，来折服他们。不过，地藏王菩萨的这个宏愿显而易见是极难完成的，地狱何时空了，他才何时成佛，如果地狱中需要度化的众生是一个定数，那么这自然是个容易完成的任务，问题在于这个众生是一个变数，出世的众生总是比逝世的众生多过十倍、百倍、千倍、万倍。众所周知，人要经过几十年的时间才会衰老死去，而出生的人却只要经历怀胎 10 月的短暂时间，所以出生比死去的人数超过几千万倍，因此累得地藏王菩萨到如今也不能成佛。也许有人会问，地藏王菩萨如今想必是十分后悔自己曾经发下那样的宏愿了吧？因为他永远没有成佛的机会了。事实上，地藏王菩萨并没有后悔，他放弃了成佛后的清闲生活，选择了这种终日忙忙碌碌的生活，是因为他觉得他和众生是一体的，如果众生不成佛，他成佛也没有意思，所以他在地狱中苦等众生，和众生保持一种永远同体的因缘。

《六度集经》卷一中有这样一个故事。

很久很久以前，有一个国王名叫萨波达，他心地善良、为人慈悲，经常济困扶贫、行善积德。

天帝释知道这一情况后，十分担心，感到自己的座位底下直发热。因为天帝释这个地位并非终身制，无论是谁，只要坚持修善积德，修行到一定的程度，死后便能转生到天堂当天帝释。

天帝释害怕萨波达国王以后会来夺自己的帝位，就想试探一下萨波达国王，看看他已经修行到了什么程度，有没有将来到天堂当天帝的念头，于是便找来手下的一个侍从对他说："人间有一个国王叫萨波达，据说正在行善积德，名气很大，德行很深，他大概是想夺我的帝位。现在我变作老鹰，你变作鸽子，我追捕你，你就逃到萨波达国王那里向他求救。他既然心肠仁慈，就一定会救你，然后我去向他索求鸽子。他既然答应要救你，就不会把你交出来，也许会买点儿肉来做交换，但我会坚持不答应，如果他真的心肠慈悲，到时候必定会割自己的肉来抵鸽子的命，到时候我就施展一些小法术，令他无论割多少肉，哪怕把全身的肉都割下来还是抵不过鸽子的重量，到时候他一定会后悔答应用自己的肉来换鸽子的命，这样他以前行善积下的功德就完全作废了，也就永远夺不走我的帝位了。"

于是，天帝释变成一只体态雄壮的苍鹰，侍从变成一只可爱的小鸽子，苍鹰恶狠狠地扑向鸽子，鸽子便慌慌张张地一边呼救，一边向远处逃去。

此时，萨波达国王正在王宫处理政事，突然听到空中传来呼救的声音，抬头一看，一只苍鹰正在追逐一只可怜的白鸽。鸽子东躲西闪，实在无路可逃，于是一头扑到萨波达国王脚下叫道："大王！救救我吧，老鹰要吃我，求您救救我！"

萨波达国王见状，顿时起了恻隐之心，连忙安慰鸽子说："你别害怕，我一定会救你的。"

正在他们说话的时候，苍鹰已经紧追着鸽子飞扑了过来，站在宫殿前对萨波达国王说："这只鸽子是我的口中之食，现在逃到大王您这儿来了，请大王快把它还给我，我肚子饿极了。"

　　萨波达国王正色道："我曾经发誓要救度一切众生，更何况这只鸽子向我求救，我已经答应它了。人应当言而有信，所以我不能把这只鸽子交给你。"

　　苍鹰生气地说："大王，您说您要救度一切众生，但我今天如果吃不到这只鸽子，就会饿死，难道我就不是众生之一吗？难道您就眼睁睁地看着我饿死而不闻不问吗？"

　　萨波达国王叹气说："既然这样，那么我再拿些肉给你，你就别吃这只可怜的鸽子了。"

　　苍鹰连忙答应："这样也行，但您拿来的必须是刚割下来的新鲜热肉，否则我不吃。"

　　对于苍鹰的回答，萨波达国王心中暗感为难，开始他的确是想随便找点儿熟肉打发苍鹰了事的，但没想到苍鹰只吃刚割下来的新鲜热肉，他想："到哪里去找刚割下的新鲜热肉呢？如果为此而宰杀其他动物，那么就等于我为了救一条性命而害了另一条性命，这样的事情不能做。"想来想去，他最后只好决定牺牲自己，从自己身上割一块肉来喂苍鹰。

　　主意打定，萨波达国王便慨然地对苍鹰说："既然你一定要吃刚割的热肉，那我就割一块肉给你吧！"

　　苍鹰见萨波达国王中计了，心中暗暗得意，表面上却一本正经地劝告说："大王，您能这样做，足见您道德高尚。不过，既然您要普度众生，就应当平等地对待一切，我虽然只是一只鸟，但也同样能够做到不偏不倚。因此，只要您割下的肉与刚才的那只鸽子一样重，那么我保证不再找那只鸽子的麻烦。"

　　听苍鹰如此一说，萨波达国王便让人取来一架天平，把鸽子放在天平的一端，然后手持利刃，忍着剧痛从自己的左腿上割下一块与鸽子体重大致相等的肉，放在天平的另一端。

　　由于天帝释施展了法术，所以天平上放鸽子的那一端低低地向下沉着，而放肉的一端却高高地翘着。

萨波达国王见状，连忙又割下一块肉，但天平两端仍不平衡。就这样，他把两条腿上的肉全部割完，鲜血满地，可天平上放肉的那一端仍高高地翘着。萨波达国王无奈，只得继续割下自己的胸脯与手臂上的肉，眼看着全身的肉都要被割完了，可天平还是一头沉，一头翘。目睹此情此景，急于救鸽子性命的萨波达国王在情急之下挣扎着使出全身仅有的一点儿力气，将整个身子扑到天平上，然后昏了过去。

这时，天地震动，天神们纷纷下凡，为萨波达国王的高尚行为而感动不已。

天帝释这时也恢复了原形，他唤醒萨波达国王问道："你之所以做出这种一般人无法做到的善行到底是为了什么?是想当转轮圣王，还是想当天帝释?在这3界之中，究竟什么是你所追求的呢?"

萨波达国王用微弱而坚定的声音说："对这3界中的一切，我一无所求，我只希望普度众生。"

天帝释又问："今天你为了一只小鸽子而割尽全身的肉，吃了这么多苦，心里觉得后悔吗?"

萨波达国王说："我一点儿也不后悔。"

天帝释这才明白，原来萨波达国王不是要抢他的位子，但心中总有那么一点儿不放心，又追问："你所说的全是真话吗?"

"当然全是真话。"萨波达国王回答说。

"有什么证据可以证明你说的全是真话呢?"天帝释问。

萨波达国王挣扎着站起来指着天地发誓说："天在上、地在下，如果我刚才说了一句谎话，请惩罚我!如果我说的全是真话，请让我的身体恢复如初!"

令人震惊的事发生了，萨波达国王的话音刚落，他的全身就恢复了以前的样子，与没割过肉之前一模一样，甚至连个伤疤与刀痕也没留下。

天地诸神看到这种情形，个个合掌赞叹萨波达国王的高尚品德，为他恢复原形而欢欣雀跃。

应该说，在现代的企业管理中，同样也需要佛家的这种舍身精神。

在意大利的工商企业界流传着这样一种公认的价值判断——"对菲亚特好，对意大利都好"，换句话说，"对菲亚特不好，对意大利肯定不好"。这是因为菲亚特集团是意大利私营工业集团的龙头老大，其业务触角遍及汽车、保险、农业、建筑设备、出版、能源、航空器发动机等五花八门的行业，是意大利经济不可或缺的重要支柱，现在更已演化为令意大利人自豪不已的"意大利象征"。

而菲亚特集团的首席执行官——保罗·坎塔雷拉曾在菲亚特有着25年的奋斗历程，而且与菲亚特的名誉董事长乔瓦尼·阿涅利保持着亲密无间的私人关系，可以说，在菲亚特，没有人能够撼动保罗·坎塔雷拉的领导地位。但是，在面对2001年度净亏损445亿欧元的惨状业绩时，保罗·坎塔雷拉却选择了主动宣布辞职，以求舍身取义挽救菲亚特集团这座大厦脱离于将倾的危急境况，用保罗·坎塔雷拉公开对媒体宣称的话来说，"我之所以决定辞去首席执行官之职，实属不得已而为之。如果我不辞职，相信没有人敢把我赶下台。不过，为了菲亚特的未来和意大利经济的稳定，牺牲我一人又有何妨？最起码我的辞职会发出这样一个鲜明的信号：菲亚特集团再振雄风、大刀阔斧的改革终于开始了！"

高明的企业管理者从不会把自己当成狮王，而是让自己做一只聪明而机灵的绵羊，善待自己身边的每一位巨人，以绵羊带领狮子作战的精神管理好自己的团队。优秀的管理者都明白，员工就是英勇善战的勇士，如同草原上的雄狮清晨睁开眼睛寻找猎物；而管理者就如同刚睡醒的羚羊，四处观察着雄狮是否到来；狮子想的是如何跑得更快以便将羚羊追上，而羚羊想的是如何保持奔跑的速度，以便与狮子保持合适的距离。这时的狮子不再是捕杀者，羚羊也不再是猎物，雄狮真正代表的是向目标学习、奋斗和执著追求的英雄，羚羊则是情愿做靶子的猎物，舍身刺激雄狮的嗅觉、味觉和视觉，使雄狮能够跑得更快。

在企业管理中，有许多学者们发现，西方企业重视有形管理，而东方企业重视无形管理；西方管理强调制伏，东方管理强调心服。人是有感情的，人是讲感情的，只有通过感情维系的关系才是最为牢固的关系。虽然人格是衡量一个人素质高低的首要因素，有多高尚的人格就能办多大的事情，一个具有高尚人格的商人必须具有高度的责任感、博大的胸怀、诚实的态度和公正的行为，但这一切都必须建立在慈悲心怀的基础上。人类的终极智能应该是给予博爱的训练和教养，就像伟大的诗人但丁在《神曲》里所赞扬的那样："唯爱也，移太阳而动群星！"

第三节　与乐拔苦，慈悲法象，设身处地

□ **核心提示**

佛家说：与乐曰慈，拔苦曰悲。

慈悲的意义是与乐曰慈，拔苦曰悲。也就是说，佛家所说的大慈就是与一切众生乐，大悲则是拔一切众生苦，二者结合在一起是为慈悲。

《涅槃经》和《智度论》等都说慈悲有 3 种：第一种叫生缘慈悲。这是在凡夫之地修道之人所发的慈悲心，因为是凡夫，所以他对众生相没有空掉，只是看见众生在受苦却不知苦，反而以苦为乐、重造苦因，将来必会痛苦无穷，因此就生起了慈悲心。这份慈悲心还不够亲切，须再观想一切众生，六道轮回，舍生受生，生生不已，故六道众生，皆是我的过去父母、姻亲

眷属，以慈悲心视十方六道众生，如父、如母、如兄弟姐妹子侄，因而常思与乐拔苦之心。这样的慈悲心就亲切了。

第二种叫法缘慈悲。这是菩萨的慈悲，法缘就是证得诸法缘起性空之理的菩萨，他本身已证得我法皆空，没有人我相，没有众生相，自己破了人我执著，但是不知诸法缘起性空，只在那里终日奔忙，起惑、造业、受苦，菩萨为其生起慈悲心，源于法空之理，随顺众生，与乐拔苦，这叫法缘慈悲。

第三种叫无缘慈悲。这种慈悲，唯独诸佛才有，佛已证得诸法实相，知诸缘不实，颠倒虚妄，生相无明都断了，故心无所缘。但是众生并没有证得诸法实相，因此依然轮回六道、受苦受难，佛还是要大慈大悲，救度六道众生，给众生与乐拔苦。虽然救度六道众生而不起众生相，那是佛的大慈大悲心，任运自然流露与拔苦，这叫无缘慈悲。

从前有一个人，尽管他已经结婚生子，但由于与佛有缘，终于在中年以后出家为僧，居住在离家很远的寺院里，并成为了远近闻名的高僧。由于他有很高的修行，因此许多弟子都慕名来跟他修行。他经常教化弟子们应该断除世缘、追求自我的觉悟、精进开启智慧、破除自我的执著，告诉他们唯有断除人间的情欲，才能追求无的解脱。

有一天，从高僧遥远的家乡传来一个消息：高僧未出家前的独生子因疾病而死亡了！弟子们接到这个消息后便聚在一起商量：到底要不要告诉师父这个不幸的消息？师父听到独生子死亡的消息又会有什么样的反应？

商量的结果是大家一致认为，虽然师父已经断除世缘，但孩子终究是他的亲人，应该让他知道这个不幸的消息，并且弟子们也一致认为，像师父那样的有道高僧一定早已看惯了人间的生老病死，对自己儿子的死也一定会淡然处之，不会过分伤悲。

可是，当弟子们将这个噩耗告知师父的时候，高僧竟然痛心疾首地

流下了滚烫的眼泪，这个情景令弟子们深为震惊并大惑不解：没想到师父经过如此长久的修行，仍然不能断除人世间的俗情啊！

看到师父如此悲痛，弟子中有一位胆大的便开口询问："师父，您平常不是总教导我们断除世缘、追求自我的觉悟吗？既然您断除世缘已久，为什么还会为儿子的死而悲伤流泪？这不是违反了您平日对我们的教化吗？"

高僧眼含悲怆的泪水，颤声对弟子说："不错，我的确是日日教化你们断除世缘，追求自我觉悟的成就，但你们可知，这并不是教你们只为了自己，而是要你们因自己的成就使众生得到利益。每一个众生在没有觉悟之前就丧失了生命，都是令人悲悯伤心的事情，我的儿子也是众生之一，众生都是我的孩子，我是在为自己的儿子流泪，也是在为这世界尚未开悟就死亡的众生悲伤呀！"

弟子们听了师父的一席话，顿时都感到伤痛不已，此后不但精进了修行的勇气，更加开启了菩萨的心量。

这个动人的故事向世人说明了修行的动机与目标，只有懂得了"修行是为使众生得益，而并非为了成就小我"这个道理，修行才会最终成为动人的、庄严的、无可比拟的志业，而人们从这个故事中也可以找到大乘佛法的真精神，大乘佛法以慈悲心为地，才使万法皆空原找到落脚的地方，也可以说是"说空不空"，无我是空，慈悲是不空。虽知无我而不断慈悲，故空而不空；虽行慈悲而不执有我，故不空而空。当一个人没有透彻理解"空"的含义时，就不能如实地知道一切众生其实和自己之身并无二致，这样的慈悲可以说是有漏洞的，不是真慈悲，这也是为什么高僧的弟子先进入空性，才谈众生无别的慈悲。

现今，人行所理解的空，不是空无所有，恰恰相反，是包容了一切的山河大地、法界众生。不仅仅是包容，而且体现着它们的相生相转、相涵相待。简单地来说，空，在时间上是继起，在空间上是互涵互摄。空是整个

宇宙世界的整体，不仅是某一个事物的显现，更是与此相关的其他事物的不在场构成了此事物在场。一朵花的存在，不仅有养育它的泥土、阳光、雨露，更有与它相应的青草、溪流，是整个大自然的法界。同时，空还是因缘相因相待的流转，一朵花，必然有从种子、花蕾到盛开、衰萎的过程。小至一朵花，都包含了时间上、空间上的这种种不在场，只有将这些全部构成在一起，才形成了一朵花，但花的现在在场也不是不变的，它在盛开的同时已在走向衰败。没有什么东西可以单独存在，没有什么东西可以长住不变，这就是缘起性空。

进入空性才有真慈悲，佛祖在《涅槃经》里说："我爱一切众生，皆如罗睺罗（罗睺罗是佛祖的独生子，后随佛出家）"；《严华经》中也说："菩萨摩诃萨入一切法平等性故，不于众生而起一念非亲友想，设有众生，于菩萨所，起怨害心。菩萨亦以慈眼视之，终无恚怒。普为众生作善知识，演说正法、令其修习。譬如大海，一切众毒，不能变坏，菩萨亦尔。一切愚蒙，无有智慧、不知恩德、放恨顽毒、傲慢自大、其心盲瞽、不识善法、如是等类、诸恶众生、种种逼恼、无能动乱。"这是多么伟大的境界，试想，如果菩萨没有进入"一切法平等性"，如何能承担众生的恼乱、爱惜众生如子呢？

作为一个学佛的人或一个行菩萨道的人，在社会上必须有一个良好的威信，而后才有能力度化众生，当然，在度化的过程中也一定会碰到一些不买账的人，此时，只要修习四摄法门，就能避免这种情况。四摄，是作为一个佛教徒应具有的为人处世的方法。修习四摄法门，对于世人修身做人、为人处世都具有极大的好处，甚至在现代企业的管理中都会受益无穷。

四摄法门分别是布施、爱语、同事和利行，只要运用得当，一定会对企业管理产生良好的作用。

布施是培养一种乐于助人、乐善好施的习惯。无论你是一个公司的总经理还是国家机关的普通公务员，抑或是公司里的中层领导，时刻不

要忘记关心你的部下、关心你周围人的生活。当你的部下或同事遇到不顺心的事时要竭力开导他，帮助他消除思想上的困惑；假如对方在经济方面有困难，你也要尽自己的所能去帮助他。

爱语并非花言巧语，而是具有爱心的语言。爱心的语言有两种：一是真实的语言，对你的上司、对你的部下、对你的同事说真话，不欺骗他们；二是要说话算数、言而有信。你说的话一定是对他人有益的，无益他人的话不要说，伤害别人的话更不要说。

同事具有两种意思：一是参与，当你周围的人在做一件有利于社会的事或成就一种事业时，你应该积极主动地去帮助他，在你的能力范围内给予他最大的支持。二是关心，要设身处地为他人着想，要关心别人。需要注意的是，所谓"关心"并不是把自己的想法、观念强加给对方，尤其是企业的管理者，不要仗着自己管理者的身份和职权就强行让员工接受自己的观点和意见，还美其名曰"我这纯粹是关心你"。事实上，这样的"关心"非但不会让员工从心里折服于你，还会产生适得其反的效果，让人觉得你是一个霸道的上司或是强横的同僚。

利行的意思就是，你所做的一切事情都应该是对别人有利的，绝对不去做伤害别人的事情。试想一下，无论你是公司的总裁或是中层管理者，如果你能够秉承设身处地为人着想的态度，处处为别人服务，你最终一定会受到大家的拥戴，这样的人无论走到哪里都会受到大家的欢迎。

作为企业的管理者，应该深深意识到，在资讯化和知识化的办公室里，员工不单单是为企业工作的人，更是一个拥有创造力的群体，是公司最宝贵的资源和财富。因此，努力赢得他们对你的信任、拥戴和尊重，是一个好的上司必须具备的素质和工作方式。

一个聪明的管理者始终要让员工看到他自己的自身价值，让他感到自己有着无人替代的重要性。

一个聪明的管理者始终会对员工和蔼地微笑，因为温和友善比暴怒和强迫更有力量。

一个聪明的管理者始终会让员工觉得自己得到了最大的信任,当每个员工都这么认为时,他们就会乐此不疲地为企业勤奋工作。

一个聪明的管理者,会始终设身处地地为员工着想,因为只有员工觉得管理者把自己当成家人时,他们才会把企业当成自己的家。

第四节 佛教"五戒",慈悲法象,以身作则

□ 核心提示

《杂阿含经》卷三十三记载:云何名为优婆塞戒具足?应远离杀生、不与取、邪淫、妄语、饮酒等,而不乐作,是名优婆塞戒具足。

佛教有五戒,一不杀生,二不偷盗,三不邪淫,四不妄语,五不饮酒。这五戒是佛门四众弟子的基本戒,不论出家或在家皆应遵守。

严格来说,五戒并非只有 5 条戒律,其根本精神和主旨应该是"不侵犯",不侵犯而尊重别人便能自由。例如不杀生,就是对别人的生命不侵犯;不偷盗,就是对别人的财产不侵犯;不邪淫,就是对别人的名节不侵犯;不妄语,就是对别人的名誉不侵犯;不饮酒,就是对自己的理智不伤害,从而不去侵犯别人。一般人总以为受戒是对自己增加约束,因此有人说:何必受戒,自找束缚!其实,凡是身陷牢狱失去自由的人,探究其原因,都是触犯了五戒,例如杀人、放火、伤害,是犯了杀生戒;贪污、侵占、窃盗、勒索、抢劫、绑票,是犯了偷盗戒;强奸、嫖妓、拐骗、重婚,是犯了邪淫戒;毁谤、背信、伪证、恐吓,是犯了妄语戒;贩毒、吸毒、运毒、吸食

烟酒等，是犯了饮酒戒。由于犯了五戒才最终导致自己身系囹圄、失去自由。因此可以说，受戒也是守法，能够受持五戒并真正认识五戒的人才能享有真正的自由。所以，戒的真义其实是自由，而非束缚。

有人认为受戒难免会犯戒，不受戒就不会有犯戒的担忧。而事实上，受戒后即使再犯戒，也会因为产生惭愧心而懂得忏悔，因此罪过较小，重新获得被度化的机会。反观那些不受戒的人，犯了戒还不知忏悔，导致罪过加重，因此沉沦三涂恶道。所以我们说，宁可受戒而犯戒悔过，也不要不受戒而犯戒，因为受戒才有得度的机会，不受戒就永无成佛的可能。何况不受戒，并不代表做错事就不犯戒，不受戒而犯戒仍然有罪，仍然难逃因果报应。

受持五戒是人道的根本，五戒与儒家的仁、义、礼、智、信五常颇有相通之处：仁为不杀，义为不盗，礼为不淫，信为不妄，智为不酒。如果一个人受持五戒，那么他会有无尽的利益。《灌顶经》卷三中说：我们受持五戒，必会得到 20 名善神的护佑。《月灯三昧经》卷六记载，持戒清净者能获得 10 种利益：一为满足一切智，二为如佛所学而学，三为智者不毁，四为不退誓愿，五为安住于行，六为弃舍生死，七为慕乐涅槃，八为得无缠心，九为得胜三昧，十为不乏信财。

此外，从社会意义来讲，五戒也是缔造和谐社会的重要途径：不杀生而护生，自然能获得健康长寿；不偷盗而布施，自然能发财、享受富贵；不邪淫而尊重他人的名节，自然会使家庭和谐美满；不妄语而赞叹他人，自然能获得善名美誉；不喝酒而远离毒品的诱惑，自然身体健康、智慧清明。

所以，受持五戒者在现世可以免除苦恼、恐怖，获得身心的自由、平安、和谐、快乐，在将来更可以免堕三涂恶道，最终得人天果报乃至成佛。受持五戒，如同在福田里播下了种子，纵使自身无所求，也会自然而然地获得许多利益，享受无尽的功德善果。

当然，世上众生千姿百态，想要像地藏王菩萨那样以己之力度化众生，不啻为难上加难的志愿，不过受持五戒者只要秉承以身作则的态度，

通过自己的一言一行展现佛教徒的风范，抛弃空洞的说教，转为勤于践行，这样的弘法利益必然是最直接、最有效的。

同样，以身作则在现代企业的管理中更是一剂良药。试想一下，如果在一家企业，全体员工都以此作为自己的工作准则，在各个方面严格要求，尽职尽责地去面对工作，势必会形成一种积极进取、奋发向上的氛围，促使企业在这种好的氛围中得到很好的发展。企业发展了，员工个人自然也会在此基础上获得一定的成功。

凡是自己做不到的事情就不要去要求别人。己所不欲，勿施于人，这不仅是企业优秀管理者身上的一个特质，同样也是优秀员工所一贯遵从的重要原则。

"禁胜于身则令行于民。"这句话的意思就是：只要以身作则，就能令行禁止。此语出自春秋初期政治家管子。管子在论法时说："不法法则事无常，法不法则令不行，令而不行则令不法也，法而不行则修令者不审也，审而不行则赏罚轻也，重而不行则赏罚不信也，信而不行则不身先之也。故曰：禁胜于身则令行于民矣。"用现代汉语翻译过来就是：不依法行使法令，国家就没有常规；有法不依，政令就无法施行；政令已出而不能施行，那是政令不合乎法度，政令不合乎法度而不能施行，那是政令的制定者考虑得不周密；制定政令本身周密而仍不能施行，那是因为赏罚太轻；赏罚加重而政令仍不能施行，那是赏罚没有真正兑现；赏罚兑现了而政令仍不能施行，那是统治者自己没有率先做出榜样。因此，禁令能约束君主自身，其政令就能在百姓中施行。诚然，无论是一位明君还是一位聪明的管理者，如果能够做到这一点，就必能把他所管辖的事务治理得有条不紊、井然有序。

在我国古代，那些使国家得以大治者无一不是以身作则来保障法令的贯彻实行。三国时期的曹操，虽被世人称作"挟天子以令诸侯"的奸雄，但在以身作则这方面却屡屡受到世人的称颂。

一次麦熟时节，曹操率领大军去打仗，沿途的老百姓因为害怕士兵，都躲到村外，没有一个敢回家收割小麦。曹操得知后，立即派人挨家挨户告诉老百姓和各处看守边境的官吏：现在正是麦熟的时候，士兵如有践踏麦田的，立即斩首示众，于是所有官兵在经过麦田时都下马用手轻轻拨开麦秆，小心翼翼地通过，没有一个敢违抗军令践踏麦田，老百姓看见了，悬着的心立刻放下了一大半，忍不住啧啧称颂。可偏巧就在这时，一只偶然飞起的麻雀惊吓了曹操的马，马一下子踏入麦田，踏坏了一大片麦子。曹操见状，立即叫来负责行刑的官员，要求他按规定将自己治罪。官员为难地说："我怎么能给丞相治罪呢？"曹操说："我亲口说的话都不遵守，还会有谁心甘情愿地遵守呢？一个不守信用的人，怎么能统领成千上万的士兵呢？"随即拔出剑来横在脖子上就要自刎谢罪，众人连忙上前阻拦并跪地以"军中不可无帅"为由极力苦劝，曹操这才将剑放下，但又表示自己死罪可免，活罪难逃，于是传令三军将士：丞相践踏麦田，本该斩首示众。因为肩负重任，所以割掉自己的头发替罪。将士们更因此而人人自觉、小心行军，无一践踏庄稼者，一时间，曹操断发守军纪的故事被传为美谈。

无论曹操此举是严守军令还是故意作秀，一个威震八方的军事统帅、堂堂的丞相大人当众割断自己的头发，也算得上震惊四座之举了。要知道，古人崇尚的是"身体发肤，受之父母，不敢毁伤，孝之始也"的孝道，曹操能够背上不孝的罪名维护百姓的利益、严格治军、以身作则，在当时恐怕也是无人能及的。可以说，正是因为曹操能够从自身做起，最终使自己拥有了最强大、最具有战斗力的军队，同时也为以后的魏国奠定了坚实的基础。

以身作则的力量是如此之大，效果是如此之好，因此，凡是优秀的企业管理者都会将其奉为企业管理的法宝。作为一位地位崇高、受人尊敬的企业家，前日本经联会会长士光敏夫就是这样做的。

士光敏夫在 1965 年曾出任东芝电器社长。当时的东芝人才济济,但由于组织过于庞大、层次过多,最终导致企业管理不善、员工松散、绩效低落。

士光敏夫接掌帅印之后,立刻提出了"一般员工要比以前多用 3 倍的脑,董事则要多用 10 倍,我本人则有过之而无不及"的口号来重建东芝,而他的口头禅就是"以身作则最具说服力"。他每天总是提前半小时上班,并空出上午 7 点半至 8 点半的一小时,欢迎员工与他一起动脑筋,共同来讨论公司的问题。

为了杜绝浪费现象,使公司资源合理化分配,士光敏夫还借着一次参观的机会,以身作则搭电车,给东芝的一位董事上了一课。

当时,东芝的一位董事想参观一艘名叫"出光丸"的巨型油轮,由于士光敏夫已看过几次,所以事先说好由他充当向导。那一天是假日,士光敏夫和那位董事约好在某车站的门口会合,结果士光敏夫准时到达,董事乘公司的专车随后赶到。董事以为士光敏夫也是乘公司的专车来的,于是说:"社长先生,抱歉让您久等了,我看我们就搭您的车前往参观吧。"谁知士光敏夫却面无表情地说:"我并没有乘公司的专车,我们去搭电车吧。"董事当场愣住了,而后羞愧得无地自容。

这件事立刻传遍了整个公司,员工们立刻心生警惕,不敢再随意浪费公司的物品。后来,由于士光敏夫以身作则,付出了大量的努力,东芝的情况终于逐渐好转起来,成为至今屹立不倒的日本著名企业。

以上的故事讲得都是严于律己、以身作则的管理思想,从故事中,人们也可以清晰地看出,在企业管理中,管理者以身作则、严于律己所表现出来的力量要远远大于那些条条框框的规定。一个企业如果想要加强人文建设、塑造团队精神、推进执行力,那么管理者的言行就是关键中的关键,因此,"以身作则"其实更应该作为考核管理者的一条标准被亮相于众目睽睽之下,这是因为做到一事以身作则容易,而做到凡事以身作则

却则难;做到一时以身作则容易,而做到一世以身作则却难;做到分内事以身作则容易,而做到分外事以身作则却难;做到在大节方面以身作则容易,而在小节处以身作则却难;做到在灯光下以身作则容易,而在灰暗处以身作则却难;做到在情绪高涨时以身作则容易,而在情绪低落时以身作则却难。

以身作则、严于律己是对管理者最基本的要求。作为一名优秀的管理者,不仅要在专业知识方面高于下属,而且要在自己的行为举止方面时刻做出积极的表率,让下属心服而不是口服,而良好的表率是要有严格的自律来保证的,自律与个人的经验和专业能力的水平无关。管理者要有强烈的责任心,不计较个人得失,勇于付出、严格自律、持之以恒,才能影响下属,才能赢得下属自觉地、发自内心的认可和拥护。

第五节　爱语摄,慈悲法象,良言感悟

□核心提示

三藏法数:谓菩萨随顺众生根性,善言慰喻,则一切众生乐闻善言,因是生亲爱心,依附受道,得住真理,故名爱语摄。

前文曾经提到,佛法中有四摄,四摄法名叫菩萨行,分别是布施摄、爱语摄、利行摄、同事摄。

布施摄:若有贫苦求生,需要财物时,则布施财物;若有乐于闻法,则布施以佛法,令彼因此而生亲爱之心,便于依我学佛修道也。

爱语摄:讲各种不同的善言和比喻,使人爱听,从中受益、得到好处,

生亲近心，即可依我修道也。

利行摄：菩萨以自己之身、口、意三业的善行利益众生、感化众生，生亲近心，而依我学佛修道也。

同事摄：菩萨以各种身形示现世间，观众生为何身得度者，菩萨即示现何身，而与之同居共处，共同做事，使彼沾恩得利，生亲近心，而依我修道。

这里重点要说的是爱语摄。人是群居动物，不能脱离社会而独居，必须要与社会群体共处共居、互通有无、相依共存，而人们彼此之间的交往与接触除了身有残疾者以外，必须借助语言的力量来表达自己的意思，因此善言与不善言对交往接触和人们彼此间的关系影响甚大：善言者令人愉悦；不善言者令人厌恶。所谓善言，并非单指一个人是否巧舌如簧、能言善辩，而是指一个人是否能够巧妙地借助语言的力量来达成自己的愿望。在人际交往中，人们可能常常会见到这样的现象：本来是一件很容易办成的事，却常因言语摩擦而导致失败；而有些看起来非常难办的事，善言者却往往能够凭借和颜悦色的态度和入情入理的言谈最终达成愿望。因此可以说，语言是人类的一项非常重要的武器，"工欲善其事，必先利其器。"我国从古代开始就有许多关于语言方面教人慎言的警句名言，就连大圣人孔子都在教学中把"语言"列为"德行"之后的第二大重要内容。

孔子说："祸之生也，则语言以为阶。"意思是说，人之所以会招致祸端，皆是以不当的言辞做阶梯（即媒介）所引起的。

《百箴》中说："讷为君子，寡为吉人。"意思是说，君子通常都是言语谨慎的人，少言少语的人通常都会获得平安吉祥。

孔子集古人经验之大成，集人生经验之大成，提出"慎于言"3个字，但在现实生活中，究竟怎样才能做到"慎于言"呢？应该说，佛教四摄法中的爱语摄就是这个问题的标准答案，也就是说，如果人们事事、处处、时时都能坚持爱语摄，就能够体现"慎于言"的最高境界。

爱语摄是在以"菩提心为根，以大悲心为因，以方便为究竟"的基础

上而建立的,有了这一基础,人们不但会存有慈悲之心,同时还会兼具较高的智能,在悲智双运的情况下,爱语摄就会由衷地自然而发。因为有慈悲心支配,自然就能心存宽厚,能谅解、尊敬他人,对一切都能以仁爱为怀,这就是爱语摄的源泉和动力所在。

语言的艺术也是佛学的一个内容,在现实生活中,对待人和事都必须认真注意使用让对方能够接受的语言,最好根据实际情况使用或和悦、或激励、或幽默的语言。同样的一件事,善言者与不善言者的两种表达会给听的人留下一种相去千里的印象。当然,空洞的说教难免会使人觉得乏味虚无,以下这个故事也许能够让人们更直观地了解善言者与不善言者的差别。

古时候有一个书生,十年寒窗苦读,熬到了要进京赶考的日子。在准备进京的头天晚上,他做了3个奇怪的梦:第一个是梦见自己在自家屋顶上种大白菜,第二个是梦见自己穿着蓑衣、打着雨伞在钓鱼,第三个梦就更奇怪了,居然梦见自己和妻子背靠背躺在一张床上。

清晨醒来,书生大感奇怪,心想昨夜的怪梦是否对自己此番进京赶考有某种预示呢?于是书生便到镇上找一个算命先生解梦,算命先生听闻后连叹3声说:我劝官人今年就不要去参加应试了!书生忙问:为何?算命先生回答:屋顶种白菜意为"白种",没有收成;穿着蓑衣打着伞意为"多此一举",徒劳;与妻子背对背同卧一床意为"同床异梦",没有结果,所以我劝你还是来年再准备赴考吧,此番进京必定是落榜而归!

书生听了这一席话,顿时如同当头被泼了一盆凉水,耷拉着脑袋失魂落魄地往家走,结果一不小心,与一位化缘的老和尚撞了个满怀,"阿弥陀佛,施主为何事如此闷闷不乐啊?"书生见老和尚甚是和气慈祥,看似乃佛缘颇高之人,于是又把自己昨晚做的3个怪梦及算命先生解梦之事说与老和尚听,老和尚听完哈哈大笑说:"施主莫沮丧,此乃吉梦,你还是赶紧进京赶考去吧,此番施主必定高中!"书生大惊,连问"为何"。老

和尚笑着说："屋顶种白菜意为在高处种菜——高中；穿着蓑衣打着伞意为双重保护——十拿九稳；至于与妻子背靠背同卧一床……呵呵，施主此时不翻身，更待何时啊！"老和尚说完便哈哈大笑而去，书生自是喜出望外，连忙回家准备进京赴考去了。

看完这个故事，相信每个人都能深刻感受到掌握好语言的艺术是一件多么重要的事。当然，爱语摄并非只教人说吉利话，善言也并非只是单纯地去讲别人爱听的话，爱语摄的前提是慈眼视众生、尊敬一切人。严格来说，爱语摄要教化人们的是：说话要文明礼貌，不但语言要柔和温馨，而且态度要谦逊，做到彬彬有礼、语气和谐、充满友好之情，说话要诚实、要讲信用，要讲对人有益的话，言语不能伤人，总之，要讲别人在感情上能够接受的话，但又不是虚伪奉承或故意讨好别人，因为爱语摄是在佛教的文化素养基础上建立的，不同于阿谀和谄媚。

说话要有的放矢，先要了解别人的心。你所说的话，唯有说到别人的心坎儿上，别人才最爱听。同时要察言观色，见到别人伤心忧愁时切莫表现出欢天喜地的情绪，要在感情上与对方共喜乐、同忧愁。

要讲究语言艺术，同样一件事，如果说话的方式和口吻不同，则其效果往往不同，因此语言的艺术非常重要。比如你的东西丢失了，怀疑是同居一室的同学或同事所拿，但在问话时就不能直说：喂，是你拿了我的××吧！这种说法无疑是最得罪人也是最愚蠢的方式，即便东西真是对方拿的，听到你这么一说，他肯定无论如何也不会拿出来了。面对此种情况，善言者通常不会将某个人当成说话对象，而是会和颜悦色地问所有人：谁看见了我的××，劳驾请帮我找一下。或者说：谁拿错了××，请检查一下。

要心存宽厚，要有谅解和忍让人的德行。因为世上有各种各样的人，有些人文化低一些、语言粗鲁一些、性情暴躁一些，易于动怒，甚至在平时说话时也会习惯性地带上几句难听的口头禅，如果在生气时，那满口

的脏话就更不用说了。遇到这种人，就宜谅解忍让，不要与其计较，当他们生气发怒时，不要与其争论，应赔礼道歉或静默无言，这些都是最好的爱语摄。

爱语摄的根本目的不是为爱语而爱语，而是通过爱语摄取对方的信任，建立深厚的友谊，为弘法利生铺平道路，即用慈爱的话摄受众生，故名爱语摄。

在现代企业管理中，爱语摄或者称之为语言的艺术，更应该是管理者的必修课。管理一个企业就像管理一个家庭一样，作为企业中的管理者，其性质就像家庭中的大家长一般。常言道"家和万事兴"，要当好企业的管理者不是一件容易的事情，既要带领这个"家庭"的所有成员完成既定的任务，还要在"家庭"中树立自己的威望。而要使这个"家庭"具有超强的凝聚力，让"家庭"成员心悦诚服地围绕在自己身边则更是一门不小的学问，语言的艺术恰恰就是这些学问中最不可忽视的一课：急事，慢慢地说；大事，清楚地说；小事，幽默地说；没把握的事，谨慎地说；没发生的事，不要胡说；做不到的事，不要乱说；伤害人的事，不能说；讨厌的事，对事不对人地说；开心的事，视场合而说；伤心的事，不要见人就说；别人的事，小心地说；自己的事，听听自己的心怎么说。

古人曾说："治国有方江山美，治家无方是非多。"其实，不管是治国、治家，管理企业抑或领导一个团队，其核心问题最后都归为人的管理，这历来不是一件容易的事，因为生活中，每个人的性格、喜好、习惯都是不同的，有些甚至是独一无二的，这些独特性决定了管理者所施行的管理方法也应该是不同的。一个管理者是否成功，要看他领导下的团队成员是否成功，归根到底，员工的成功才是管理者最大的成功，这两者的成功共同缔造了企业的辉煌。生活中，人们离不开交流和沟通，否则我们一天也无法生存下去，在工作中也如此，一个不懂得和员工沟通的管理者绝对是一个失败的领导。在一个企业中，管理者的沟通能力如何，甚至比他本身所具有的其他才能更重要。

第二堂管理课

以法领众，
戒律是约束人的法宝

　　戒，亦称增上（卓越）戒学，指戒律，即防止行为、语言、思想三方面的过失。由于大乘佛教与小乘佛教的派别不同，其戒律也有所不同，对出家的僧侣和在家的居士也有所区别，例如大乘戒律有三聚净戒、十重禁戒、四十八轻戒等；小乘佛教有五戒、八戒、二百五十戒等。

　　大乘三聚净戒指的是摄律仪戒、摄善法戒、摄众生戒；十重禁戒指的是杀生、偷盗、邪淫、妄语、饮酒、说过罪、自赞毁他、悭、嗔、谤三宝；四十八轻戒指的是不尊敬师长、不举教忏、背正向邪、不瞻病苦等48项具体戒条。

　　小乘五戒指的是杀生、偷盗、邪淫、妄语、饮酒；八戒又在五戒之外增加了卧高广大床、花鬘璎珞、歌舞戏乐3项内容；二百五十戒指的是250项应戒的言行细则，合并为5项时，称五篇门。

　　清规戒律是指佛门弟子必须遵守的规则和戒律。佛门弟子的修行可以概括为"戒、定、慧"三学，其中"戒"为基本。《楞严经》卷六说"摄心为戒"，因戒生定，因定发慧，因此名为三无漏学。释迦牟尼在世的时代，随缘开示，应机教化，所说的佛法很多，归纳起来不出戒、定、慧3个项目的范围，所谓学佛，其实学的就是这3项。世间可学的东西很多，但那些都是苦乐相对的、有限的、得失交替的、变动无常的，所以佛教称其为有漏之学；而学习三无漏学可以防止所得成果的漏失，继续学到佛的程度为止。

　　戒、定、慧虽分为3个项目，但事实上它们之间却有着连锁的关系，如同一物的3个交点，缺一不可：要想求得智慧，必须先有禅定的功夫，而想要得到禅定的功夫，就必须先有持戒的宗教生活；持戒的宗教生活越清净，越可成就高深的禅定。在深定之中，向佛者便能产生超人的智慧，而后再以智慧的判断和选择来指导持戒的宗教生活，来鉴别禅定功夫的深浅和邪正。

　　概括起来，戒律就是指佛教徒在日常生活和修行中应该遵守的规定和对行为的限制。戒是所不为，律是有所当为，戒和律之间在内容上并无

较大的差异,只是在不同场合有一些微小的区别。佛教戒本《有部毗奈耶》中称,律是为已经出家的比丘、比丘尼而制订的,而在家修行的居士则是持"戒"。不过现在通常将戒和律放在一起使用,合称为"戒律"。

戒律是佛教学说的重要内容之一,也是佛教徒安身立命、修行解脱的基础。释迦牟尼在世时只是制订了一些简单的戒,它的扩充与传播是在释迦牟尼入灭后的第一个夏安居,在七叶窟举行第一次经律的结集。当阿难尊者诵完经藏以后,即由优婆离尊者诵出律部,此后又把以戒为内容的戒学作为佛教的三学,即戒、定、慧之一,佛教三藏中有专门汇集律藏的部分。到了部派佛教以后,由于不同的教派对教义的不同理解,因此产生了不同的戒律和不同的戒本。南传佛教的东南亚国家流传的是上座部戒本,北传佛教的中国流传大众部、一切有部、化地部、法藏部的戒律,此外,在中国还出现了专攻戒学、以律为宗的教派和拥有戒坛、以专门授戒为特色的寺院。

据道宣《四分律删繁补阙行事钞》等典籍所载,一切诸戒都有戒法、戒体、戒行、戒相4科:戒法是释迦牟尼所制订的各种戒律;戒体是弟子从师受戒时所发生而领受于自心的法体,即由授受的做法在心理上构成一种防非止恶的功能;戒行是受戒后随顺戒体防止三业罪恶的如法行为;戒相是由于戒行坚固而表现于外,可作为轨范的相状。

第一节　佛旨实证：定法要严，执法要宽

□ 核心提示

佛经曰：依戒资定，依定发慧，依定断除妄惑，显发真理。

据《高僧传》卷五《法遇传》记载：道安的弟子法遇"止江陵长沙寺。讲说众经，受业者有四百余人。时有一名僧饮酒，废夕烧香，遇止罚而不遣，安公遥闻之，以竹筒盛一荆子，手自缄封，以寄遇，遇开封见杖，即曰：'此由饮酒僧也，我训领不勤，远贻忧赐。'即命维那鸣槌集众，以杖筒置香橙上，行香毕，遇乃起，出众前向筒致敬。于是伏地，命维那杖三下，内杖筒中，垂泪自责。时境内道俗莫不叹息，因之励业者甚众。"

由此可见道安对于戒律的严肃态度，更体现出戒律在佛教中的重要作用就是防止人们妄做恶业，也是佛教修行的基础。正是因为道安严格坚持戒律，才保持了僧团的纯洁，从而提升了僧团的形象，促进了佛教的发展。

管理学是现代最时髦的一门学科，学者有学者的论点，专家有专家的说法，那么佛教对于管理的观点又是怎样的？享誉佛教界的星云大师对于管理的观点是：管理别人之前，先要学习被别人管；管理别人之前，要先管好自己；管理要重视尊重、平等、沟通，以鼓励代替命令，受管理者自然心悦诚服。

星云大师谦称不敢谈管理，因为他的管理和一般人所说的管理不太

一样，他认为人是最难管理的，但仅仅管人是远远不够的，最重要的是要管自己。管理者不能高高在上，要彼此尊重。

星云大师所开创的佛光山道场分布于世界五大洲，信众达千万人，但星云大师却凭借着"制度"二字在佛光山建立各种制度，以制度来管理，以组织来领导，将这些道场管理得井井有条。

在开山之初，星云大师根据六和敬、戒律和丛林清规，着手为佛光山订定各项组织章程，建立各种制度，诸如人事管理订定："序列有等级，奖惩有制度，职务有调动"以及"集体创作、制度领导、非佛不作、唯法所依"的运作准则。

"有一个城隍庙，东边坐了一个管判官，西边坐了一个潘判官，西边的潘判官要管东边的管判官，东边的管判官要管西边的潘判官，究竟是要东边的管判官来管西边的潘判官，还是西边的潘判官来管东边的管判官。"这是流传在民间的一段绕口令，说的是判官之间彼此不服气，你要管我，我要管你，互相看不起、僵持不下的可笑场景。由此可见，有了管理对方的想法，就有了分别对立，反而就更难管理了。而最上乘的管理方式莫过于让大家自动自发，肯定彼此所扮演的角色，互相合作，共同奋发突破。

所以，佛光山的管理并非一定要靠一个人或几个人，而是本着因果观念在管理，所谓"人在做，天在看"，先训练大家认识因果观念，一个人可以什么都不怕，但不能不怕因果，因此"因果"两个字是很重要的管理学。用人去管理人很麻烦，能让人懂得"因果"、"缘起"等佛法，让他们自己管理自己才是最上乘的管理方法。

管理学可以说是一门很深的学问，许多公司企业的领导者由于不懂管理，把公司搞得一团糟。而星云大师所指出的管理学的要领就是要把管理学好，自己要具备充分的条件，比如要能为人着想、要能给人利益、要肯帮助别人，让人觉得你在关怀他、你能给他利益，尤其能让人"皆大欢喜"，这是管理学的最高境界。

　　当初,星云大师创办佛教学院时,有很多十七八岁的小女孩到学院来读书,有些小女孩觉得自己还没擦过口红,透明丝袜甚至牛仔裤也还没穿过就这样出家了,有点儿放不下。星云大师知道以后,就经常利用到香港、日本、美国讲学的机会顺便买一些口红、香水、透明丝袜、牛仔裤等物品带回台湾。大师的观点是:要能满足年轻人的想法,给他们满足,他们才会跟你合作、才会听你的话,如果他们感到不满足,相互之间就很难和谐相处了。

　　40多年前,美国白雪溜冰团到台湾演出,引起了轰动,当时学院有一名学生说,如果不去看白雪溜冰团表演将会终生遗憾。星云大师知道以后,特地拿钱要他到高雄采买文具用品,并暗示他在晚间开大静之前回院销假就可以了。由于星云大师巧妙地让这个学生借公务之便满足了他去看白雪溜冰团演出的愿望,因此这个学生自然也就定下心来读书修行了。

　　星云大师说,很多的规矩定法要严,但是执法要宽,只要不是很严重的错误,没有造成伤害,破坏也不是很大,在执法时都可以稍微宽松一点儿,要让被管理者有自己的空间,感觉得到别人对他的关怀与爱护,长此以往,他才会成长。

　　从前有个和尚受了比丘戒,不过他并没有好好受持,日子长了,250条戒律竟然被他破了249条,实在有些不像话,周围的人都议论,说他这样的和尚简直连普通人都不如。

　　有一天,这个和尚去馆子吃饭。大约因为化了不少缘,于是他点了一大桌子的饭菜开始饕餮大嚼起来。吃到中途,店小二端了一壶美酒上来,当和尚端起酒杯准备喝的时候,突然想起自己唯一没有破的戒律就是酒戒了,他在心里斗争一番后,决定还是不喝了,于是他把酒杯重新放在桌子上。

就在此时，天空一声惊雷，二丈高的护法神出现在空中。护法神气急败坏地教训和尚说："你把戒律破掉了这么多，我寻思着你今天把酒戒最后破完后，我也就不用天天跟着你、护着你了，可是你又把酒杯放下去了，我还是不得不天天跟着你这个不守清规的东西，实在可恨啊！"

和尚一听傻了眼，这才明白，原来只要受戒就一定有护法神跟着，哪怕只守一条戒律，护法神也会时刻护佑自己。

后来，这个和尚就变成了一个行为非常端正的人。

这个故事清晰地体现出了佛法的宽容慈悲和佛门独特的管理方式，而这也正是佛光山道场的管理真谛，同时，这个方法也同样可以成为企业界人士在面对管理窘境时所参考和学习的对象。

在现实生活中，有的人做人很严、做事很宽，有的人做事很严、做人很宽，至于究竟是哪种方式更好，我们只能说，严有严的纪律，能够整肃精神，但过于严格，容易让人喘不过气；宽有宽的委婉，可供发挥的空间较大，但过于宽松就会变成懈怠，所以在严与宽之间，管理者应该把握以下几点要素：

1.定法要严，执法要宽：无论一个企业的人数是多是少，都需要制订适合每个人都遵守的规则来维持团体的纪律、建立团体的形象。法是管理众人的纲本，因此在制订过程中必须周全严密。但是执法的人在实行的时候却要审视情况因缘，有时也要兼顾"情、理、法"，让被管理者感觉到一些不同于常人的宽容和优待如此一来，被管理者自然会感恩图报。

2.对己要严，待人要宽：同样是犯了错误，一般人时常习惯原谅自己，却常常严格要求别人，这样的"宽以律己，严以待人"其实是反其道而行，不但让人避而远之，而且容易遭到反对甚至惹来麻烦。这个世界是众人成就而成的，有别人才有自己，没有别人也就没有自己，因此对别人要宽厚一点儿、包容一点儿，多留一点儿空间，多留一点儿路给别人走，这才是做人之道。

3.居家要严,处众要宽:一般人在居家时,大多觉得这是在家里,可以轻松一点儿、随意一些,因此不太会顾及礼仪。这原本无可厚非,但如果居家生活过于放纵、不正派,对儿女的教育同样会产生不良的影响,因此居家时也要严谨。反之,假如在公众场合流露出耀武扬威、高傲严厉的样子,这样的形象实在让人不敢恭维,因此,在公众场合要慈颜悦色、宽大祥和,让他人有如沐春风之感,如此才会有好人缘。

4.大事要严,小事要宽:有的人对大事马马虎虎,对小事却斤斤计较,这就叫"大事无能,小事执著",对于轻重拿捏不当。对于大众的事,一定要依法、依大众、依规矩行事,不能随便马虎,大众也要严格遵守奉行。至于小事,只要无碍于大众公约、无伤大雅,就可以宽大一点儿,不必事事锱铢必较,也就不用太过辛苦执著。

反观现代企业惯常的管理方式,与其进行阶层管理,由董事长、总经理到主任,再到员工,一层一层地管理和被管理,倒不如实现两者之间的平等关系,有了平等的沟通,人事才会协调;与其讲指示、命令,倒不如多用赞美、鼓励之词,即便是在赞美之中指出不足、在鼓励之中夹杂着批评,被管理者也会心悦诚服地接受;与其说管人难,倒不如说管自己更难,在管理别人之前先管好自己,所谓"身教重于言教,口说不如身行",把自己管好以后,他人自然就会受影响。

第二节　佛旨实证:
诸恶莫作,诸善奉行

□ 核心提示

佛经有云:诸恶莫作,诸善奉行。自净其意,是诸佛教。

——《增壹阿含经》卷第一

诸恶莫作,身心没有过非,就能够不落凡夫众生生死;诸善奉行、广度一切众生,就能够成就一切功德。换句话说,就是入生死,不染生死;虽然身心远离过非,却不妨碍普度一切众生。

"诸恶莫作,诸善奉行。"这句话的意思是,所有的恶事都不要去做,要尽力去多做善事。

"善"字是会意字,从言,从羊,言是讲话,羊是吉祥,本义为吉祥。此外,有关教人向善的句子还有不少,比如:"人有善念,天必佑之"、"积善之家,必有余庆"、"人恶人怕天不怕,人善人欺天不欺"、"为恶畏人知,恶中犹有善路;为善急人知,善处即是恶根"、"隐恶扬善,谨行慎言"、"为善最乐,为恶难逃"、"善必寿考,恶必早亡"、"见善如不及,见恶如探汤"、"好事不出门,恶事传千里"、"爱而知其恶,憎而知其善"、"一毫之恶,劝人莫作;一毫之善,与人方便"等,这些都对善与恶做了多方面的论述,给人以深刻的启迪。

在作为我国启蒙教育读本的《弟子规》一书中,关于弃恶从善的内容

也有不少，如："见人善，即思齐；纵去远，以渐跻"、"见人恶，即内省；有则改，无加警"、"道人善，即是善；人知之，愈思勉"、"善相劝，德皆建；过不规，道两亏"、"亲所好，力为具；亲所恶，谨为去"、"无心非，名为错；有心非，名为恶"、"扬人短，即是恶；疾之甚，祸且作"……由此可见，从古时候起，人们就把善良作为做人的品德要求，并且这种向善的教育从一个人的儿童时期就已经开始了。

一个善良的人会得到好报，从古至今，这都是一个颠扑不破的真理。

春秋时期，鲁国孟孙氏的家里有一位特别忠实善良的家臣名叫秦巴西。有一次，孟孙氏让秦巴西陪他外出打猎。狩猎中，孟孙氏捕获了一只小鹿，他非常高兴，决定把小鹿带回家给家人观赏。孟孙氏把小鹿交给秦巴西，嘱咐他一路上好好看护。

秦巴西把小鹿放在车子上，十分细心地照料着。车子没走多远，他就发现一只母鹿总是远远地跟在队伍后面，眼睛牢牢地盯着车子，并不时发出痛苦的哀鸣，其美丽的黑眼睛中似乎还蓄满了泪水，于是秦巴西断定这只母鹿一定是小鹿的母亲，因见小鹿被抓心痛难当，又怕靠得太近被人捕获，因此只好跟着车子追寻小鹿的身影。听着母鹿的哀鸣，他的恻隐之心油然而生，顾不得主人的嘱咐，将小鹿放回到了鹿妈妈的身边。

看着小鹿撒娇地依偎在母鹿身边，似乎要把刚才所受的委屈和惊吓一股脑儿地向妈妈诉说，秦巴西的心里轻松了许多，尽管他知道此举一定会得罪主人，但他心里却没有半点儿后悔。

回到家里，孟孙氏在向家人炫耀一番后，果然叫秦巴西把小鹿送给大家观赏，秦巴西不得不把自己放走小鹿的实情说了出来，孟孙氏听后，气得半天说不出话来，决定以流放作为对秦巴西的惩罚。

后来，孟孙氏的儿子长大了，需要请一位老师来训导他。此时，孟孙氏第一个想起的人选就是秦巴西，于是立刻派人把他接回来。孟孙氏手

下的人不解地问:"秦巴西是因犯了错误而被放逐的,为什么如今竟让他做公子的老师呢?"孟孙氏笑了笑说:"这其中的道理还用我说吗?秦巴西对小鹿尚且如此爱怜、如此善良,难道不会善待我的儿子吗?"

应该说,善良和忠诚是做人的一种美德,正因为人类具备这种美德,因此使得世界上运行着一种规律:善出者善返。所谓"善恶到头终有报,只争来早与来迟",这就是规律使然。当然,这世界上还运行着另一种规律,那就是:恶有恶报,到时必报,比如发生在唐朝女皇武则天时期几个酷吏身上的故事,就很好地印证了这一规律。

公元 690 年,武则天废黜唐睿宗李旦,改国号为"周",以 67 岁高龄正式登基称帝,成为中国历史上的女皇帝。为了巩固自己的地位,武则天采用了控制百姓的言论、在朝廷上设置铜匦(检举箱)收受告密文书等手段,还另外起用了一批酷吏,专门对付那些对大周政权不满的官员百姓。在这些为虎作伥的酷吏中,最有名的要数来俊臣、索元礼、周兴等人,他们大都是市井无赖出身,性格残忍,以告密陷害作为自己向上爬的手段,还创造了许多骇人听闻的审讯酷法,如"驴驹拔橛"、"仙人献果"、"玉女登梯"、"请君入瓮"等,使得囚犯们"战栗流汗、望风自诬"。用这些极其残忍的刑罚,酷吏们仅诛杀唐朝宗室和元老大臣就达数千家,甚至连武则天极为信任且深受百姓爱戴的一代名相狄仁杰也差一点儿被迫害致死。

不过,虽然武则天开始时一再放手让酷吏们为自己清除政敌,但当酷吏们的滥杀造成了新一轮的统治危机、引起整个社会的动荡不安时,这位女皇帝自然采取了丢卒保车之策,毫不犹豫地将这些酷吏抛了出去——杀之以平民愤,"请君入瓮"的成语就出自酷吏来俊臣被杀的典故。

据说来俊臣在审讯那些被他们陷害的大臣时,曾发明了一种 100%有效的刑讯逼供之法——"请君入瓮"法:在一个大瓮底下堆放柴火,将被陷害的大臣放进瓮里,然后点燃柴火将大瓮慢慢加热,如果囚犯不按

酷吏们的要求招供，那么就会被困在大瓮里慢慢烫死。此刑残酷异常，入瓮者没有不招供的。可笑的是，当来俊臣等酷吏被审讯时，审讯他们的大臣"以其人之道还治其人之身"，也请来俊臣、索元礼、周兴等酷吏坐进瓮中。这些家伙当然知道这种酷刑的厉害，于是还没有等到温度升高就将罪行如实招供了。

正所谓"善有善报，恶有恶报；若有不报，日子未到"，无论为恶者平时多么不可一世、飞扬跋扈，到头来都只会落得个恶有恶报的下场。而一个善良的人牺牲自己或多或少的利益去无私地帮助、扶携别人，主观上也许并不是为了赚取什么，也不在意回报，但从客观上来讲，其善举却常常会给行善者带来幸运。这一事实无论是在生活中还是在工作中都有不少典型的事例，特别是在企业管理中，如果经商者时刻秉承善良之心为人处世、制订决策，那么，即使是在无路可走的情况下，上天也会为他打开一扇门。

20世纪30年代，一场世界性的经济危机爆发了，在日本，曾经拥有5处工厂、400多名员工的铃木电器公司因为销售额锐减、资金极端缺乏，已至濒临倒闭的边缘。由于世界各地都在爆发经济危机，因此当时最通行的化解难关的方法就是裁员和减薪，铃木公司内部的一些高级主管也极力主张采取这两种办法来挽救濒临绝境的公司。但公司老板铃木太郎考虑得更多的却是，如果实行裁员和减薪的手段，那么势必会有一大批员工将在生活上陷入困境，同时也会使人心更加涣散、士气更为低落，因此，他最终作出一个令常人难以理解的决定：立即减半生产额，将工厂开工时间减为半天，但员工一个也不许解雇，薪资照发不误，公司的困难用其他办法来解决。

当时所有人都在叹息，他们深信这位铃木老板是因为遭受经济危机的打击，精神方面出现异常，所以才会作出这样明摆着让自己吃亏的决定。但令人始料未及的是，铃木老板的决定却令全体员工深受感动，人们

有感于老板在人人自危的经济危机面前所流露出的那份善良,于是每个人都拼尽全力做好自己的工作,生产线上的员工竭力保证不出一件次品,销售线上的员工每天早出晚归,声音嘶哑地去全力推销库存产品。于是,奇迹出现了,由于全体员工的努力,公司产品不但没有滞销,反而出现了产品供不应求的现象,并创下公司历年来最高的销售额。危机过后,人们看到,在这场世界性的经济大危机中,许多工厂纷纷倒闭,而铃木公司却一枝独秀,相继兴建了 3 家新工厂。一个善意的决定竟帮助铃木太郎创下了起死回生的奇迹,给他带来了巨大的幸运。

"善良经商,生意兴隆",这应该是现代企业管理者都应该知晓的一个道理。在当前这个呼唤爱与和谐的社会环境中,一个企业的管理者不仅应该是一个熟悉商道的人,更应该是一个善良的人、一个善于为人处世的人。须知,一个人要在社会上立足并干出一番伟大的事业,单凭商场上的东拼西杀是远远不够的,尔虞我诈那一套用得再纯熟,也不过是一锤子买卖。就像单枪匹马无法打赢一场战争一样,为恶的结果就是这个商圈最终将不会再有你的立足之地。而只有与人为善、广交朋友,才能左右逢源,赢得更多的机遇,从而使自己的事业从无到有、不断壮大、走向辉煌。因为,人有善念,天必佑之。

第三节　佛旨实证：
常青藤律宗，千年传承的奥秘

□ 核心提示

　　菩萨大人意乐深广、行解高远，所应受者不舍一法，所应行者无遗一行。万行之数亿度所管皆是所修，无所乘故贯括无边包纳无尽。大乘义相，法如是故。

　　律宗是中国佛教宗派，因着重研习及传持戒律而得名，又因依据五部律中的《四分律》建宗，也称四分律宗。实际创始人为唐代道宣，因道宣住在终南山，所以又有南山律宗或南山宗之称。

　　相传释迦牟尼在世时，为约束僧众制订了各种戒律。第一次佛教结集时，由优婆离诵出律藏。其后因佛教各派对戒律的理解不尽一致，所传戒律也有所不同。据僧史记载，中国汉地翻译戒律和实行受戒始于三国魏嘉平年间（公元 249 年～公元 254 年）。当时，中印度的昙柯迦罗来到洛阳，见到中国僧人只落发而未受戒，因此翻译了一部摩诃僧祇部戒本，以作为持戒的准绳，又请印度僧人立羯磨法（即受戒规则）创行受戒。正元年间（公元 254 年～公元 256 年），安息国（即帕提亚帝国，伊朗古代的一个奴隶制王国）沙门昙谛来到洛阳，译出法藏部羯磨，从此中国僧人才开始受戒。东晋时，又有僧人把《摩诃僧祇律》、《十诵律》等广律译出，用作行事的依据，以致受戒与随行不相一致。

　　北魏孝文帝时，僧人法聪在平城讲《四分律》，并口授弟子道覆作《四

分律疏》6卷，内容只是大段科文，因此法聪被认为是四分律师。直到慧光作《四分律疏》，并口授删定受戒规则，才正式奠定了律宗的基础。后来，慧光的弟子道云将其传给道洪，道洪又将其传给了自己的弟子智首，智首慨叹当时五产律互相混杂，因此研究核实了古今学说，终于编撰出《五部区分钞》、《四分律疏》，在当时影响很大，而智首的弟子道宣也同样专研律学，后来更是住进终南山潜心述作，著有《四分律比丘含注戒本》、《四分律删补随机羯磨》、《四分律删繁补阙行事钞》、《四分律拾毗尼义钞》、《四分比丘尼钞》，后被称为五大部。至此，道宣在终南山创设戒坛，制定佛教受戒仪式，从而正式形成宗派——律宗。

所谓"律宗"，用现代的通俗语言解释，就是佛教各宗派中纪律特别严格、自律极强的那一支。至于究竟严格到什么程度，又自律到什么程度，人们可以从律宗弟子一天的平凡生活中窥见一斑。

律宗弟子们每天早上 3 点钟就要起床，然后开始做功课，6 点钟开始吃早饭，叫做"供斋"。他们平常一般都穿灰色的袍子，但在吃饭的时候则必须要穿好袈裟。吃饭时不能说话，不能发出咀嚼的声音，当然更不能左顾右盼。如果需要添饭，也不能出声招呼或指手画脚，只要把饭钵放在桌上的小棉垫子上，然后双手合十就可以了，管伙食的僧人自会来添饭，吃饱后自行将饭钵收起来。早饭之后，僧人们会继续做功课，一般是念经或者听师父讲经，到中午 11:30 左右开始吃中饭，这也是一天中的最后一顿饭，叫做"过午不食"，之后是午睡时间，但是 12:30 之前是不能上床的，到时间的时候，会有人打板，然后所有的人开始午休，大约一个小时后，午休结束。下午起床后，僧人们要先做内务，然后又是做功课，一直到晚上 10 点钟睡觉。这就是律宗弟子一天生活的全部内容，天天如此，年年如此。当然，僧人们也有休息日，每半个月有一天的"放香日"，在这一天，僧人们可以给家人写信或者会客。

此外，僧人们的行走坐卧都有特别的规定，比如上厕所的时候不能

说话,还要换上拖鞋;出入尽量集体行动,排成一队……甚至他们在任何时候都是含着胸、低着头、微弓着腰,一副非常恭敬虔诚的样子。

自律是一种美好的品德,僧人们都是来自五湖四海,个人的禀性、好恶、生活习惯、教育背景各不相同。而在主观上,这些僧人已经,而且确实是"舍亲割爱、抛却世间享乐"的人,也就是说,他们是一个"没有物质利益的牵挂和约束的群体",物质的奖惩在他们面前是乏力的,精神鼓励、社会荣誉感、成就感对他们而言也同样是苍白的。他们之所以能够日复一日、年复一年地在寺院中吃斋礼佛,开始也许是靠寺院中严格的戒律约束,但随着时间的推移,越来越多的僧人会将戒律转为自律,因此世界上有千年不朽的道场,却难以出现屹立 500 年而不倒的企业,因为没有一个企业的员工会集体具备"自律"这种美好的品德。也可以说,如果一个企业中具有自律品德越多的员工,这个企业的生命周期就会越长,相反,那些连管理者都不能自律的企业,其生命周期就会很短,甚至是昙花一现。

一个国家,有基本的法律约束着公民;一个民族,有基本的风俗约束着族人;一个家庭,有基本的家规约束着家人,因此,一个企业自然也会有基本的制度约束着员工。可是在这个社会中,仍然不断有被制裁的罪犯、被驱逐的族人和被免职的员工。在这里,我们不能说那些法律、风俗、条例、制度都是天衣无缝、完美无缺的,但这并不能成为那些被"丢弃"者为自己开脱罪名的借口,因为在社会中,有绝大多数人都在遵守着这些法律、风俗、条例、制度,也因此获得了国家安定、民族团结、家庭美满、企业兴旺的良好结果。相较之下,那些被"丢弃"者身上似乎都欠缺了一种品德,那就是自律。以企业为例,在每个企业中,人们几乎每天都会看到如下场景:

新员工刚刚上班,就不断地听到老员工在抱怨,从老板的无能到人心的涣散,从主管的苛刻到某个同事的令人厌恶,活脱脱一副空有鸿鹄

之志却最终被困鸟笼的架势，还自以为这样一副哀企业之不幸、怒企业之不争的姿态能够博取新员工的尊敬和崇拜，却不料新员工心里想的是：你如果真是鸿鹄，又怎么会被困在如此不堪的一个鸟笼里呢？

日常工作中，面对激励措施，大家会抱怨这种措施分配不公，员工抱怨主任提成太高，主任抱怨主管提成太高，老员工认为新员工占了便宜，新员工会觉得自己没有得到合理的回报；而面对出现的问题，大家又会互相推诿责任，张三抱怨李四不配合、李四抱怨王五不配合、王五又抱怨张三不配合。最后的结果就是：功劳面前人人平等，责任面前人人退缩。

每个人都希望别人能当面给自己指出缺点，害怕同事在自己背后放冷枪冷箭，而自己却总是无意间在背后评说别人的是非短长；都希望自己的领导怎样怎样的好，却都忘记了自己有责任维护领导的形象，而不该口无遮拦地对领导品头论足。

诸如此类的精彩大戏，每天都在各个企业中上演，平心而论，其反映出来的问题很简单，就是在个人观念上存在着"宽以待己，严以律人"的思想，换句话说就是不懂得自律。

俗话说，正人先正己，这在企业管理中也同样适用。企业管理在很大程度上其实就是对人的管理，而对人的管理最成功的结果就是教育员工学会自律。很多企业已经开始要求员工具备良好的素质水平，甚至在业界还流传着这样一种说法，说的是员工分为4种类型：有德有才是精品；有德无才是次品；无德无才是废品；有才无德是毒品。显而易见，"精品"是亟待被挖掘的，"次品"是可以被培养的，而"废品"将面临着被淘汰的命运，"毒品"就只能被毫不留情地抛弃，因为一个才气卓越却没有良好品德的人无疑是深埋在社会中的一颗地雷，不知什么时候就会引发一场动荡，威胁人们的生命及财产安全，破坏安定有序及和谐的社会状态。

而那些被企业视为"精品"的员工，有才自然是指他们的专业技能，而有德在这里指的就是自律。

自律的员工热爱自己的工作，无论是单调的工作还是艰苦的挑战，

他们都会兢兢业业，努力做到最好。

自律的员工永远充满工作激情，不同于那些习惯被动地接受和执行任务的员工，自律的员工会以工作绩效的最大化为目标，对工作中遇到的问题会主动寻求最佳的解决方式。

自律的员工勇于承担责任，不会为偶尔的错误和一时的失败找借口，而那些所谓的"次品"、"废品"和"毒品"则总是在为自己寻找一个遮掩错误、免除责任的挡箭牌，他们永远不会想到，在他们寻找挡箭牌的同时，正放任了更多的错误在不断发生；自律的员工则会在对责任的承担和对错误的修正中掌握更多的技术和经验，使自己越发优秀出众。

综上所述，我们可以看出，自律不但是一种人人都应该具备的美德，同时还是一名员工的立身之本，更是那些优秀员工通往成功道路的通行证，与平庸者相比，他们有着更为广阔的职业空间和个人前途。懂得自律的员工都是受领导重视、在企业里不可替代的"重量级"员工，他们并非做了什么了不起的光辉业绩，自律就是他们实现目标的唯一通道，同时也是让他们更加优秀的法宝。

第四节 佛旨实证:
自律方能化他,严守戒律而自度

□ 核心提示

> 怀海的弟子问:"斩草伐木,掘地垦土,为有罪报相否?怀海云:不得定言有罪,亦不得定言无罪。有罪无罪,事在当人。若贪染一切有无等法,有取舍心在,透三句不过,此人定言有罪。若透三句外,心如虚空,亦莫作虚空想,此人定言无罪。"

自律是佛教经典"三藏"中"律藏"学说中的组成部分。释迦牟尼制订的各种戒律不仅使自律成为佛教戒、定、慧"三学"中的戒学理论,而且是全体佛教信众行为的律条,是必须遵守的行为准则,因此,佛门的行为自律是把完整的学说与人生具体的实践结合在一起,成为信者必持的宗教实践。

要想遵守菩提戒律就得头脑清醒、竭尽全力地守住自己的心,使它不要产生邪念,"一切灾祸及无数苦难都是由于放纵自己的心而产生的……地狱的刑具如刀子、锯子、刃叶、磨子等都不是谁特意制作的,地狱中烧红的大地也不是由谁制造的,这一切都是由于你罪恶的心理所造成的。"因此,在佛祖看来,三世中没有什么比迷乱的心更可怕的东西。

在《譬喻经》第五卷中有一个比丘持戒拒绝诱惑的故事。

从前有一个男子生得端正聪慧,从小信仰佛教,长大后出家做了比

丘。一天,他进城化缘,遇上了一个淫荡的女人,女人见他生得年轻英俊,顿时起了淫心,便满脸堆笑地把他带到自己家中。比丘一进门,女人便赶紧关上房门,然后上前百般挑逗比丘。比丘大吃一惊,随即闭上眼睛,不去理睬这个女人。女人满腔的淫欲不能得到满足,于是心生恶念,竟然叫奴婢在院子里挖了一个坑,坑中倒满燃油,然后点上了火,顿时熊熊火焰腾空而起,而后女人命令4个奴婢拖住比丘,要把他推到火坑里。比丘情急之下大喝一声:"别忙动手,让我再考虑一下。"

奴婢暂时放开了钳制比丘的罪恶之手,比丘低垂着脑袋,脑海中迅速闪过一个念头:"如果我跳入火坑,不过一死而已,况且持戒而死可以升天。如果我犯了淫戒,死后会堕入地狱,永远没有出头的日子。"

想到这里,他猛然抬起头,目光炯炯地看了看那几个罪恶之人,然后在所有人都没来得及反应的时候毅然跳入了火坑。几个女人顿时目瞪口呆,却见刹那间,熊熊烈火突然化为了清凉之水,比丘神态自若地从坑里安然走出。那个淫妇见此情形又惊又怕,更感到羞愧万分,不等比丘说话就忙不迭地夺门而逃,从此不知去向。

严守戒律是出家人的本分,也是对出家人的考验。这个年轻的比丘能坚定地抵挡住美色的诱惑,甚至不惜以死向佛,其定力和虔诚确实令人钦佩。试想一下,如果把佛教的清规戒律挪用到世俗社会中,"移植"到现代企业中, 会有几个人像故事中的比丘一样不惜用生命来自律言行、来维护自己的信仰?恐怕就连一些企业的领导者、管理者们也不敢在这个问题面前坚定地回答"我能"!很多领导者、管理者连起码的自律都无法做到,更遑论为企业献出生命了。

优秀源于自律,而自律不属于天性,不是天生的,而是后天培养的结果。作为企业的领导者,如果不能自律,就无法以德服人、以力驭人,如果无法取得他人的信赖和认可,其结果则是必败无疑。一个优秀的领导者、管理者必须懂得,要求下级和员工做到的事,自己必须首先做到。

十几年前，中国的大街小巷都流传着一句广告语：人类失去联想，世界将会怎样？1984年，一个名叫柳传志的人怀揣着20万元人民币，带领10名中国计算机科技人员在北京一处租来的传达室中开始创业，将年轻的公司命名为"联想"。20多年后的今天，联想从一个只有20万元启动资金的小企业发展成为有上百个亿的大企业，更成为了中国电子工业的龙头老大，而柳传志也被人们看做民族精英、一个具有崇高威望的企业领导人。可以说，这一切都是与柳传志的人格魅力和高尚品格分不开，而在他身上体现出的最明显的品德就是自律。

联想集团有一条制度：参加20个人以上的会议，如果迟到就要罚站一分钟，结果第一个被罚的人竟然就是柳传志原来的老领导。罚站的时候，这位老领导又紧张又尴尬，一身是汗，柳传志本人也是一身汗，并对他的老领导说，您先在这儿站一分钟，今天晚上我到您家里给您站10分钟。柳传志本人也被罚过3次，其中有一次是因为他被困在了坏掉的电梯里，本想找人去帮他请个假，无奈敲了半天的电梯门也没引来一个人，结果还是被罚了站。

就做人而言，柳传志一直奉行"四字箴言"——做人要正。在"联想"的制度中有一条是"不能有亲有疏"，即领导的子女不能进公司，柳传志的儿子是北京邮电学院计算机专业毕业的，按说到"联想"工作可谓专业对口、人尽其才，但是柳传志却不让他到公司来工作，以免搞特殊化，影响公司的正常工作。

由于有了柳传志的自律精神做榜样，"联想"的其他领导者、管理者也纷纷效仿，自觉地遵守着各种有益于公司发展的规章制度，因此才使得"联想"的事业得以蒸蒸日上。

毋庸置疑，所有的企业领导者都希望自己手下能有一支高素质的员工队伍，但如果进行换位思考就会发现，员工们更希望自己的上司能有个领导者的样子，是个严格自律、以身作则，靠得住、信得过的领头人。只有这样，员工们才会感到事业有前途、生活有奔头，以十倍、百倍的热情

去工作。反观有些领导者，做事拖拖拉拉、说话随随便便，动辄上班迟到早退，明明陪着家人玩了半宿麻将，却非要睁着惺忪红肿的眼睛说自己应酬客户去了，言下之意就是：我迟到也是为公司，所以不能扣我的钱。这一招用一次、两次或许管用，但日子长了，他们如此卖力地"拉客户"却没有为公司增加半点儿业绩，试想，这样的领导者有谁会信服？知道真相的员工会因为厌恶他们的所作所为而离开，不知道真相的员工会因为对他们的能力失去信心而离开。总之，这样不能自律的领导者混到最后，身边只会剩下一些或能力差而找不到工作的员工，或贪图安逸、只会溜须拍马的员工，任何一个有能力、有志向的人都不会留在这种领导者身边。

要成为一个好的领导者，首先就要懂得自律、管好自己，为员工们树立一个良好的榜样。言教再多也不如身教有效，行为有时比语言更重要。领导的力量，很多往往不是由语言而是由行动体现出来的，聪明的领导者尤其如此。

在一个企业里，领导当然是众人的榜样，你的言行举止都被众人看在眼里、记在心上，示范的力量是惊人的。正人先正己，管事先做人，除非你能先管理自我，否则你就不能管理任何人。一旦通过表率作用树立起自己在员工中的威望，必将上下同心，大大提高团队的整体战斗力。俗话说："得人心者得天下。"只要懂得严格自律、以身作则来影响员工，你的管理工作自然会做得顺风顺水、得心应手。

第五节　佛旨实证：
"法四依"方是真法

□ 核心提示

佛经有云：法四依者，谓依凭正法，则能成就万行之因，满足菩提之果也。

2500 多年前，释迦牟尼创立了佛教，率领了庞大的僧团——四众弟子，但他从不以领袖自居，也不搞特殊化，直到临终也没有指定接班人，只告诫弟子：他活着的时候，整个佛教僧团是"以法为师"，他去世了，就要"以戒为师"，因为释迦牟尼自己也是"以法为师"，所以佛教内至今保留有"法四依"的传统，即依法不依人、依义不依语、依智不依识、依了义不依不了义。

在《涅槃经》、解深密经、四分律、大智度论等佛语中，曾讨论过"后世由研究佛学而学佛的人，应照四依来做标准"这一课题。四依有行四依、法四依、人四依、说四依，其中比较重要的是"法四依"。那么，究竟什么是法四依呢？

1.依法不依人：："法"，指的是佛所说的理法或法尔本然的真理，可为轨模，依之入道；"人"是有情的假名，变迁无定，真伪莫测，暂时依之过渡，不可视为究竟，所以，你不可以因为跟某个人很有缘，就什么话都听对方的，还是要对照经典，时刻用圣贤给我们的教诲来生活、来处世，这样才是

理智的判断。而圣贤的教诲事实上也不是某一个人讲出来的，圣贤所有的教诲都跟我们每一个人本性的善良相呼应。所谓"人之初，性本善"，当你随顺圣贤的教诲达到某一个程度的时候，你本性的智能被开启了，其后你便是随顺自己的德性、本性去处世做人了，也因此会感到其乐无穷。

2.依义不依语："义"为义理，乃诸法的真实性；"语"是语言，乃借以诠释真理的假设名言。义为精华，语为糟粕，融会义之精华，便可弃却语之糟粕；且语言方便，随说不定，所以不能依为究竟，可依为究竟的是在义理而不在语言。例如你有两个朋友一起到美国去旅游，回来时向你说起美国的情况，两个人讲的话肯定不会相同，但是所讲的意思一定是相同的，这就是"依义不依语"，也就是说，语言说多、说少没有关系，深说、浅说、长说、短说也没有关系，意思决定一切，因此，向佛的人在读到佛教经典时，不论其为梵文、华文、英文或巴利文，只要它的内容理论合于"四法印"的正确性，人们就应该承认它是佛说，否则便是非佛说。

3.依智不依识："智"，指的是真正的智慧，"识"，指的是虚妄的认识。智是圣人的智慧，是从无我的大智、同体的大悲中产生的。因此，凡是带有以自我为中心的意愿，不论是为己还是为人，乃至为一切众生，或者为求成就无上的佛道，也不论是大我、小我、梵我和神我，或个别的我与全体的我，都属于知识及认识的范围，都不能产生真正的智慧。知识是从自我的学习经验中所产生的分别、记忆、推理等作用；而智慧则只有客观的现象，没有主观的中心，只有运作的功能，没有主体的中心。简单来说，在处理问题时，如果依照以前的经验、成见、习惯来处理、分辨，这就叫依识；而能打破成规、灵活变通、当机立断、就事论事地去处理、分辨，这就叫依智。

4.依了义不依不了义：这里的"了义"指的是了义经，是指那经中所说的义理很明白、很显然、很彻底，而不是含糊不清的、有疑难决断的，否则即称为不了义经。了义经中所说的道理是真实的、直截了当的；不了义经中所说的道理是方便的、隐有其他用意的。

《法华经·化城喻品》中就有个很贴切的比喻。

有一个导师率领许多弟子要去 500 里远的宝所采宝，很多弟子因畏惧路途遥远，因此产生了退却的心理，导师便在行走到 300 里的时候用法术幻化出了一座巍峨庄严的城池，以此引诱弟子们前进，弟子们心想：前面这座城池可供我们歇息，而且采宝的路程已经走了一半多，马上就可以到达宝所了，也罢，就在这个城里休息一下，然后继续上路前往宝所吧。

看到这里，大家肯定会想起一个成语故事——望梅止渴。

有一年夏天，曹操率领部队去讨伐张绣，队伍在弯弯曲曲的山道上行走，天气热得出奇，让人透不过气来。到了中午时分，士兵的衣服都湿透了，行军的速度也慢了下来，有几个体弱的士兵竟晕倒在路边。

曹操看到行军的速度越来越慢，担心贻误战机，心里很是着急，可是，眼下几万人马连水都喝不上，又怎么能加快速度呢？于是他立刻叫来向导，悄悄问他："这附近可有水源？"向导摇摇头说："泉水在山谷的那一边，要绕道过去还有很远的路程。"曹操知道此刻即使下命令要求队伍加快速度也无济于事，于是看了看前边的树林，沉思了一会儿，对向导说，"你什么也别说，我来想办法。"说完一夹马肚子，快速赶到队伍前面，用马鞭指着前方说，"士兵们，我知道前面有一大片梅林，那里的梅子又酸又甜、又大又好吃，我们快点儿赶路，绕过这个山丘就到梅林了！"士兵们一听"梅子"两个字，顿时想起那酸甜可口又解渴的感觉，口中顿时条件反射地流出了许多口水，一时间竟不觉得十分干渴了，于是精神大振，步伐也不由得加快了许多。

在以上两个小故事中，化城和梅子所代表的就是方便的、不真实的、不了义的；宝所和泉水所代表的才是真实的、究竟的、了义的。再说得最简

单些就是，再好、再深、再广的东西，如果学了以后派不上用场，就叫不了义，也就是现代人所讲的"所学非所用"；而对我现前有利益的，学了立刻就管用、就得好处的，就叫了义，因此，人们决不要因为文字、语言、地域、流变等种种隔阂而局限自己，使自己陷入小圈子里兜兜转转走不出来。

近年来，许多企业都纷纷用佛经中的文化来阐释企业管理的真谛，而事实证明，这些道理对于现代企业管理的确具有非同凡响的影响力和适用度，甚至随便拿出一条佛经上的道理就可以清晰地反衬出某个企业在管理中所存在的弊病或者印证出某个企业在管理中所取得的成功。

中国香港佛教僧伽学院执行院长觉真长老在为内地几所著名高校的 MBA 课程和首席执行官班授课时曾讲道："佛学是内学，佛教的追求是内求。人作为万物之灵，灵在何处？不在外，而在人的自身、自心，这心的学问就是佛法的全部学问。而企业管理的核心，从早期的生产导向再到行销导向，到后来的财务导向，现在又转到人力资源导向、学习型组织五项修炼的行为导向……说到底，无一不是人的活动、人的因素。管理哲学的真正核心依然是人：管理的组织是人的组织，管理的行为是人的行为，企业的最大资源是人才资源，管理活动是人类特有的心智活动……在一个企业内部，人既是执行管理的主体，又是被管理的客体，任何有效的管理都是通过'人'才能实现的。作为一个专家型的企业家，我想，不仅要重视人的研究，而且要精通对人的研究。那么，对人的理解和对人的研究，佛教文化恰恰是最透彻的了。"

的确，企业是社会的一个组织架构，而员工又是企业活动的主体，失去了这个主体，企业就不能进行正常的生存和壮大，社会自然也无法得到更好的发展和完善，因此，现代企业的管理者务必按照"法四依"的标准，以便早日达到"做人做事双到位"的管理境界。

例如以有机畜牧科技、有机产品加工、生物工程技术研发、土地环境提升等为主要业务的综合性研发民营企业——山东银香伟业集团，其总裁于忠波先生早在 20 世纪 90 年代就提出了"做人做事双到位"的思想：

"先做人后做事。只有做人到位了，才能做事到位。"现在，银香伟业在全国企业中进行的 5S 管理就是一种做人做事双到位的企业管理。根据 5S 管理的内容要求，每个部门、各个工种及业务的各个流程都规定出标准，并按这些标准来施行各自的职责。同时，每位员工也要结合自己的工作范围编写好"作业指导书"，实行自我约束、自觉规范。而这种管理方式就是一种全员的制度化管理，也可以说是一种佛教文化的"戒律"管理。

按照觉真长老的说法，企业人才资源的开发发展到圆满阶段就叫"气象"。印度佛教传入中国，最早是从陆路而来，但有一个人却是从水路而来的，他就是开创中国禅宗的第一代祖师达摩。他为什么要来中国？那是因为"中国有大乘气象"。这句话到了宋儒嘴里就变为"处处表现圣者气象"。同样，一个成熟的企业、一个不断发展的名牌企业，其企业内部也都会存在一种气象，这个气象就是企业精神，就是这个企业的文化魅力，而这个气象的源头就在企业的人心。

可以这样说，市场关系就是人与人的关系。所谓调查市场，其本质就是调查人；所谓了解市场，其本质就是了解人；所谓研究市场，其本质就是研究人；所谓赢得市场，其本质就是赢得人。每个企业管理者都清楚地知道，市场的本质是服务，而服务实际上就是对人的关心、对人的需求的满足。心中没有这一条的管理者，他的心中就没有市场。

第三堂管理课

以智教众，
授之以鱼，不如授其渔

佛经上说，释迦牟尼教化弟子的途径约有 4 点：

一曰"以慈摄众"： 释迦牟尼不以权威力量来摄服大众，而是以无与伦比的慈悲来摄服众心。他曾不辞辛苦，为生病的比丘看病，照顾其生活起居，亲自为眼盲的阿那律尊者穿针缝衣，不厌烦琐。

一曰"以身领众"： 释迦牟尼不以身份地位来压迫大众，在僧团中树立了圣洁的风范，使弟子们对他的圆融人格与崇高道德自然生起无限的景仰与恭敬，从而愿意接受他的教导。

一曰"以智教众"： 释迦牟尼成道以后，曾在 40 余年间的时间里，不知疲倦、昼夜不懈地演说四谛十二因缘、六度妙法，并且以其无人能出其右的辩才和善巧生动的譬喻为众生开启了智慧、指点了迷津。

一曰"以法养众"： 释迦牟尼从不以金钱财物、美衣珍肴来养活众生，而是以禅悦法乐来滋润众生慧命。

释迦牟尼对于弟子的教化方法也并非简单生硬的说教，而常常是应病予药、观机逗教。一般人都能理解"应病予药"的意思，就是中医中所说的"对症下药"，而不理解"观机逗教"之意的人，则可以通过佛经上的一个小故事来体味此语的含义。

有一次，目犍连尊者收了两个弟子，他们都跟目犍连尊者修行了很久，却未曾开悟过。有一天，舍利弗尊者问目犍连："你的那两位弟子有没有开悟？"

"唉！别提了，修行了这么久，不知什么缘故，到今天还没悟过一次！"

"那真是可怜！你究竟给他们教了些什么呢？"

目犍连闻言，遗憾地说："一个教他作不净观、离开执著；另一个教他作数息观、统一精神。但是，一点儿效果也没有！"

舍利弗又问道："那么，这两个人从前是干什么行业的呢？"

"修不净观的那个，过去是干银匠的；学数息观的那个，以前是洗衣匠。"

舍利弗听了目犍连的话，暗自一想："目犍连真是不会观机、不会认识

人!教洗衣匠学数息观,却教银匠修不净观,这怎能叫他们理解得了呢?"

于是,舍利弗说:"你因为不会因人说法,所以才白费苦心,始终也不能见效。干银匠的人终日拉着风箱,如果教他数息观,那是最恰当不过了;洗衣匠终日替人洗濯肮脏的衣物,如果教他不净观,那不是很合适吗?你的教法颠倒了,就是教他们一辈子,他们也不会开悟呀!"

目犍连听了舍利弗的忠告,觉得很有道理,便立刻照他的话命银匠修数息观,又教洗衣匠修不净观,果然,这两位弟子都各自精勤修习,不久便证了阿罗汉果,解脱了生死烦恼。

此外,释迦牟尼对于自己所教化的对象也是不分贵贱、贫富,一律加以关爱。譬如挑粪出身的尼提、理发匠出身的优波离,释迦牟尼都慈悲地纳受了他们,使他们成为了僧团中的一员,还曾经智引三迦叶兄弟,使其皈依正教,更曾经救度了五百贼人,使其弃邪归正、信仰佛教。

可以说,释迦牟尼视一切弟子都如同自己的亲生子女,还举例说:一对父母生有 7 个孩子,6 个身体健康、强壮如牛,只有第 7 个孩子体质羸弱、百病丛生。父母对孩子的爱本是相同的,但是对于病痛的孩子所付出的关爱则是更深刻、更急切的。因此,释迦牟尼对于苦难的众生也是格外怜悯、体恤的,正如常人在生病时才需要医药诊治;幼童在懵懂无知时,才需要庠序之教;众生在烦恼时,才需要佛陀的慈光被照、法水滋润。

第一节　佛智在于：
身教重于言教，口说不如身行

□ **核心提示**

"帮助一切众生转恶为善、转迷为悟，首先应帮助他转恶为善。怎样帮助他？首先应该自己做出样子给他看，不做出榜样给他看就没有用。所以古圣先贤的教学都是做样子给人看。"

有一个禅僧在赵州禅师处学禅，一日，他对禅师说："弟子前来参学十有余年，不蒙老师开示指导，弟子要到别处参学了。"赵州禅师听后故作大惊道："你怎么能如此冤枉我？自从你来后，你每天拿茶来，我为你喝；你端饭来，我为你吃；你合掌，我低眉；你顶礼，我低头，我哪一处没教导你啊？"学僧听了低头细想，似有所悟，禅师又进一步开示道，"但尽凡心，别无圣解。"

赵州禅师的寓意极其深远、用心极其良苦，《金刚经》中所说的"著衣持钵乞食"是为禅，而日常的行走坐卧、接人待物亦为禅，只看修学之人是否用心罢了。所谓祖师的开示讲说，并不是只限于"原经原解"，以佛经中的言说教人，运用空洞的大道理，往往收不到预想的效果，使修学之人不能十分明了，更容易产生对经教言说的曲解，所以佛经中的譬喻常常是把繁复、生涩、不易被常人理解把握的"名相"用简单的比喻来说明道理。

修学佛法，不仅仅要将精力用于经论的研究解释上，还要辅以修行，通过日常的修行规范自己的言行、修正自己的身心、提升自己的人格。"佛法在世间，不离世间觉"，这句话虽然已经流传了几百年，但真正用它来实践的修学之人并不多。把着眼点放在日常生活当中，力求以一颗清净之心对待日常生活，以解决当下烦恼无明为根本，如禅师的"喝茶、吃饭、低眉、低头"其实就是很好的修学榜样，"喝茶、吃饭"没有分别心，不着"喝茶、吃饭"之相；"低眉、低头"体现出如理如法的举手投足，上敬下和、不卑不亢、谦虚和顺，这就是所谓的"身教胜于言教"、"说得十分，不如行得一分"。

古人曰："其身正，不令而行；其身不正，强令而不行。"在美国，有人在托儿所做了一个实验，他们把孩子分成4组，每组配一个实验员担任老师，过了10多天，当老师与孩子们熟悉并建立了良好的关系后，实验开始，老师要求孩子们为孤儿院的孩子捐款。第1组的老师向孩子宣传捐款的伟大意义，同时自己也捐款；第2组的老师也向孩子宣传捐款的伟大意义，但是自己却不捐款；第3组的老师向孩子宣传不要救济孤儿，劝说孩子别捐款，同时自己也不捐款；第4组的老师向孩子宣传不要救济孤儿，劝说孩子别捐款，但是自己却捐了款。实验的结果是：第1组的孩子全部捐了款；第2组的孩子绝大多数没有按老师的宣传去做，而是像老师实际做的一样没有捐款；第3组的孩子没有一个捐款；第4组的孩子大多数都捐了款。

这个实验充分说明身教重于言教，口说不如身行。为何会如此？皆是因为模仿学习是人类的主要学习方法。模仿学习又称观察学习，是人类特有的学习方法。古希腊学者亚里士多德曾经说过："人是最富有模仿性的生物，人是借助模仿来学习他最早的功课的。"

"孟母三迁"就是我国古代流传下来的脍炙人口的有关模仿的故事。

孟子3岁丧父，其母一边承担着家庭的生活重担，帮人浆洗、纺织，

一边严格教育孟子，要他用功读书，以期日后成为一个有学问的人。

孟子的家原住在坟场附近，幼小的孟子经常看见乡邻们送葬扫墓的情景，就与一些小朋友模仿送葬扫墓，成天做挖坑、埋人的游戏。其母觉得这个地方不利于孩子的成长，就立即搬了家。

这一次，孟子的新居靠近市场，他家的邻居是个屠户，孟子每天耳濡目染的都是杀猪卖肉之事，于是他也就成天做模仿杀猪卖肉的游戏。其母感到这里也不是久居之地，就再次搬家，搬到了一所学府附近。

由于这一次孟子的家靠近学府，孟子每天接触的是读书人，听到的是读书声。在浓厚的读书风气的影响下，孟子也自然而然地学着读书、行礼了。看到此情此景，其母高兴地说："这才是可以住的地方啊！"就决定定居在这里了，而孟子由于受到周围环境的影响，每天都模仿周围的成人刻苦读书，终于成为了著名的儒学家。

"身教重于言教，口说不如身行。"这句话同样可以运用在现代社会的企业管理工作中，因为领导者的行为本身就是一把尺子，下属就是用这把尺子来度量自己的。要求下属做到的，领导者要首先做到；要求下属不做的，领导者要首先不做。总之，领导者把标杆树起来之后，下属自然会照其看齐。

日本本田技研工业总公司的创始人本田宗一郎向来以对人太粗暴而闻名。他究竟粗暴到什么地步呢？简单地形容就是，他一旦看见员工哪里做得不好，立刻就会施以拳头，即便是那些没有做错事，仅仅是小心谨慎地依葫芦画瓢的员工，也会因为没有创新精神而被一顿好打，其"待遇"和犯了大错的员工是同等的。当然，事后本田宗一郎会告诉员工挨打的原因，并马上进行反省，但也只是在脸上稍微露出点儿"对不起"的表情而已。

尽管如此，公司里的员工们却并不讨厌他，反而更加佩服他的表率行为，因为本田宗一郎从来都是自己率先去干棘手的事、艰苦的活，亲自

做示范，用无声的行动告诉员工：你们也要这样干。

1950年的某一天，为了谈一宗出口生意，本田宗一郎带着一个刚进公司不久的新员工在一家日本餐馆里招待外国商人，谁知外国商人在厕所里不小心弄掉了自己的假牙，本田宗一郎听说后，二话没说便跑到厕所，脱光衣服跳下粪池，用木棒小心翼翼地慢慢打捞，终于将假牙打捞出来，然后又把假牙冲洗干净，并做了消毒处理。这件事使外国商人很受感动，也让那个新员工下定决心一辈子跟着本田宗一郎干下去。

也许有人会说，那么肮脏的活儿，掏钱让别人干就是了，但是本田宗一郎却认为那样做就等于是以金钱来充好人，这是他最讨厌的行为，因此当他亲自跳进粪池去打捞假牙的时候，也让人们看清了人类在金钱面前的高尚情操。

领导的速度就是众人的速度，称职的管理者应该以身作则。许多为了晋升到管理层而努力工作的人，一旦真的当上管理者之后，身上却滋长出严重的官气，每天只知道围着自己的办公桌转。以前是以实际行动激励下属，现在却只会纸上谈兵地指挥下属；以前经常说的一句话是："照我做的那样去做！"现在却变成了："照我说的那样去做！"而且由于自己脱离实际工作太久，就连指挥起来也是不得章法。

就像前文所说的一样，模仿是人类的主要学习方法，所以在工作中，管理者的工作习惯和修养无论是好是坏，都会引发人们的模仿。假如管理者常常迟到、吃完午饭后迟迟不回办公室、打起私人电话没完没了、不时因喝咖啡而中断工作、一天到晚眼睛直盯着墙上的挂钟……那么他的部下大概也会如法炮制。值得庆幸的是，当一个管理者将一个好习惯带入工作场所时，员工们也会积极地进行模仿，例如某些管理者习惯在下班前把办公室清理一下、把没干完的工作装进包里带回家，尽管他们从未要求过其他人也这样做，但是大部分人还是会模仿管理者的这一习惯，每天在清理完办公室后将当天没做完的工作带回家。

作为一个重任在肩的管理者，你的职位越高，就越应该重视自己留

给别人的印象，因为管理者总是处于众目睽睽之下，所以你在采取行动时务必要考虑到这一点。只要你能够以身作则，那么过不了多久，你的部下就会照着你的样子去做，丝毫不需要耗费唇舌之力。

常听一些企业老板发出这样的疑问："公司的制度制订好了，可是却没有一个员工去执行，为什么员工总是跟公司唱反调？"有的老板甚至为了公司的人事管理急出病来，我们在同情这些老板的同时，更多的是为这些老板没有明白人事管理的重要性和正确做法而叹息。员工是企业的未来，公司的长远发展建立在高素质员工队伍的基础之上，所以对人事的管理是企业管理的重点之一。人事管理不仅仅是人事部门的工作，公司各个部门的管理者都应当全力配合，起到带头作用。身教胜于言教，管理者在日常工作上所表现的行动、态度以及方法都有着很强烈的教育力和影响力。聪明的管理者永远不会只坐在那里发号施令、纸上谈兵，而是会在提出改善措施之后很高兴地带头去实施。不论是有意或是无意，管理者的一举一动都会成为员工学习的榜样，所以公司管理者的自身素质直接影响着员工的思想情绪，也可以说，管理人员自身素质的提高是实现良好人事管理的前提条件。公司拥有一群会经营、懂管理、具有实战经验的高素质人才，是建立良好企业文化、实现企业目标的有力保证。

第二节　佛智在于：各守其职、各安其分

□ 核心提示

> 大正藏曰："父母慈爱子女，子女孝顺父母，各安其位、各尽其职，其乐融融，家庭自然和睦、安宁。"

"教民亲爱，莫善于孝；教民礼顺，莫善于悌；移风易俗，莫善于乐；安上治民，莫善于礼。礼者，敬而已矣。故敬其父，则子悦；敬其兄，则弟悦；敬其君，则臣悦；敬一人，而千万人悦。所敬者寡而悦者众，此之谓要道也。"这是《论语》中关于"伦理"的一段阐释，"安上治民，莫善于礼"，这个"礼"就是伦理。

关于伦理，《现代汉语词典》对其的定义是："人与人相处的各种道德准则。"如果发散来看，则所有的社会关系都可以泛称为伦理：小至家庭，大到单位、社会、国家乃至国际关系，甚至是在一条普普通通的马路上，人们也可以找到伦理的存在——伦理维护着秩序。

《论语·宪问》中有一句话在中国流传很广，叫做"不在其位，不谋其政"，意思是说：你处在一个什么样的位置上，就要做好分内的事情，不要越俎代庖。换一个角度来说就是：不在那个位置上，你就别去考虑那个职位所赋予的职责。

其实，早在春秋时期，有"古代国家管理之父"之称的管仲就已经提

出要严格维护管理秩序的观点。管仲是一个极其注重行政伦理、维护管理秩序的人，司马迁曾经在《史记·管晏列传》里对管仲的治国思想和能力给予了极高的评价，而管仲本人在其《管子·形势篇》里也曾经对"要绝对维护国家的管理伦理"这一课题进行过详细的论述，翻译过来的意思是："细致考核人才的才能、考察他们的人品和人格，而后再量能而用，这是做高层官员的责任和奉行之道。而专心一意，增益自己的专业特长，努力提高自己的办事能力，时刻铭记自己的职责、坚守自己的职责，做好自己分内的事情，这是做下属的职责所在……官员充分了解自己的职责和本分、下属清楚自己的任务，这样上、下级之间的职责和分工很明确，避免出现行政交叉的情况，而后才能上下协作，成为一个整体。"

《汉书魏相丙吉传·卷七十四》中曾经记载了这样一个故事。

西汉时期，汉宣帝的丞相丙吉有一天带着一些官员和随从出城视察，路上遇见了一群负责打扫卫生的人在聚众打架，还死了一个人。丙吉经过的时候，尸体就直挺挺地横在京城的街道上，然而，丙吉却视而不见，甚至没有询问一声就扬长而去，随行的官员和随从都觉得很诧异，暗自思忖：丞相之职责任重大，怎么连街上死了人这样的大事都不过问？

再往前走，他们又遇见了一群人赶着牛在路上行走，牛累得伸着舌头直喘粗气。随从们有了刚才的经验，正想抬着轿子绕开对方，不料丙吉却命令落轿，并派人去询问这些人赶了多远的路。

回来之后，随从们都想不通，为什么死人这么大的事丞相问也不问，却对一群赶牛人关心备至？随行的官员们更是对丙吉的所作所为产生了怀疑和埋怨，议论多了，诽谤也就油然而生。

后来，这件事传到了汉宣帝的耳朵里，他也不免对这个丞相产生了怀疑，于是当着文武百官的面向丙吉提到了这件事，面对诽谤和皇帝的诘问，丙吉坦然地回答："老百姓在街上聚众斗殴，长安令和首都警备司应该按照既定的律法予以禁止、防备和巡捕；而我的职责是要在年终述

职的时候奏请实行赏罚而已。宰相是不得亲自过问小事的，更不应当在路上过问这些街头上的打架斗殴之事。现在正值春气萌动，天还不是很热，如果那些牛是因为暑热，因此没走多远就不停喘息，那么就意味着气候不合节令了，因此我很担心，恐怕这样的气候失调极有可能会影响农耕，最终伤及天下的百姓。丞相的职守是要时刻关注调和阴阳与民情，而我的分内职责规定了我要为此而心存忧患，因此我才会派人前去询问。"

此番话一说，朝堂上下一片恍然大悟，当天随行的官员们更是心悦诚服，觉得丙吉是一个识国家大体的人。

如果说丙吉的行为是自觉地守其职、安其分，那么接下来的故事中要提到的这个人就是被动的了。

《唐会要》是一部记载中国唐代典章制度的著作，共 100 卷，在第 74 卷里记载了这样一则关于魏明帝越俎代庖的历史故事。

三国之魏国的魏明帝有一次心血来潮，不打招呼就一个人跑去尚书省（相当于政府办公厅），尚书令陈矫慌忙跪地迎驾，问国君有何贵干，魏明帝体恤地说是想替他批阅文书。

陈矫一听，忙不迭地膝行过来，回敬道："陛下，您越位了，处理这些事情是我们行政大臣的职责，实在用不着您来亲临御览。您要是觉得我们做臣子的工作做得不称职，您就干脆把我们给撤了，否则，您还是赶紧回宫去吧！"

于是，在陈矫宣讲完"上自天子，至于卿士，守其职分，而不可辄有侵越"的管理纲常后，魏明帝终于面露惭色地回宫去了。

在实录了这一段史实之后，《唐会要》的编纂者王溥还评论道："因此我认为，上自天子，下至文武百官都要各任其职、分而守之，千万不能动不动就侵越了别人的职责和权限。"

从这一点来说，很多寺庙的管理方式就很值得现代管理者们多加参考学习。

寺庙管理时刻强调的是严格遵守"管理伦理"，其严格到何种程度呢?就连"油瓶倒了也不准扶"。

在佛教十方丛林寺院，典座到库房去巡视，如果发现库房里面的油瓶倒了，那么这个时候，他自己所应该做的不是把倒在地上的油瓶直接扶起来，而是把在库房里具体负责管理的库头找来，责令他去处理。如果典座自己将油瓶扶起来的话，就违背了寺院的管理伦理，因为其行为掩盖了管理上和执行中所存在的瑕疵，无法追查到最终的责任人;而追查不到的结果就会使管理细节无法得到改善。如果典座在没有追究的情况下扶起来一次，就等于替责任人掩盖了一次失职，如果下次再扶的话，就又掩盖了一次。

在日常工作中，人们或许经常能听到这样的话:"我不要什么权力，认真干活就行。"如果你听到有人这样说，那么毋庸置疑，这个人一定是搞管理工作的。

为什么会有此判断?因为管理工作本身就是在行使职权，这个权力是职责赋予管理者的。如果没有权力，管理者又怎么能担负其责任呢?又有谁能配合他的指令呢?所以，职责必须伴随着权力，而后维护管理伦理，而管理伦理的基本内涵就是:各守其职、各安其分、不相错杂。

管理中的伦理，听起来好像很复杂，其实简单来说就是管理的次序，按照不同的管理次序分配不同的职责。为了行使这些职责，就需要赋予管理者一定的权力，也就是分责分权、不相紊乱。

因此，一个人承担了什么样的职务，就应该知道哪些是自己该管的、哪些是自己不该管的。不该管的事情自然会有人去管，如果贸然插手了，就叫"越职、越权"。正确而恰当的做法是:作为当职者的上司，你只能直接管理当职的那个人，客观地评判他是否尽职尽责，而不是去直接过问那件事情的本身，这可以说是现代企业管理中的一个重要问题。

对于现代的管理者来说,具有广阔的视野尤其重要。管理者无论在哪个岗位上,都要对全局有所了解、对发展趋势需要有一个清醒的认识,否则很难把自己的本职工作做好。此外,管理者还应该理解每一个职责和岗位都有其本身的职责范围,而你虽然作为企业的高层领导者,也并非什么都要去管,如果你做不到或者做不好这一点,那么你就触及了"违背管理伦理"的问题。

管理所要切实依据的就是明确的分工。只有分工明确、做到各司其职,每一个管理阶层的管理者才能有所作为,才能使管理工作有条不紊,才能做好本职工作。

第三节 佛智在于:
无我,放下我执、我见

☐ 核心提示

佛经曰:"一切本虚空,心非我心,得非我得,苦乐无我,放下我执,大慈大悲。"

曾经有一位居士在谈及学佛心得时说:"佛教谈看破、放下、念佛,实在是太消极了。说什么看破红尘、放下一切,什么都不管,只管念佛。"在现实生活中,还有很多人对佛教抱着类似的想法,事实上,这些人根本没有了解什么是看破、放下、念佛,甚至完全误解了这几个词汇的含义。

看破、放下、念佛,不仅在佛法中很重要,在世间法中也很重要。

依佛法来讲，"看破"是信解门，"放下"是修习门，"念佛"是功德门。小乘佛法有小乘佛法的看破、放下，大乘佛法有大乘佛法的看破、放下。尤其是大乘佛法的看破、放下又有很大程度上的不同。念佛是大乘行人的特色，因为佛的名号代表无量功德，所以称为万德宏名。表现功德有4种法，便是慈、悲、喜、舍，所以念佛之人一定要有慈悲心，否则不能算是念佛人；喜，就是欢喜心，看到别人得度、得利益、有成就便起大欢喜心，否则便不能算是念佛人；舍，是舍弃一切我见、舍弃一切怨、亲、中3种缘，以无缘的大慈大悲平等度一切众生，如果心不平等、自私自利，也不能算是念佛人。

因此，看破、放下，念佛确实是最正当、最积极的，也可以从"事"和"理"两方面来进行解说。

"事"的方面，也可以解读为"有为"，是看破世间无常苦，放下五阴身心，不生贪著，放下一切五欲之乐，因为世间的一切法都是从因缘生，因缘所生的事物就是无常的，因为无常，所以是苦的。佛为破众生的常见，所以说无常；为破众生的贪著，所以说一切事物都是苦的。世间人看不破这一点，于是放不下，妄图生颠倒贪著，又由颠倒贪著的缘故，于是产生很多的罪恶。

或许有人会说："我不同意这个苦的观念，因为我们应该乐观，不应该苦观。"其实，如果他们明白了无常的道理，便更应该明白苦的道理：因为无常，所以才苦。

至于谈到乐观，那是和"乐天观"不同的。乐观代表精进、积极、奋斗；而乐天观则代表懈怠、消极、麻木。乐观是智慧的抉择，而乐天观是愚痴的行为。所谓"知苦"，正是智慧的、精进的、奋斗的。

"理"的方面，也可以解读为"无为"，是要看破一切法无、我空，而不取著于"假名相"，不执著于"假名相"，便可证如"实相"。

有一次，释智谕和尚在开示时给大家讲解"无我"，台下有一个人发

问道："你讲法无、我空，现在不是我在这儿听你讲开示吗？"对此，释智谕和尚的解释是：

第一，法要是实有，应有其自性，今一切法都没有自性，所以知道一切法无。譬如面前的这双拜垫，若说真有拜垫的话，便应有拜垫的自性，然而这双拜垫是塑胶皮和木头铁钉制成的，只有塑胶皮、木头、铁钉的性质而没有拜垫的性质，因此，所谓拜垫只是一个假名，而无有自性，其他一切法也都是假名而无自性，所以佛经上说："说第一波罗蜜，即非第一波罗蜜，是名第一波罗蜜。"我们也可以说："拜垫即非拜垫，是名拜垫。同理可知，说一切法，即非一切法，是名一切法。"由此可知，一切事物只有假名，而实在是没有的，所以说是"法无"。

第二，说到我空，如果有"我"，我就应该完全自在，但事实却并非如此。譬如我们的身体，你明明不想让它老，可它却偏要老，使你不得自在。如果身体是"我"，那就应该是你要其老就老，你不要其老就不老才对。现在它不听你的指挥，这就证明它不是你，也即不是"我"。

所以根据这个道理，六道之中找不到"我"。如果人身是"我"，人身坏了，转生为畜生，但"我"不想转为畜生，却偏要转为畜生身，乃至投生为畜生，便又执著于畜生是"我"；由畜生道落入鬼道，又执著于鬼道是"我"。可如果"我"真的是鬼，那么当初人道、畜生道里的又是谁？如此这般，于六道轮回之中，只是因缘业报，根本没有"我"。

佛经中有这样一个小故事。

从前有一个人奉命到很远的地方去。一天晚上，他独自住在一间空房子里。

半夜时分，有一个鬼扛着一个死人来，把死人放在他面前。后面又来了一个鬼，追来怒骂前面来的那个鬼说："这个死人是我的，你为什么把他扛来？"

说着，两个鬼各抓住死人的一只手争夺。

前面来的鬼说："这里有个人，你可以问他，看这个死人是谁扛来的？"

这个人想："这两个鬼的力气很大，我如果照实说也是一死，如果胡说也免不了一死，无论怎样做都是一死，我何必说谎呢？"就说道："是前面来的那鬼扛来的。"

后来的鬼听了大怒，便抓住那人的手臂拔了下来，扔在地上。前面来的鬼就拿死人的一只手臂给他补上了。就这样，他的两只脚、头、腿都被鬼拔了出来，又用死人的身体给他安上，和原来的一样，于是，这两个鬼一起把换下来的人身共同吃完了，擦擦嘴走了。

那个人想："我父母生养我的身子眼见被两个鬼吃尽了，现在我这个身子全是别人身上的肉，我现在是有身子，还是没有身子呢？如果说有，可全是别人的身子；如果说没有，现在又有一个身子在这里。"想来想去，他越想心里越糊涂，就好像发疯了一样。第二天早晨，他走到了前面一个国家，见到有佛塔和许多僧侣，他不问别的事情，只问自己的身体是有是无，许多和尚问道："你是什么人？"

这个人回答道："我也不知道自己是人不是人。"于是就向众僧把遇到的事情说了一遍。

众僧说："这人自己知道无我，可以很容易地得道了。"

因此，既然诸法无我，所以知一切都是空的。如果人能看破一切法都是空的，便不会于"空"中妄生贪、嗔、痴、造下许多恶业了；如能不被业系，自然可随意往生十方佛国土，所以说，如果能够看破、放下、念佛，便能往生西方极乐世界。

佛学，是一种智慧、一种人的自觉状态。佛法最根本的一个境界就是"无我"，放下我执、放下我见。一个假借"因缘"、"背景"、"他力"生活的人，不能忘记"无我"这根本的一条。明确了这个定位，就不会狂妄、自满。要做好自己的角色、尽好自己的责任，凡是要求别人做到的，自己首

先一定要做到,正所谓"己身正,不令而行"。念佛人能看破人生无常苦,便能除人我执,而世间一般的人也要学会看破、放下。对待他人,能容忍时便容忍一步;能退让时便退让一步,这便是气度宽宏的大丈夫行径;对他人有利时,便利他一分;可以助人时,便助他一把,这便是助人为乐的高尚品德。

"无我"是人生的一种大境界和大智慧,企业管理也应运用这种"无我"的大智慧、大境界。在企业的营销管理中,现实的市场是客观存在的,并不以人们的意志为转移,所以管理者不能主观地臆断和盲目决策,而是应该探究市场的发展规律和需求,从而设定企业的战略方法和战术手段,比如一个产品能否在市场上打开销路,关键在于这一产品能否满足消费者的消费需要,而不是这个产品能否满足自身的理想需求,也就是所谓的"以消费者为中心",而不是"以产品为中心"。

此外,在外部与客户和消费者的沟通、在内部与上下级和平级间的沟通中,同样应该以对方为中心,放下"自我",去掉"我执",要以感恩、平等的心态对待每一个消费者、每一个上级、下级或平级,在沟通中体现众生平等、体现"无我"的境界。唯有自己心存"无我"的心态,才会获得"利他"的结果,才能在企业内部形成积极进取、团结敬业、精诚合作的良好氛围,才能在企业外部使客户在接受产品的同时同样接受卖产品的人和生产产品的企业。

佛法讲"无我利他",主张淡化自我,更多地考虑对方,尤其是作为一个企业的领导者、管理者,更要学会内观,多发掘自己的不足,而后带着这种心态去看别人,自然会做到宽容大度、慈悲待人。与员工相处,要真正去关注员工的生存状态、关心他们的生活。如果你做到了"无我利他",那么员工自然也能够做到你所要求的,团队也会因此而形成极强的凝聚力和战斗力。如果你总是和员工斤斤计较,员工自然也不可能尽兴地去履行自己的职责,日子长了,人心涣散、效率低下也就是必然产生的恶果了。

第四节　佛智在于：
与人方便,即是给己机会

□ 核心提示

佛经曰:"方便者,门也。门名能通,通于所通。……为真实作门,真实得显,功由方便,以能显得名,故以门释方便,如经开方便门,示真实相。"

　　一个漆黑的晚上,一个行脚僧走到一个荒僻的地方,忽然看见有一盏昏黄的灯正从巷道的深处静静地亮过来, 见到行脚僧一脸的吃惊,旁边的一位村民解释说:"张瞎子过来了。"行脚僧百思不得其解:盲人挑灯岂不可笑?于是待盲人走近后便开口询问:"敢问施主,既然你看不见,为何挑一盏灯呢?"盲人笑了笑说:"黑夜里没有灯光,那么全世界的人都和我一样看不见,所以我就点亮一盏灯。"行脚僧有所悟道,"原来你是与人方便。"盲人却说,"不,我是为我自己!"行脚僧愣住了。于是盲人问行脚僧:"你是否因为夜色漆黑而怕被人给绊倒?我就没有这样的顾虑,虽然我是盲人,但我挑这盏灯是给别人照明的,在漆黑的夜晚,别人能看到我,自然就不会把我给绊倒。"

　　生活中,人们常用"瞎子点灯——白费蜡"这句话来形容劳而无功、徒劳无益的事,但是上面这个小故事却有力地反驳了这种观点。与人方便,与己也方便,这个盲人可谓眼盲心不盲,虽然身有残疾是他人生的不

幸，但是他却有着博大的胸怀和一颗能为别人着想的心，所以他得到了回报——不会被别人给绊倒。人不能总为自己而活，也要为他人着想，这样的生活才会开心、快乐，而想要做到这一点，最重要的就是要心中有善，只有心中有善的人才会时刻去体谅别人的难处，进而时刻为别人着想，得到别人的尊敬和喜爱；从另一个方面来说，一个懂得与人方便、自己也方便的人，他的世界自然会一片清朗，不会受种种世俗恶习的侵蚀，从而获得一个最清净、最快乐的生活和工作空间。

北宋文学家苏东坡与佛印禅师是一对好朋友，苏东坡常常坐船过江去拜访佛印禅师，两个人的话匣子一打开就能滔滔不绝地说上好几个时辰，谈到投机时，两人的想法丝丝入扣，遇到意见相左时，两人就展开辩论：苏东坡学识丰富、口才又好，而佛印禅师更是辩才高超、口若悬河，所以无论是辩文学还是辩佛法，最后总是佛印禅师得胜而归，于是苏东坡心中不服，总想找机会胜佛印禅师一次。

有一天，佛印禅师教苏东坡坐禅，苏东坡很高兴地穿起大袍子坐在佛印禅师的对面。两个人对坐了一会儿，苏东坡问佛印禅师："你看我坐在这里像什么？"佛印禅师心平气和地回答："像一尊佛。"苏东坡听了心里一阵得意舒畅。这时佛印禅师又反问苏东坡："你看我坐在这里像什么？"苏东坡看见佛印禅师微胖的身躯裹着宽松的僧袍，袍角不规则地垂在地上，于是面带讽刺地回答："像一堆牛粪。"苏东坡本以为佛印禅师会像往常一样立刻跟他展开辩论，但等了半天却没听到对方答话，偷眼一看，发现佛印禅师眼观鼻、鼻观心地默然端坐着，根本没有开口反驳的意思，苏东坡立刻感到了一种胜利的喜悦，整个人都飘飘然起来。

回到家后，苏东坡抑制不住心中的激动，赶紧向苏小妹报喜："告诉你一个好消息，我每次跟佛印禅师辩论都输给他，今天我第一次赢了他了。"说着便把跟佛印禅师对坐时的谈话经过一五一十地描述给苏小妹听，他满以为妹妹听了一定会替他高兴，谁知苏小妹却无奈地摇摇头说：

"哥哥，你又输了！万法唯心，心外无法，万法包含了万事万物，这道理你是知道的。佛印禅师心中有佛，所以他看你像一尊佛，哥哥你心中有污秽之物，所以你看佛印禅师像一堆牛粪。从禅师嘴里说出来的是一尊佛，从哥哥嘴里说出来的却是一堆牛粪。若论修为，难道不是你输了吗？"

苏东坡这才恍然大悟，不禁羞愧不已。

其实，人们在工作的日常管理或与人的相处中，为了让自己不成为"牛粪"，最好的方法就是学会宽容和谅解，也就是人们常常挂在嘴边的"退一步海阔天空"。不过这句话说起来容易，真正实行起来也不见得有几个人能做得到，绝大多数人在被别人误解或是臭骂之后总是愤愤不平、以牙还牙，甚至睚眦必报，这样一来，以后两个人相处起来自然就会显得紧张莫名。与此同时，由于一般的普通人都很爱面子，所以一旦结下了所谓的"冤家"，就很难冰释前嫌，所以，碰到这样的事，聪明人的做法就是微笑着听对方说完或者骂完，然后用一颗慈悲的心去怜悯那些"心中有污秽之物"的人，或者找个机会心平气和地跟对方进行解释、道歉，而最愚蠢的应对方式就是与对方斗嘴开骂，这就等于拿别人的错误来惩罚自己，最后气得自己七窍生烟、血压上升不说，还会火上浇油，让事态向更严重的态势发展，最终弄得无法收拾。

有人说，这个境界是佛的境界，对于我们这些凡夫俗子来说实在是太难做到了，那么，你可以放宽对自己的要求：即使不能成为佛，也要学习佛的境界，把每个人都视为"佛"，于人于己都存一分善心，这同样会让你收获一分更加美好的生活。

成人之美，不但是一个人的修养，更是一项美德。第一次登陆月球的太空人其实共有两位，除了大家所熟知的阿姆斯特朗之外，还有一位是奥德伦。

当时奥德伦所说的那句"我个人的一小步，是全人类的一大步"早已是全世界家喻户晓的名言，于是，在庆祝他们登陆月球成功的记者会上，

有一个记者突然问了奥德伦一个很特别的问题："由阿姆斯特朗先下太空舱，成为登陆月球的第一个人，你会不会觉得有点儿遗憾？"

在全场的注目下，奥德伦很有风度地回答："各位，千万别忘了，回到地球时，我可是最先出太空舱的。"他环顾四周，笑着说，"所以我是由别的星球来到地球的第一个人。"话音刚落，大家就给予了他最由衷、最热烈的掌声。

在现代的职场中，有几个人能够欣赏同事的成就？有几个人能够打心眼儿里给予同事热烈的掌声？又有几个人会认为成功不必在我，团队的成功就是我的成功？

其实很多时候，成人之美根本不需要付出什么巨大的代价或牺牲，有时候，只是举手之劳的事情便能帮别人一个大忙或者成就别人的梦想。看到别人晾晒的衣服被风吹到地上，你会不会弯腰帮他拾起来挂好？看到别人忘了关水龙头，水哗哗地白流，你会不会起身去关一下？看到路人提着行李艰难地行走，你会不会上前帮一把？看到同事有事请假，你会不会给予他方便，自己去承担那部分工作？不要认为自己做了这些就是吃了亏，其实你所做的一切，别人都会记在心里，也会在合适的时候报答你，因为人总是不喜欢对别人有所亏欠。当然，即使你遇到的是一个不知感恩的人，也不用为此气恼，因为那些回报早已经降临在你身上——你完善了自己。

2500多年前，孔子说："己欲立而立人，己欲达而达人。"意思是说：你自己想有所树立，马上就该想到也要让别人有所树立；你自己想实现理想，马上就该想到也要帮助别人实现理想；而2500多年后的今天，许多高瞻远瞩的企业领导者也为企业制订或者培养了一个核心的价值观——思利及人，意思是说：凡事要站在对方的角度来思考，共同创造我们的价值，南方李锦记集团就是这些优秀企业中的一员。

在南方李锦记，"思利及人"决不是仅仅挂在口头上的漂亮口号，而是实实在在地体现在了企业经营管理的过程中、落实到了一切行动中，从顾客和合作伙伴两方面的利益出发，不但为顾客提供高品质的产品和

满意的服务,每年进行两次大型的客户满意度调查,以问卷的形式详细调查客户的满意度,内容涉及产品质量和服务的各个方面,包括内在质量、产品性能、包装质量、口感表现等,并针对调查的结果予以改进,而且还为合作伙伴切实提供了就业的机会和事业的保障,为他们开展了专门的培训,传授给他们有效管理团队的技巧,并在每年年初对培训做出专门的预算和详细计划。

此外,南方李锦记还设立了由顾客和经销商代表组成的业务管理委员会,直接参与到公司的决策和运营中,在组织培训、市场规范监督、专卖店加盟条件的审批、分公司经营经费的审批等方面都发挥了具体作用,对包括产品开发、市场推广、渠道建设、培训计划等问题,甚至具体到某一产品口味的细微变化、包装形式的改变等,都为南方李锦记提出了宝贵的意见和建议。

当然,从社会利益方面来看,南方李锦记也表现出了一个良好的企业公民的素质,在治理环境污染、解决当地就业问题以及公益事业等方面,企业都投入了大量的人力、物力、财力,获得了良好的社会效应。

对于员工的利益,南方李锦记也为其制订了高标准的职业道德和职业操守,让员工的发展与公司的发展协调同步。员工除了得到工资以外,还能够得到个人的成长、工作经验的积累、管理技巧和能力的提高。从细微之处尽可能地给予员工身心方面的关怀,这是员工从南方李锦记中获取的小层面的利益,而尽快提升员工的职业价值则可以说是员工从南方李锦记中所获取的最大层面的利益。

"思利及人"是企业管理发展的新阶段,隶属于企业精神和企业文化,更应该成为企业所追求的价值取向,而衡量管理是否优秀的标准之一,就是看一种明确而统一的价值观是否渗透到了企业的每一个角落。如果没有落实在企业管理和建设中,势必成为一句空谈,而这种将"思利及人"作为口号的做法,恰恰是许多企业的通病,于是,人们常常眼看着一款款、一个个红极一时的产品和品牌在一两年之后就在市场中销声匿

迹，而那些真正懂得"思利及人"文化内涵的企业却能够自成立以来就一直保持着稳健的增长势头，一步一个脚印地在市场中印证着那句说起来最简单、做起来却最艰难的口号——"思利及人"。

第五节　佛智在于：
　　　　般若智慧的进阶

□ 核心提示

《金刚经》曰："般若，一切诸智慧中，最为第一，无上无比无等，更无胜者。"

在所有的佛经以及后世菩萨高僧大德们的著作中，《金刚经》在学术的分类上都被归入般若部，所以叫做《金刚般若波罗蜜经》。什么叫般若？简单来说，般若就是大智慧的意思。因为过去翻译佛经的原则是，不翻译那些观念不完全相同的字，字可译音再加以注解，这个现象就如同现在的中西方文化交流，在遇到"气功"这个词时同样不加翻译，因为这个"气"不能翻译成瓦斯，也不能翻译成空气或其他的气。由于外语中每一个"气"都有一个专有的词汇，所以可以"独门独院"，对号入座，但中国汉字却不同，"气"字上面多加一个字就会产生不同的含义，例如空气、煤气、电气、发脾气等，外国的词汇根本无法将它们一一对应地翻译出来，所以只好单独将"气"字的发音翻译出来，后面再加注解，这和当初"般若"没有被直接翻译成"大智慧"是同样的原因。

既然是大智慧，那么可想而知，这个般若智慧就不是普通的智慧、普通的聪明，而是指能够了解道、悟道、修证、了脱生死、超凡入圣的智慧，是属于道体上根本的智慧。所谓根本的智慧，也是一个名称，简单来说，就是超越一般的聪明和普通的智慧而了解到形而上生命的本源、本性。这当然并非是光动动脑子就能获取的，而是将身心两方面整个投入，最终而求证到的智慧，这个智慧才是般若。

"五般若"指的是般若所包含的5种智慧：实相般若、境界般若、文字般若、方便般若、眷属般若。5种内涵就是金刚般若。

实相般若就是形而上的道体、是宇宙万有的本源，也就是悟道、明心见性所悟的那个道体。在佛学的文字表达中，悟道就是见到那个道体的空性，叫做实相般若，属于智慧的部分。通常，人们的聪明只是一种意识，需要有现有的知识范围以及现有的经验与感觉想象的范围做载体，而真正的道体则是不可思议的，是无法用人们普通的知识意识去思想、讨论、研究的。

境界般若基本上是个很难用言语解释清楚的词汇，甚至可以说是只可意会，不可言传。"云在青天水在瓶"，是指天上的云在飘，水被盛在瓶子里摆在桌上，一个那么高远，一个那么浅近，这就是一种境界；"千江有水千江月，万里无云万里天"，是指天上的月亮只有一个，照到地上的千万条江河，每条河里都有一个月亮的影子，就是千江有水千江月。如果天空没有一点儿云彩，那么整个天空就是无际的晴天，所以万里无云万里天，这也是一种境界。一个人无论是修道还是读书，每走一步都会有不同的境界，从事艺术的人可以因为获得了一个新灵感而达到一种艺术上的新境界，泥瓦匠也可以因为新砌了一堵平整漂亮的墙而达到一种工作上的新境界。所以，"境界"二字本身就包含一切境界，人们每获得一分的成就，其境界就会有一分的不同，也可以说，人修到了某一种境界，人生的境界就开朗到某一种程度。

文字般若简单来说就是文字的格调所显现出的一种境界。文字本身

就是一种具备了智慧的语言，因为人们把言语记录下来，因此变成了文字。文字有它的境界，同样都是读过书、认识字的人，可是很少有人能变成真正的文学家，因为这些人无法写出优美的句子，没有文字的般若；而有的人则能出口成章，随便讲出一句话来都具有文章那种很优美的可读性，这种境界就是文字般若。

方便般若演化为现代社会最通俗的说法就是，用最适合的方式方法去完成一件事。所谓千人千面，你永远不可能用一种方法去教化所有人，当然也不可能用一种方法去达成所有目标，譬如看书，某些人能够用一种特殊却最适合自己记忆的方法把难懂的部分立刻读懂记住，而对于一些很难表达的东西，某些人也会用一种特殊却有效的方式表达出来，让别人一听就懂，这就属于方便般若。

眷属般若是随着悟道的智慧而来的，佛学名词叫"行愿"，用现在的观念来说，是属于行为方面的。也就是说，自然发起道德行为，一个人自然就能成为至善的人。所谓眷属就是亲戚、朋友、家人等亲眷。

由于般若智慧并非依靠天赋所得，而是需要投入全身心去实践、去求证才能最终获取，所以善于学习就成为了获取般若智慧的最佳途径。人不是地球所有生命中适应能力最强的，但人却成了地球上生命力最强大的动物。可以说，人类之所以能够成为整个世界的最终统治者，就是因为人类具有强大的学习能力，是学习造就了人类今天的一切成功。

其实，人的一生就是一个不断学习的过程。即使你没有意识到，你也一直是在生活中学习、在工作中学习。从小时候父母在被窝里给你讲的各种故事到入学后老师每天教你认识的各种汉字，从高中时为了挤进"象牙塔"而参加的各种补习班、提高班，到大学毕业后不惜拿出吃饭的钱买各种参考书，准备研究生的考试，无论是被动地学习还是主动地学习，这些学习的过程都会令你获益良多。当然，如果你在主观上有学习的意识，就更会激发自己的潜能，不断地主动学习，你也会因此而始终在生活和工作中保持强大的竞争力。在这个到处充满竞争的社会里，不学习、

不善于学习、不终身学习，那么等待你的命运只能是被更强的人无情地淘汰。

有一个博士生在毕业后被分到一家研究所，成为所里学历最高的一个人，就连正、副两位所长的学历也不过是本科，于是，博士打心眼儿里有点儿看不起他们。

有一天，他到研究所附近的一个小池塘去钓鱼，远远地看到两位所长早就坐在那儿垂下钓竿了，不时地还轻声聊几句。他只是微微点了点头，就坐在了自己的老地方开始专心地钓鱼。

不一会儿，他看见正所长放下钓竿，迈着悠闲的步子直接从水面上走到池塘对面的厕所里去了，博士简直有些怀疑自己出门戴错了眼镜，心想：人怎么可能从水面上走过去呢？

正在他一头冷汗地胡思乱想时，只见正所长从厕所走了出来，迈着更悠闲的步子照样从水面上走了回来，博士觉得自己快疯了，他急切地想弄清楚这到底是怎么回事，但是他还是忍住了，心想，我可是博士学历，要去向两个本科毕业的人请教问题，这也太丢面子了！正在他琢磨的时候，突然看见副所长也笑着站起来，冲正所长点点头，然后同样走到水边，"噌噌"几步，也越过水面去上厕所了，没过几分钟，副所长也优哉游哉地从水面上"飘"回来了，博士这回再也沉不住气了，因为他自己也想上厕所，但是池塘两边有围墙，看样子，要绕到对面的厕所，最少也得花十几分钟，博士咬了咬牙，决定自己也在水面上试一把，他不信两个本科生能做到的事，他一个博士生会做不到。

可是，他的脚刚碰到水面，就觉得身子顿时失去了平衡，"扑通"一声栽进了池塘。两位所长见状大惊，赶紧跑过来把他捞上岸，询问他怎么好好地就掉进了池塘里，他懊恼地说："我刚才明明看见你们两个都从水面上走过去了，怎么一到我走的时候就掉下去了呢？"两位所长哈哈大笑："这池塘里有两排木桩子，这两天下雨，把桩子给淹得就剩一个边儿露在

水面上了,我们刚才都是踩着这些桩子过去的,你怎么不问一声呢?"

可想而知,如果一个企业中有一位像故事中这位博士一样的领导者,想必这个企业会像下坡时的过山车一样,以最快的速度走向灭亡,因为这位博士虽然满腹经纶、学富五车,也只能说他具有最普通的智慧,是以有限的知识范围以及有限的经验与感觉为载体,与般若智慧的境界还相差十万八千里。

知识需要从基础学起,更需要不断地更新和积累;智慧需要从实践中获取,更需要不断地探索和求证。只有善于学习的人才能在变化无常的各种环境中应付自如,无论是被分配了最棘手的任务,还是因为各种原因跨入了一个新的行业和领域,善于学习的人都能够在最短的时间内成为行家里手,也只有善于学习的人才是真正聪明的人,才能在人生的赛道上成为永远的冠军。

第四堂管理课

以容管众，
凡事得饶人处且饶人

唐代，天台山国清寺的隐僧寒山与拾得两位大师是佛教史上著名的诗僧，他们行迹怪诞、言语非常，相传是文殊菩萨与普贤菩萨的化身。他们之间的玄妙对谈不是一般凡夫俗子所能领受的，下面有一则记载在《古尊宿语录·寒山拾得问对录》中的问答。

寒山问拾得曰："世间有人谤我、欺我、辱我、笑我、轻我、贱我，如何处之乎？"

拾得笑曰："只要忍他、让他、避他、由他、耐他、敬他，不要理他，再过几年，你且看他。"

这段绝妙的问答，蕴涵了面对人我是非的处世之道，因此，虽历经1000 多年，至今仍然脍炙人口。

年少气盛的人往往不解个中究竟，常常会埋怨拾得身为智者高人，不能有求必应、积极出谋划策，也许还会取笑寒山愚鲁、错投了师门，讨了个没有主意的主意，更会认为人处天地间就应该睚眦必报，"恨小非君子，无毒不丈夫"。显而易见，抱有这种想法的人都是一些忘了"得饶人处且饶人"这句古训的人。

在生活中，每个人都会有难堪的时候、做错事的时候、有求于人的时候，如果这时你处在有理的一方、得势的一方、管束人和裁决者的一方，你会怎样做？尤其是对方的那些错误牵涉到你的利益时，或者犯错的人平时就与你相处不睦时，你会怎样做？是很认真地按照原则处理，还是暗自得意地刻薄刁难对方？或者给对方一个台阶、不苛难对方？不同的人可能有不同的做法。

一般来说，层次低的常人或心胸狭窄的人会选择为难对方。他们不愿意帮助人，不愿意宽容或原谅人，更遑论去为别人粉饰或遮掩难堪了。甚至还有一些具有"痞子素质"的人会下意识地表露出他们的阴暗心理，乘人之危，供己开心，鸡蛋里头挑骨头，抓住把柄不放、扬扬自得。

那么，是不是这样做就可以狠狠地震慑住对方，让别人以后不敢再轻易招惹你、与你为敌？答案是否定的。

如果你苛责人、难为人、不饶人，你的这些做法是不会给外人留下好印象的，除了让别人看清你的心胸促狭、小人见识、不可交往之外，也不能妄想别人会尊敬你、喜爱你。尤其是在你把对方挤兑得太过分的时候，不光会让你们二人之间的矛盾更加激化，甚至还会犯了众怒，这样一来，对方因为颜面尽失就会长久地记恨你，想尽一切办法十倍、百倍地报复你，而众人也会因为鄙视你的为人而袖手旁观。想想看，一个被厌恶、被孤立的人，即便能力再出众，恐怕也不会有什么光明的前途。

"得饶人处且饶人"是一种美德，这种美德能够感化他人，也会提升自己的善良品质、提升人与人之间的互助亲善关系，让社会形成一种宽厚、达观的向善风气，小人就可能不会存在，阴暗的东西会少一些，自己有了困难的时候，也更容易得到他人的帮助。这种与人为善、悲悯众生的品德正是造物者的意志和提倡，从某种意义上来说，向善大于任何对错是非和人间法律。当然，作为凡夫俗子的我们很容易理解这个道理，但在行动上却往往难以做到，因此我们一定要试着战胜自己。

第一节　佛祖教诲：
难忍能忍，难让能让

☐ **核心提示**

《大宝积经》曰："夫父母者，皆愿利乐所生子故，难作能作，能忍一切难忍之事。"

佛陀说："不能忍受讥讽毁谤，如饮甘露者，不能名为有力大人。"布袋和尚说："有人骂老拙，老拙自说好；有人打老拙，老拙自睡倒；有人唾老拙，任他自乾了；他也省力气，我也少烦恼。"

忍，是中国文化中一种独特的美德；忍，是佛教所认为的最大的修行；忍，是天地间最尊贵的包容雅量；忍，是宇宙中最伟大的和平动力。无边的罪过在于一个"嗔"字；无量的功德在于一个"忍"字。

平日里，一个人忍寒忍热容易，忍饥忍饿也不算困难，甚至对于忍贫忍穷、忍讥忍谤，都还能够做到，但是要忍一口气，就不是人人都能做得到的了。

须菩提尊者在修忍辱波罗蜜的时候，叫他坐下，他就绝对不站；要他立，他就绝对不坐，这并非懦弱，而恰恰体现出忍的力量。在《金刚经》中，佛陀说他自己做忍辱仙人的时候，被歌利王诬陷、割截身体，他都不生气，他所表现的正是"难行能行，难忍能忍"的修行功夫。

《佛说须赖经》中有这样一个故事。

佛陀在世时，舍卫城中住着一位赤贫如洗的佛弟子名叫须赖。他虽然贫穷潦倒，却深信佛陀所开示的教理，因此丝毫不把贫苦放在心上，日日寡欲知足、修持梵行，并且时常到僧团当中聆听教义，恭敬地供养、礼拜佛陀。

因为须赖有着艰苦卓绝、一心向道的愿行，致使他善名远播，许多人常跟随着他到精舍礼佛、听法，就连忉利天主（即玉皇大帝）释提桓因也知道了他的修行，不禁忧心地想："世间居然有这么一位罕见的行者，假若他继续积善修福，将来恐怕连我天主的位子都要不保了！"于是忉利天主施展神通，化作一群人向须赖家走去，隔着房门对须赖谩骂嘲笑，极尽屈辱之能事。然而，出乎忉利天主意料之外的是，须赖竟丝毫不为所动，继续一言不发地进行禅修。

于是，这群化人便用刀杖、瓦石破坏须赖的房屋，甚至危及他的色身。没想到，须赖竟然安忍于众人百般的迫害与侮辱，甚至心怀悲怜地看着他们。两次考验都没办法动摇须赖的心志，眼看自己的天主地位即将要被夺去了，这时，释提桓因可急坏了，于是化身成另外一个人，对须赖恶狠狠地说："好哇！这么多人侵害你，你都不为所动，倘若他们要来杀害你，看你怎么办？"没想到须赖竟以平和的口气回答："所谓善有善报，恶有恶报。假若有人想要置我于死地，我对他们既不愤恨，也不会报复，反而会十分同情他们。因为将来他们会自作自受，得到堕落恶道的果报。"

忉利天主见计谋失败，便改用利诱的方式企图继续动摇须赖的修行，他变出一座金光闪闪的7层宝塔，又幻化成许多人频频向须赖劝说："你就收下这座金塔吧！你不但可以用它来布施，而且，将来你的食、衣、住、行都不用忧愁了，享受人生不是很好吗？"

然而，须赖却回绝道："谢谢你的好意，但我自知今生的贫困乃是前生所种下的因。假若现在又轻易接受这座金塔，来世恐怕会更加困苦，所以我是不会收下它的。况且，不义而取是盗贼之行，为智者所耻。为了虚

妄不实、无常的色身而鬼迷心窍，做出不智之举，将来势必要尝受无量的苦果。"

切利天主企图用财宝来诱惑须赖的计谋又失败了，于是不死心的他又变成另一个化人，试图以人情说服须赖收下价值连城的珍珠，无奈又被拒绝了；他又派遣娇艳无比的天女下凡，以美貌来诱惑须赖放弃修行，同样是无功而返。

最后，切利天主终于按捺不住，便亲自来到人间问须赖："请问大师，究竟你所追求的目标是什么？是怎样的愿心让你对修行如此坚定呢？切利天主之位是大家所渴望的，莫非你也想追求？"须赖摇摇头说："纵然切利天主位高无比，终究还是免离不了生、老、病、死苦。既然都是无常的世间法，为何还要渴求它？我所衷心企求的只是令世间所有苦难的众生脱离苦海而已，再没有其他。"

切利天主听到须赖的答复之后深受感动，欢喜地赞叹他能以无比的悲心愿力，难行能行，难忍能忍，即发愿带领诸天，护持须赖的愿力及修行。

须赖因其修持忍辱的因心是为了众生，而不是为自己，因此不论是遭遇威逼杀害还是面对名利财色，种种的顺逆境考验都无法动摇他的心志。

修行学佛之路，最重要的就是因心，倘若因心正确，那么不论遇到何种境界，都必定能够圆满忍辱波罗蜜而成就佛果。

忍，不是懦弱、无能，而是一种力量、一种慈悲，更是一种智能、一种艺术。忍，是接受、是担当、是负责、是处理、是化解、是承担，正如孟子所说："天将降大任于斯人也，必先苦其心志、劳其筋骨、饿其体肤，空乏其身，行拂乱其所为，所以动心忍性，增益其所不能。"这就是忍的大勇大力。

《中庸》上说："喜怒哀乐之未发，谓之中；发而皆中节，谓之和；中也者，天下之大本也；和也者，天下之达道也。致中和，天地位焉，万物育焉。"意思是说，人们的喜怒哀乐没有表现出来，这叫做"中"；表露出来但符合常理，这叫做"和"。"中"是天下的根本，"和"是天下人共同遵循

的道理。达到了"中和"的境界,天地便在自己的位置上运动了,而万物也都开始生长发育了。

在现代社会的企业管理中,作为履行职业责任的领导者、管理者,在一些特殊的场合和一些特殊的人与事上必须做到隐忍不发、含而不露、喜形不露于色、愠怒不露于外。否则,小不忍则乱大谋,不仅可能会危害企业的重大利益,也可能会危及自己的职业生涯和锦绣前程。所谓"忍小谋大",就是不计一时一事的得失,能从眼前的失意中拯救出自己,忍住急功近利的心态,一切都为实现大目标、成就大事业铺平道路,正如楚汉争霸时期,刘邦和项羽其实就是在"忍小谋大"上见出高下、决出雌雄的。

宋代大文豪苏东坡在评论楚汉之争时曾说,汉高祖刘邦之所以能胜,楚霸王项羽之所以失败,关键就在于能忍与不能忍。项羽不能忍,白白浪费了自己百战百胜的勇猛;刘邦能忍,于是养精蓄锐、等待时机,直攻项羽的弊端,最后夺取胜利。楚汉之争中还有多项事例可以说明这一点,刘邦可以成大业是因为他懂得忍个人之言、忍个人享乐、忍一时之失败、忍个人之意气;而项羽脾性大,什么都难忍、难容,不懂得"小不忍则乱大谋"的道理,最终导致大业未成身先死。因此,现代社会的很多人都对刘邦的"能忍"给予了高度评价,把它看作是成就大业的必备素质。人们常说:"商战如兵战。"的确,无论是哪一场战役或战争,最后胜利的总是那些运筹帷幄、决战千里的人,而他们之所以能够获取最后的胜利,很大一部分原因在于他们懂得在忍耐中等待并寻找机会,寻找那个能够让他们一战而胜的机会。

夏朝的出现,结束了中国若干万年沿袭下来的原始社会状态,使中国迈进了统治阶级社会形态的门槛,并连续统治了将近 500 年。而在夏朝之后出现的商朝更是超越了夏朝,连续统治了中国 646 年,所以,当周朝准备灭掉商朝这个根基稳固的对手时,周武王选择了忍耐和等待,忍耐的是自己称霸天下的雄心壮志,等待的是能够一举消灭商朝的最佳时机。其实在此之前,周朝在周文王的努力经营下可以说已经得到了 2/3

的天下,并完成了对商朝国都朝歌(今河南安阳市附近)的钳形包围,但仍感觉时机未到,所以没有起兵。周武王即位后,不但继承了父亲的才智和仁德,同时也学会了像父亲那样善于忍耐。作为一个初登大宝的新皇帝,周武王并没有急于起兵攻打商朝来证实自己的才干,而是依旧继续潜心经营。9年后,他对商朝发动了一次试探性的军事行动,当时,天下诸侯都积极响应,但周武王看到商朝仍有大臣拼死抵抗,为商纣王那个昏君卖命,遂认为商朝的气数还未尽,不是起兵的最好时机,所以仍然按兵不动、继续等待。又等了两年,机会终于来了。因为商纣王肆意杀戮元老功臣,引得朝野上下人人自危、人心躁动,而商军的主力又在东南一带作战,国都朝歌唱起了"空城计",周武王认为灭商的时机已经来到,于是果断下令东征大举伐商,于牧野一战击溃商军,最终推翻了商王朝。

由此可见,忍耐并不是消极地认命,而是在等待中充实自己,做好万全准备,迎接时机的到来。

忍耐不是一个抽象的概念,关键是要在具体环境里能理智地区分什么重要、什么不重要;什么是原则问题、什么是非原则问题;什么必须现在解决、什么可以暂缓解决。忍耐能让人获得机会,争取更大的空间。对一般人来说,忍耐是一种美德,对商人来说,忍耐却是必须具备的品格,要想赚钱,就必须要有"忍"的精神。古人所说的"和气生财",就是指通过忍耐来达到赚钱的目的。有一位富翁在谈到赚钱的经验时说:赚钱就要以"忍耐"为重,即使身处逆境或贫困的深渊,也要相信某天一定能成功而坚韧不拔。例如当生意失败、公司破产,你遭受极为惨重的损失,甚至想要自杀时,你也必须忍耐,不能放弃斗志;即便工作没有达到预期的成果,也要把痛苦当做经验而忍耐下来,相信总有一天能够成功。商场风云变幻,许多原本预料不到的事情都有可能发生,陷入暂时的市场低迷、销路不畅的窘境就更是家常便饭,此时,在方向和前途不出现偏差和错误的前提下,作为企业的领导者、管理者就要保持忍耐力,从这一点上来说,一些年纪尚轻的管理者因为自身素质和经验、阅历的不足,往往缺乏

超强的忍耐力,但是为了迎接人生的挑战,忍耐确实是不可或缺的。法国的讽刺作家罗比莱斯早在 16 世纪便说过:"坚韧卓绝之人必能成就万事。"莎士比亚也有相同的观点:"不具备忍耐力者实为赤贫之徒。"

人生中从来就充满了许多的忍耐,忍耐可以说是人们日常生活当中一种不可避免的经历。对于许多人来说,忍耐是一种最痛苦的煎熬,让自己受到极度的精神折磨,所以许多人只看到了忍耐对于自己所产生的负面影响,总是等不及地想一步就跨过去,从而忽略了忍耐中所包含的大有裨益的人生智慧。人们常说成功是属于奋斗者的,成功是属于拼搏者的,其实成功也是属于忍耐者的。当然,这种忍耐不是愚蠢的"守株待兔",也不是悲观消极地认命,而是一种处于积极状态下的等待:等待着把事情向好的方面推进的时机、等待着各种条件因素的成熟、等待着一种飞跃性的变化……

第二节　佛祖教诲:
管人之前,先管自己

□ 核心提示

一切众生,出入三宝海,以信为本;住在佛家,以戒为本。

——《菩萨璎珞本业经·卷下》

佛祖制订戒律,其目的并非是要所有弟子都服从他的命令,而是要通过遵守戒律来达到止恶扬善的目的,因此,对于向佛之人来说,佛教戒

律就好比世间法律，能够判定是非、规范行为。

戒、律二字各有独立的意思：梵语"尸罗"，汉译曰"戒"，又曰"清凉"。《大乘义章》卷一中说："言尸罗者，此名清凉，亦名为戒，三业炎火，焚烧行人，戒能防息，故名清凉，清凉之名，正翻彼也。以能防禁，故名为戒，以具有防非止恶功能曰戒，由能远离身心热恼曰清凉。"梵语"毗尼"，汉译曰"律"，又曰"调伏"。《大乘义章》卷一中说："禁制之法，名之为律，律犹法也。"

之所以"住在佛家，以戒为本"，是因为戒是向上、向光明、向解脱的起点，是一切品性的基础，是产生一切功德善法的根本。从某种意义上来说，要使佛教在现代社会中发挥积极作用，有赖于每一个人通过以戒为师、持戒严谨来树立佛教的庄严形象，这样才能保持佛教旺盛的生命力，在利益群生的过程中大力弘法传教。当然，宣传佛教最重要的就是以身作则，正如老子所说："是以圣人处无为之事，行不言之教。"没有行动的支持，语言是没有任何说服力的，而在"以身作则"方面，南朝的梁武帝可谓表现优异。

梁武帝信佛，并且以实际行动大力倡导佛教，不惜耗费巨资在国内修建庙宇，使得当时全国的大小寺庙竟然高达2846所之多，其中以大爱敬寺、智度寺、解脱寺、同泰寺规模最大。

此外，梁武帝还写了许多大部头的佛教著作，"虽万机多务，犹卷不掇手，燃烛侧立，常至戊夜"，其中《制旨大涅经讲疏》有101卷。同时，梁武帝还创立了儒佛道三教同源的理论，认为儒教、道教皆来源于佛教。

从前的佛教并无禁止僧侣吃肉的规定，武帝根据《涅经》等上乘佛教的内容写了《断酒肉文》，第一次提出了佛教徒不可以吃肉的戒律，并且以身作则，自己严守戒律，过着苦行僧般的日子：每天只吃一顿饭，不沾酒肉，住在小殿暗室中，一顶帽子戴了3年，一床被子盖了两年。

不过，仅仅是在宫中过着严守戒律的僧侣生活远远不能满足梁武帝

侍奉佛祖的心愿，于是他曾3次舍身寺庙，与众僧一起生活，最后一次舍身的时候，他已经是84岁高龄的老人了，虽然每天都有大臣跪在庙门外苦苦哀求他回宫，但他仍然坚持在庙里生活了一个月。

由于梁武帝的以身作则，南梁的向佛之风大炽，影响所及，使得全国各地皆盛行佛教，僧寺众多。唐朝诗人杜牧曾感叹："南朝四百八十寺，多少楼台烟雨中。"所咏的就是当时的盛况，三祖禅寺也是在此时开山建刹的。

梁武帝的以身作则换来了佛教在南梁国内的兴盛发展，而虚云和尚的严守戒律则使一座一塌糊涂的寺院重新焕发了祖庭雄姿。

民国十七年（1928年）夏天，福州鼓山涌泉寺方丈达慧和尚往生，名刹住持乏人。虚云和尚受福建地方官绅和信众所请，率徒一人，携一笠、一蒲、一铲、一藤架步行上了鼓山，执掌涌泉寺法席。

然而，入院之后，虚云和尚巡视全山，却发现涌泉寺早已是今非昔比。寺院门外杂摊遍布，寺院之中寺僧懈怠，多失庄严，规矩扫地。寺中规矩更是一塌糊涂，僧人在寺中私收徒众、子孙相续、结帮成伙、你争我斗，此伏彼起；寺中小灶比比皆是，私设伙食，习以为常；寺中禅堂徒有其名，只有一两个老年僧人看管门户，勤快时便供上4支香，懒惰时连坐安息香的人都没有，更不要说坐长香和打禅七了。

虚云和尚目睹此情此景之后决定整顿寺风、除旧布新。他重订了《僧人共住规约》、《客堂规约》、《斋堂规约》、《禅堂规约》等制度，从严管理，摒除旧习陋规，自己作为方丈，首先以身作则，遵守此规。

此后，虚云和尚又在寺院的其他事务方面进行了一系列大刀阔斧的管理改革，在这一过程中，虚云和尚认真奉持释迦牟尼佛的"以戒为师"的教导，振兴寺院，注重僧众戒律的奉持以及常住规矩的制订与落实，自己更是严于自责自律、率先垂范、严守毗尼、恪守规约。虽然当时他已是年过九旬的高龄老人，但对于上殿、过堂、参禅、普请等事宜却从不间断，更不

逃脱，也从不私营饮食，为僧众树立了严守戒律的榜样。在虚云和尚的带动下，全寺常住僧侣 300 余人，六和共住，认真修持，整个寺院再现祖庭雄姿。数年过去，鼓山涌泉寺在他的住持下，面貌焕然一新，道风纯正，规矩严肃，成为与江苏镇江金山寺和扬州高旻寺齐名并扬的禅门著名道场。

　　戒律是佛法的根本，虽然距离佛教戒律的创始已经过去了 2500 多年，但是因为戒律的基本精神是要求人们做到止恶扬善，所以在构建社会主义和谐社会的今天，戒律思想不论是对佛教界还是世俗社会仍然有着不可低估的理论和现实两方面的指导意义，甚至对于现代企业管理也产生了举足轻重的作用。

　　俗话说："没有规矩，不成方圆。"意思就是说，没有规则（即制度）的约束，人类的行为就会陷入混乱。假设在人类之初的蒙昧状态，人类也没有制度来约束其行为，会是一个什么样的局面？那将是"一切人对一切人的战争"，每个人都努力追求着自己的利益最大化，知识的缺乏使他们还没有认识到如何协调相互的利益和行为。正是经过漫长岁月的相互残杀、斗争的切肤之痛，人们才逐渐认识到行为的交互性需要建立约束人们行为的制度。知识的不断积累成为制度不断改进的动力，是知识和制度使社会秩序得以建立，使人类越来越走向文明。而对于企业来说，规章制度则是维系企业作为独立组织存在的各种社会关系的总和：企业制度是企业赖以生存的体制基础，是企业及其构成机构的行为准则，是企业员工的行为准则，是对企业功能的规定和企业的活力之源，是企业有序化运行的体制框架，是企业经营活动的体制保证。

　　制度在企业的运营中是如此重要，但与之相比，更为重要的则是如何去遵守制度，避免制度成为一纸空谈。实际上，企业的制度和佛门的戒律具有相同的意义，想要严格地执行这些制度，最具说服力的武器无疑就是管理者的以身作则，这也可以说是优秀的企业管理者身上所显现的一个特质。

在企业中，如果管理者能够率先示范，能以身作则地努力工作，那么这种热情和精神就会影响其下属，让大家都形成一种积极向上的态度，形成热情的工作氛围。任何一个团队中的领导人以身作则的言行，都可能成为一种榜样，由于榜样深深地影响着人们的一言一行，所以，当企业管理者想要唤醒员工的自觉性时，用行为榜样激励员工就是非常奏效的一种方式。员工就像一群大雁，在到达目的地之前，他们的目光会一直追随着"头雁"，即企业管理者，此时，"头雁"往哪儿飞，雁群就会跟着往哪儿飞；"头雁"用什么姿态飞，其他"大雁"也会纷纷效仿。因此，企业管理者时时刻刻都要记住自己的"头雁"身份，积极做好榜样人物，将员工引领到最佳的工作状态中去。

古时候，有位宰相的妻子非常重视儿子的前途，每天苦口婆心劝告儿子要努力读书、有礼貌、讲信用、要忠君爱国等。而宰相却只是每天都重复着同样的生活：早上离开家去上朝，晚上很晚回来就忙于公事或是看书。妻子爱子心切，于是埋怨丈夫："你别只顾上朝做事和看书，也好好管教管教你的儿子啊。"而宰相却眼不离书地说："我时时刻刻都在教育儿子啊！"

作为一个企业管理者，你是否曾经意识到，你的员工时刻都在关注着你的一言一行、一举一动？正因为如此，所以你的言行常常是他们"学习"和"努力"的方向或是某种失败的"借口"：领导都这样，何况是我们？的确，如果一个管理者整天花天酒地，却总是提醒自己的员工生活、行为要检点；如果一个管理者整天挥金如土，却总是教育自己的员工要勤俭节约；如果一个管理者首先违反了制度，却总是告诫自己的员工一定要照章办事……所有的企业管理者在看到员工违规的时候，都应该时刻给自己敲响警钟：是不是因为自己没有以身作则，所以才造成了员工的违规行为？

"身正方能为范，术高才能为师。"企业管理者只有以身作则，在企业内部形成一个良好的风气，不良作风才会失去栖身之所，企业才可能在激烈的竞争中立于不败之地。

第三节 佛祖教诲:
处世五心,笑对万物

□ 核心提示

所谓"五心",是心识缘对境时,次第而起的5种作用。

——《瑜伽师地论》

佛经中所说的"五心",是指在认识对象过程中依次而生起的5种心。《瑜伽师地论》卷一指出:"由眼识生,三心可得,如其次第,谓率尔心、寻求心、决定心。初是眼识,二在意识,决定心后,方有染净。此后乃有等流眼识善不善转,而彼不由自分别力。乃至此意不趣余境,经尔所时,眼意二识,或善或染,相续而转。如眼识生,乃至身识,应知亦尔。"

上述五心,具体阐释如下:

率尔心:又称率尔堕心,指心识与对象接触的一刹那间生起的心,由于是突然而自然地生起的心,所以没有善恶之分;

寻求心:指要想了解对象而进行观察思考之心;

决定心:指对于对象产生明确认识之心;

染净心:指对于对象产生好恶等感受之心;

等流心:指染净心持续不断地生起。

对于企业管理者来说,他们最希望看到的景象就是自己运用有效的管理手段让员工发挥其积极的热情,从而更主动地投入工作中去;而对

于员工来说，他们也都希望尽快把任务完成，将工作变得更加轻松快乐。当然，如果想要真正同时满足这两种需求，似乎并非是一件容易完成的任务。这个时候，我们完全可以借鉴佛祖的智慧，运用佛祖禅宗五心，即真诚心、平等心、清净心、慈悲心、正觉心的精要来处理这一问题。乍看之下，让一个企业管理者同时具备这"五心"，似乎有些强人所难，毕竟凡夫俗子的思想境界是无法与佛祖相媲美的，但幸运的是，我们可以找到一个将"五心"的要义充分体现的关键词——微笑。可以说，在处理任何问题时，微笑都是最简单而又最有效的一个方法。

微笑来自真诚，只有发自真诚的微笑才会使人感到踏实、感到信任。

用平等心去关心、帮助他人。管理者要放下高高在上的架子，更要放弃命令式的交谈方式。当然，那些认为脸色越沉、声音越大就越能显示自己的威信、威严的管理者，只会把工作做得更糟，员工会以抵触的情绪去接受管理者的意见，以消极的态度接受管理者交代的任务，同时，员工自身的思维和工作积极性、能动性也会受到极大压抑。只有用平等心去平易近人地进行工作，让"道理"说话，才能赢取员工的心。

用清净心去面对员工的错误和失误。管理者切忌毛毛躁躁地当众怒斥、批评、指责员工，致使员工手足无措、无法面对。更有甚者，如果伤害了员工的自尊心，造成员工心态不佳，甚至出现逆反心理或异常行为，就会导致员工心存余悸，永远失去力求进取的信心。

慈悲是一种菩萨心态，是一种良好与和善的情绪，其功用与微笑相同。管理者应该经常带着佛祖的慈悲心去与员工交流、讨论、安排工作。这种良好的情绪加上和善的微笑会传染给每一位员工，员工的心情愉快了，接受各项指令、任务也就痛快了，工作效率、生产业绩自然也会随之提高。

正觉是一个广义的词，它代表了任何事，特别是人的品德、品质。让微笑传遍企业、让企业充满微笑，这是现代人和谐的体现。常言说："一人为私，多人为公。"少数人之间的微笑只能反映某些少数人之间的关系，

只有全体员工之间的微笑并将微笑很自然地带给客户，这样才算得上真正将微笑传遍企业，所谓"正觉心"就是要达到如此境界。

有一位事业有成的青年从小继承了数目庞大的家产，因此他虽然年纪轻轻，却已经是数家公司的老板。不过，这位青年虽然聪明能干，但也有一些富家子弟的不良习气：不但喜欢穿金戴银地招摇过市，而且为人傲慢自私，从来都只会为自己着想，所以招致其手下员工的不满和厌恶。

有一天，这个青年在一家商场的地下停车库与一个持刀抢劫犯擦身而过，当时，这个青年的母亲在久病卧床后，身体奇迹般地逐渐康复，青年高兴之余，便开着自己的宝马车来到商场，想为母亲挑选一件礼物。当他停好汽车准备走出停车场时，突然有一个身材矮小粗壮的男人从侧面猛力撞了过来，不仅没有道歉，还非常无礼地瞪着他。按照这个青年平时的习惯，早就冲上前去揪住对方的脖领子臭骂一顿了，但唯独那一天，因为母亲康复的缘故，所以他心情特别好，因此不但没有发火，反而还像一个老朋友似地冲那个男子点头微笑，并说了一句："对不起！"

那个凶狠的男人盯着他浑身上下的名牌衣裤和手腕上那只劳力士金表，又看了看他祥和的微笑，顿时流露出一种不可思议的惊奇表情。也就在那一瞬间，男子凶恶的表情渐渐软化下来，然后便突然转身向外跑去。

青年愣住了，暗想这真是一个无礼的家伙，他自嘲地笑了笑，抬手想看看时间，才发现自己手腕上的金表居然不翼而飞了。

当天晚上，他在家中看新闻，突然听到播音员提到，在当天中午，某商厦的地下停车场里发生了一起重大抢劫案，劫匪砍伤了一个驾驶着豪华跑车的老板，抢走了许多贵重物品。当屏幕上播出这个劫匪的照片时，青年赫然发现，原来劫匪正是那个无礼碰撞自己的男人。

看到这里，青年不禁冒出一身冷汗，可想而知，如果当时自己与对方发生冲突，极可能也会被劫匪砍伤。望着劫匪满脸鲜血的惨样，青年又想，究竟是什么救了自己，让这个凶狠的劫匪愿意放自己一马呢？想来想

去，他当时唯一所做的大概就是那一个微笑和那一声"对不起"吧。

不久后的某一天，这个青年在百无聊赖之际，无意中翻看了母亲的佛经，居然从中看到一个非常有意思的故事。

从前有一头长着漂亮长角的鹿来到泉水边喝水，看着水面上的倒影，它不禁扬扬得意："啊，多么好看的一对长角！"

只是，当它看见自己那双细长的双腿时，又闷闷不乐了。正在这个时候，出现了一头凶猛的狮子，这头鹿开始拼命地奔跑。由于鹿腿健壮有力，狮子被抛得远远的。但到了一片丛林地带之后，鹿角就被树枝绊住了。狮子最后追了上来，一口咬住了它。临死之时，这头鹿悔恨地说道："我真蠢！一直不在意的双腿竟是自己的救命工具，而引以自豪的长角，最后竟害了自己！"

青年看完之后，猛然间觉得自己的心里好像被什么东西用力撞击了一下，不禁开始思索，在自己的生命中，那华而无益的鹿角和坚强有力的鹿腿又各自代表着什么呢？经过一番深刻的思索，他终于大彻大悟，原来，一直以来默默支持自己的员工就是那双坚强有力的鹿腿；而自己招摇的装扮、傲慢的态度，正是那对无益而有害的鹿角。

明白了这一点之后，他的生活开始改变了。在公司中，他从一个傲慢、自私、冷血的人变成了一个态度随和、关心他人、脸上时刻洋溢着微笑的人。而最重要的是，自此以后，他的脸上总是带着微笑——那种改变了他一生命运的微笑。

在生活中，请多一点儿微笑，无论对任何人，或许这并不能使你避开一场灾祸，但至少会使你成为一个受欢迎的人。当然，如果你能够将其运用到企业管理中，那么势必会在工作中多一些开心、少一些烦恼。美国阿尔米公司的总经理就是靠着一张"笑脸"，用微笑神奇般地挽救了濒临破产的企业。

阿尔米公司是美国钢铁公司和国民制酒公司的一家子公司，是一家

生产钛产品的联合企业。起初，它的经营成绩低于一般水平，生产效率和利润都很低。但最近几年来，阿尔米公司却获得了引人瞩目的成功，究其原因，是因为企业的管理者采取了一项极其注重人的生产效率的计划，《华尔街日报》把这项计划形容为"一个由感人肺腑的口号、相互交流和满脸堆笑组成的大拼盘"。

阿尔米公司的总经理就是这项计划的实施者，当时，他的工厂里到处都贴着告示，上面写着："倘若你看到有谁脸无笑容，那就请对他报以微笑吧"、"要是员工们不欢喜，那将一事无成"……阿尔米公司的标志就是一张"笑脸"，可以说在信笺上、厂门口、厂徽、工人的安全帽上，这张乐滋滋的"笑脸"真是无处不在。作为企业的领导者，这位总经理以"微笑"下基层、发政令、进行管理，经常花费大量时间骑着自行车巡视整个工厂，和工人们打招呼、开玩笑，倾听他们的意见，彼此称兄道弟，由此员工们渐渐被他感染，"快乐员工、快乐客户"的理念在企业中生根发芽，员工们都用乐观、上进、愉快的心情来对待工作，员工之间的关系亲密得就好像一家人一样。企业在最近几年里几乎未增加任何投资，却致使生产率却差不多提高了80%。公司的生产效益提高了，员工友爱和谐，上下同心同德、其乐融融。从此，公司的信誉大增、形象好转、客户盈门、生意红火、赢利丰厚。可见，微笑可以让领导与员工之间更容易沟通，可以使企业形象更深刻地印在客户的脑海中，能够为企业带来意想不到的收获。

只要管理者能够从强烈的责任感出发，对事业充满信心，对工作心情舒畅，永远以微笑待人，企业的员工必定心情舒畅、精神大振，再艰巨、困难的工作也会去努力完成。从管理者角度看，企业实施微笑管理，可以表现出管理者的胸襟宏大气度。当矛盾出现时，微笑可以使双方恢复理智，化干戈为玉帛。微笑管理更是赞扬和鼓励员工的重要方式，当员工创造出良好的业绩时，管理者的微笑代表了肯定、点头代表了赞许，员工能从微笑和点头中受到鼓舞、获得力量，并焕发出更高的工作热情。

从员工的角度来说，当管理者适时地运用微笑管理时，一张满面春

风的笑脸能够间接消除员工的紧张和对抗情绪,并保持一种轻松的心情进行工作,使工作效率更高。

从佛教的五心到管理者的微笑,不仅能够体现管理者在工作中的豁达情怀,更能反映出企业内部人际关系的融洽与和谐,只要真正做到了用心去管理,就势必会在管理者与被管理者之间架设一座使之心灵相通的桥梁。

第四节　佛祖教诲:宽容以对,
过去种种譬如昨日死

□ 核心提示

佛经有云:过去种种譬如昨日死,未来种种譬如今日生。

要做一个伟大的人物,先要养成宽宏大量的气度。海阔任鱼跃,天高任鸟飞,一个人要有海阔天空的胸襟,更要有宰相肚里能撑船的器量,不但能够容纳好人与善人,甚至对自己的仇人、敌人、看不惯的人,也都要能宽容。唯有宽容才能却除忌妒,唯有宽容,才能成就一切。

《释迦传》中有这样一段记载。

有一个坏人犯了五逆十恶的大罪,所谓五逆,是指杀父、杀母、杀阿罗汉、破和合僧、出佛身血,若犯其中之一,即堕入无间地狱;所谓十恶,

又称"十恶业"，在佛学里是指招致各种"苦报"、"恶报"的 10 种最根本的恶业。这个坏人最后虽想回头忏悔，但却存有颇多的恐惧之心，心想：我过去那样冒犯佛陀，如果现在去向他忏悔，他能宽恕我吗？有人了解了他的心意，便告诉他："佛陀的心量能包容天地，怎么会包容不下你一个人呢？"最后这个坏人终于去向佛陀忏悔了。

《禅宗公案》中也有这样一个故事。

佛陀在世时，中印度摩揭陀国频婆娑罗王年老无子，于是遍求验方欲求一子。当时一个占相师前来揭榜，并说毗富罗山一个仙人即将死去，他就是国王未来的儿子。国王求子心切，马上派人暗杀了仙人，说来也真奇怪，王后韦提希夫人奇迹般地怀孕了。后来太子降生，名阿阇世，有相师预言此子有弑父征兆，国王吓坏了，便把他从楼上扔下去，但他的命很大，只伤了一根指头。

阿阇世长大后被立为太子，受到提婆达多的教唆而自立为王，还把频婆娑罗王幽禁于地牢中，将其活活饿死。

后来，阿阇世王知道自己错了，想求忏悔，可是父亲已经去世了，忏悔已经来不及了，谁能原谅他呢？他很悲伤，也因此自暴自弃。他的母亲很了解他，对他说道："诸佛心量等同虚空，你父亲是学佛的，你虽然忤逆了他，但是我能了解，他一定会宽恕你的罪过。"

于是，阿阇世王受到慈悲伟大的佛陀的感召，并在大臣耆婆的劝导下皈依佛陀，从此虔诚事佛，以佛教的慈悲理念来修心治国，使人民安居乐业，过上了平安富足的生活，他本人也成了佛教教团的大护法。佛陀涅槃后，他分得 1/8 的佛陀舍利，在国内起塔供养。

宽容是一种博大的胸怀，更是一种崇高的美德。荀子曾经说过："群子贤而能容墨，知而能容愚，博而能容浅，粹而能容杂。"西方也有谚语

说："世界上最大的是海洋，比海洋更大的是天空，比天空更广阔的是人的胸怀。"说的就是宽容为怀的道理。无论是为人处世还是工作与生活，人与人之间都需要宽容、需要理解。宽容是催化剂，可以消除隔阂、减少误会、化解矛盾；宽容是润滑剂，能够调节关系、减少摩擦、避免碰撞；宽容是清新剂，会令人感到舒适、感到温馨、感到自信、感到世界的美。如果你执意要做一个不宽容的人，那么你首先就要想清楚自己是不是有信心每天每时每刻都生活在怒火愤恨之中？

的确，要想学会宽容并不是一件容易的事，但也并非是不可能完成的任务，只要能够做到以下几点，相信你就会离宽容越来越近。

1.不念旧恶：简单来说就是不算旧账。"你以前吃过我一个面包"这种算旧账的事只有小孩和蠢人才会去做。佛法所说的"过去种种譬如昨日死，未来种种譬如今日生"就是告诉人们，过去的就不要再追究，重要的是现在和未来。在佛教中，如果犯了过失，只要经过至诚的忏悔之后，罪业就可以消除。

2.以德报怨：怨亲平等、以德报怨，是佛教最优良、最突出的传统，也是大悲心的具体表现，佛经中曾有记载。

佛陀去世时，曾化作一个忍辱仙人在深山修道。当时有一位叫歌利王的国王，带了百官大臣、宫娥彩女到山里去游猎。在他午睡的时候，宫女们到四处游览风景，见到仙人在坐禅，便好奇地探问仙人在山中修道的情况，仙人就和她们说起忍辱行的重要性。歌利王睡醒后，四处寻找宫女们，突然看见不远处，那些宫女正坐在仙人面前津津有味地听讲，那种认真的态度比听自己讲话还要恭敬，歌利王因此发起了忌妒心，喝问宫女们在听些什么，宫女们如实报告说："在听仙人说忍辱行。"歌利王趁机说："好，你修忍辱行，我试试你，斩断你的臂膊，看你痛不痛、怨不怨？"于是残忍地将仙人的胳臂砍了下来，仙人回答歌利王说："我不恨你，是你心中的忌妒、嗔恨使你做出如此愚痴的行为，我成佛时当先度你。"这个

歌利王就是佛陀成道后第一个得度的乔陈如比丘。

佛经中说，以怨报怨永远不能息怨，唯有以德报怨才能消除一切冤怨的根本。假如你也有怨恨的对象，那么不妨抛开怨恨心而用道德去感化他，因为以怨报怨，永远不能化敌为友。

3.与人友善：一般的人对于犯过错误的人，往往不肯给予对方改过向善的机会，也不能给予对方一条方便之路，而佛祖却教导人们，应该有责任将欢喜布满人间，把善良的风气传遍各地；应该与人方便、与人好处；应该不舍弃任何一个改过自新的人、不拒绝任何一个发心求佛道的人。那些缺乏助人为善的心量，甚至忌妒他人善举的人，其态度不但障碍了他人，同时也障碍了自己。"泰山不让土壤，故能成其高；大海不择细流，故能成其深。"意思是说，泰山之所以高大，是因为它不舍弃任何一块泥土；大海之所以深远，是因为它能容纳任何细小的溪流。一个人生存于世间，也应该具有这样的气度，特别是作为企业的管理者，更应该将"宽容"二字时刻放在心中，并体现在日常的工作方式中。

据《宋史》记载，有一天，宋太宗与两个重臣一起喝酒，边喝边聊，最后两个臣子喝醉了，竟在皇帝面前相互比起功劳来，他们越比越来劲儿，干脆斗起嘴来，完全忘了在皇帝面前应有的君臣礼节。侍卫在旁看着实在不像话，便奏请宋太宗将这两人抓起来送至吏部治罪。宋太宗没有同意，只是撤了酒宴，派人分别把两位臣子送回了家。第二天一早，当两人从沉醉中醒来，忆起昨天的事，顿时惶恐万分，连忙进宫请罪。宋太宗看着他们战战兢兢的样子，便轻描淡写地说："昨天我也喝醉了，记不起这件事了。"

应该说，管理一个企业其实就是在治理一片江山，都说得民心者得天下，其实，人心不是靠武力来征服的，而是靠爱和宽容、大度来征服的。很多现代企业的管理者都难免会遇到下属冲撞自己、对自己不尊敬的时候，如果不涉及原则问题，那么不妨学习宋太宗的处世之道，既不处罚，

也不表态，假装糊涂、宽容以对。这样做，既体现了管理者的仁厚和睿智，又不失领导的尊严，还保全了下属的面子。如果下属不是糊涂之人，那么自然会在日后的工作中为你尽效犬马之劳。

当然，我们所说的管理者应该心胸宽广、能容百川，这种宽容并非只是窝囊地做个不得罪人的"好好先生"，而是提倡设身处地地替下属着想，做一个有极高修养的管理者，这样的人会尽量避免对员工说"不"，以免伤害对方；但是在原则问题上，他们也决不会因为不敢面对问题而向员工妥协投降。

所以，一个人与人相处，不论任何的讥嫌、误会、过失，都要以宽大的心量来包容，如大海之容纳百川、泰山之不辞土壤。

第五节　佛祖教诲：
以德报怨，终将息怨

□ 核心提示

不可怨以怨，终已得休息；行忍得息怨，此名如来法。

——《出曜经·忿怒品》

《出口经》中说："人能于横辱之来，全以慈愍行之，不为所动，恶自息灭，如火燃虚空，薪尽火息，虚空不坏，是故忍辱者能感化一切恶人。"人与人相处，难免会有误会或摩擦的事情产生，只要你有宽大的度量容人，不念旧恶，就会犹如大海之深广，能纳任何污秽之物，且不失大海的清

净，也会犹如虚空之宽大，任何美丑之物皆能包容无余。所以，与人相处，不论任何的怨隙、过失，都要以宽宏的心量来包容，"不可怨以怨，终已得休息"，以怨报怨，永远不能息怨；唯有以德报怨，才能消除一切冤怨的根本。就像佛陀对提婆达多的态度：提婆达多虽然一再和佛陀作对，甚至三番五次设计陷害佛陀，但是，有一天，提婆达多生病了，群医束手无策，佛陀还是亲自前往探视，给予无尽的关爱。正如《优婆塞戒经》里所说的："少恩加己，思欲大报；于巴怨者，恒生善心。"

人世沧桑，人们一辈子难免要遇到一些坎坷的事，也难免要遇到一些对自己不友好的人，甚至要和伤害过自己的人共事。对待这类人和事，人们大多采取两种态度，一种是仇恨在心、满腹怨恨、伺机报复；另一种是修正自己、以德报怨、宽容于人。

在佛教中，那些犯了过失的人，只要经过至诚的忏悔之后，罪业就可以消除。佛法中说："一个肯悔过的人，比没有犯过罪错的人更好。对于忏悔之后的人，如果你还要攻击他过去的过失，那么你的过失会比他更严重。"

以德报怨可以说是佛教最优良、最突出的传统，也是大悲心的具体表现。具有大智慧的文殊菩萨曾有大愿："若众生打我、骂我、辱我、逼我、杀我、害我、谤我……与我有缘。"

佛经中有一个"鹿母夫人生莲花"的故事。

波罗奈国城外不远处有一座山，松柏森森，祥云缭绕，山中有许多仙圣居住，故名之曰"圣游居山"。有一头母鹿到泉边饮水，舐吃了仙人洗衣时留在一块平石上的残水，顿感肚中异样，已有孕在身，及至生产时，竟产下了一个眉清目秀的小女孩。仙人见女孩人相足具，只是两脚还是鹿脚，便生起怜爱之心，于是将她抱回洞窟悉心抚养。

鹿女14岁那一年，已经出落得似出水芙蓉一般，亭亭玉立，十分俏丽。一天，波罗奈国王率领大臣、侍卫入山游猎，听其他仙人提到鹿女姿

容端庄，世间少有，尤其是在行走时竟能使莲花随步而生，顿生爱慕之情，于是便向养育鹿女的仙人提亲，愿娶鹿女为王后。

仙人答道："贫道果有一女，但为鹿所生，服草食果而长成，养在深山人未识，恐难孚大王重望。"但国王见到鹿女容貌姝丽、羞怯不语，心中早已无比喜欢，对于"为鹿所生"根本不放在心上，即令随行宫女侍奉鹿女用香汤沐浴，换上华丽的衣裳，佩上百宝璎珞，乘上名贵的白象，在倡伎乐队、侍臣婢女的前后簇拥下回到王宫。

鹿女在王宫深得国王宠爱，很快被封为王后，人称鹿母夫人。国王宠爱鹿女，使得其他王妃十分不快，后来又听相师占卦，说鹿女有孕，将生五百太子，因此那些王妃更加忌妒她。不久，鹿女妊娠在身，国王大喜，亲自在侧侍奉，对其饮食坐卧关怀备至，一心望其生个男儿，继承王位。10月期满，一朝分娩，鹿母夫人却只产下一朵莲花。王妃们认为时机到了，就在国王面前挑拨诬陷，说她不祥。国王猛然想起仙人的话，愤然怒道："早知是畜生所生，何必当初！"于是下旨免去鹿女王后之位，将其打入冷宫，并将莲花遗弃。

几天后，国王率群臣到御花园游玩，无意中发现湖中红光熠熠，国王大喜，认为是国家兴旺的征兆，连忙命人察看，发现红光来自湖中的一朵莲花，打捞上来之后，发现这朵莲花足有500片叶子，每片叶子上都有一个童男，相貌端正、惹人喜爱。国王忽有所悟：此莲花正是鹿母夫人所生，这莲花里的500个童男就是鹿母夫人为他生的500位太子。国王喜出望外又悔恨交加，连忙急匆匆赶到冷宫向王后谢罪："请夫人恕我痴愚鲁莽，违逆夫人的意愿。"鹿母却毫无怨恨之意，国王备感歉疚，更加崇敬鹿母夫人，立即将她迎回宫中，下旨重新将她册封为王后。

在为祝贺500位太子降世的盛大庆典上，有相士卜封后向国王禀告说："大王大喜，国之昌明，道德所归，神才赐予这500位太子。太子都是大德大福之人，在家有神灵护佑，出家必能普度众生脱离苦海，在国内都是栋梁之才。"国王听了更加欢喜，传旨从全国选取500位乳母哺育太

子。鹿母夫人劝谏说："大王休要耗费国力，扰乱百姓生计。宫中500位夫人妒忌我生男儿，大王可下令每位夫人抚养一个太子。她们有了儿子，就不忌恨我了，太子也得以哺育，岂不是两全其美的好事！"国王喟然叹道："先前诸夫人诽谤你，要驱逐你出宫，如今你不念旧恶，以德报怨，真是世人难及。"遂更加敬重鹿母夫人。

于是，国王派侍女将500位太子分送诸夫人抚养，500位夫人得到太子后深为感动，纷纷到鹿母夫人处请罪赔礼。从此她们和睦相处，如同胞姊妹，众夫人遵奉鹿母夫人为圣贤，待太子如同亲生。

《诗经·卫风》中有云："投我以木瓜，报之以琼琚。"意思是说，你对我好，我对你更好。普通朋友之间尚且如此，倘若你胸怀宽广，对自己的敌人也能"投以木桃"，那么对方一定会感激涕零，敬你为恩人一般。

有人认为，以德报怨实际上是一种比较文明的责罚：有权力责罚，却没有责罚；有能力报复，却不去报复，这是一种宽恕，也是一种能够与他人相处的法宝。在宽容待人、以德报怨的同时，敌人也就自然与你拉近了距离，成为你可以依靠的人。

春秋战国时，魏王派一个名叫宋就的大夫到魏国边境靠近楚国的一个小县城去做县令。

两国交界的地方住着两国的村民，村民们都喜欢种瓜。这一年春天，两国的村民又播种下了瓜种。

不巧这年春天，天气比较干旱，由于缺水，瓜苗长得很慢。魏国的一些村民担心这样旱下去会影响收成，就组织一些人每天晚上到地里挑水浇瓜。连续浇了几天，魏国村民所种的瓜苗长势明显好起来，比楚国村民种的瓜苗要高出不少。

楚国的村民一看到魏国村民种的瓜长得又快又好，非常忌妒，有些人晚间便偷偷潜到魏国村民的瓜地里去踩瓜秧。

魏国村民清晨起来，发现自己的瓜地被踩得一塌糊涂，知道这是楚国村民出于忌妒而搞的破坏，于是纠集了全村的人，准备以其人之道还治其人之身，把楚国人的瓜地也踩个稀巴烂。

县令宋就听说了这件事，连忙赶到村里，请村民们先坐下来消消气，然后对他们说："我看，你们最好不要去踩他们的瓜地。"

村民们气愤至极，哪里听得进去，纷纷嚷道："难道我们怕他们不成？为什么让他们如此欺负我们？"

宋就摇摇头，耐心地说："如果你们一定要去报复，最多只能解解心头之恨罢了，可是以后呢？他们也不会善罢甘休，如此下去，双方互相破坏，谁都不会得到一个瓜的收获。"

村民们听了觉得此话有理，但如果装作什么事也没有发生，恐怕楚国人还会找机会过来捣乱，于是皱紧眉头问："那我们该怎么办呢？"

宋就说："这样吧，以后每天晚上你们浇完自己的瓜地，就去隔壁村子帮楚国人浇地，至于结果怎样，你们很快就会看到的。"

村民们虽然觉得县令的提议有些荒唐，但还是按照他的意思去做了。

楚国村民发现魏国村民不但不记恨自己的所作所为，反倒天天帮助自己浇灌瓜地，人人都惭愧得无地自容。

后来，这件事被楚国边境的县令知道了，便将此事上报了楚王。楚王原本对魏国虎视眈眈，总想找机会灭掉魏国，听了此事以后深受触动，心中甚觉不安，于是主动与魏国和好，并送去很多礼物，还对魏国有如此好的官员和民众大加赞赏。

魏王见宋就为两国的友好往来立了大功，也下令重重地赏赐了宋就和他的百姓。

南非民族英雄曼德拉在当选总统后，把在狱中曾经残酷虐待他的3个看守请来参加自己的总统就职庆典。有人问他原因，他说："当我走出囚室，迈过通往自由的监狱大门时，我已经清楚，自己若不能把悲痛与怨

恨留在身后，那么我其实仍在狱中。"

对于昔日的敌人，打击报复只能为自己埋下更多的怨恨、树立更多的敌人；而如果给敌人以友善的待遇，不但能够感化对方，更能够树立自己的威望，得到更多人的尊敬和拥戴。以怨报怨，永远不能化敌为友。

有一些人往往缺乏助人为善的心量，甚至忌妒他人的善举。这种态度不仅阻碍了他人，也阻碍了自己的发展，特别是作为现代企业的管理者，如果不秉承着以德报怨的精神去经营企业，那么你的企业就永远无法拥有"追求利润之上的东西"这一特质。

诚然，企业的本质是追求利润，但古语说："君子爱财，取之有道。"一个成功的企业应该把目光放在利润之外，紧盯着利润也许会让你拥有一定的财富，但某些"利润之上的东西"却会让你拥有更多的机会和财富，比如在经营中要懂得"以德报怨"的真谛。

首先，企业对消费者必须以德报怨。狠心、度量小的企业只能威风一时，而基业常青的企业都深谙"仁德"之道，它们对消费者诚实、守信、厚道，富有宽容、忍耐、坚韧的精神，对于消费者的误解和挑剔绝不会以牙还牙，反而用更优质的服务回报客户，最终赢得顾客的忠诚。

其次，企业对竞争对手也需要以德报怨。古往今来，偷奸要滑、见利忘义、唯利是图的企业即便赚得如山的钞票，终究不会长久。综观古今中外成功商人和企业家的经营谋略，无不渗透着这些商界的辩证哲学。企业互相合作需要讲求诚信，谋求利益应取放有度，赢得客户更要懂得让利与人，以德报怨，必将赢取更大的市场。

一位名叫卡尔的卖砖商人，由于与另一位对手竞争而陷入困境。对方在他的经销区域内定期走访建筑师与承包商，并告诉他们：卡尔的公司不可靠、他的砖块不好，生意也面临即将歇业的境地，但卡尔对别人解释说他并不认为对手会严重伤害到他的生意，但是这件麻烦事使他心中生出无名之火，真想用一块砖来敲碎那人的脑袋来泄恨。

有一个星期天的早晨,卡尔在教堂听牧师讲道,那天的主题是:要施恩给那些故意跟你为难的人。卡尔认真地听着每一个字,心里却在想:就在上个星期五,我的竞争者使我失去了一份 25 万块砖的订单。但是,牧师却教我们要以德报怨、化敌为友……后来,牧师又举了很多例子来证明他的理论。

当天下午,卡尔在安排下周的日程表时,发现公司一位住在弗吉尼亚州的老顾客正因为盖一间办公大楼需要一批砖,可惜的是,这次盖楼所指定的砖头型号不是卡尔公司制造供应的,但却与那位搅黄了卡尔生意的竞争对手出售的产品很类似。而同时,卡尔也从其他渠道确定了那位满嘴胡言、利用不正当手段竞争的对手完全不知道有这笔生意的机会。开始时,卡尔感到十分为难:是遵从牧师的忠告,向对手告知这个机会?还是按自己的意思,让对方永远也得不到这笔生意?卡尔在内心挣扎了一段时间后,决定用事实来验证牧师的忠告是否正确,于是他拿起电话拨给了竞争对手。

当那个竞争对手意识到电话里的卡尔正在为自己介绍一单大买卖时,顿时难堪得一句话也说不出来,对卡尔充满了感激、敬佩、抱歉和悔恨。

后来,卡尔告诉其他人:"我得到了惊人的结果,他不但立刻停止散布有关我的谎言,甚至还把他无法处理的一些生意转给我做。"

以德报怨、化敌为友,这就是迎战那些终日想要让你难堪的人所能采用的最上策。

"以牙还牙,以眼还眼"可能是有史以来大多数人对待对手最容易采取的手段和方式。古往今来,在漫漫的历史长河中,人类演绎了太多的冤冤相报和世代为仇的历史悲剧,而这些悲剧往往和双方的互不相让、睚眦必报有关。回望历史,冤冤相报、以怨报怨给人类造成了太多的痛苦和悲剧,留下了无数的遗恨和灾难。诚然,许多悲剧性事件的发生具有复杂的原因,但争端无不起源于双方的互不相让和冤冤相报。

佛经中曾有这样的记载：老师问弟子："如果别人把口水吐到你的脸上，你该怎么办？"弟子回答说："把它擦干。"老师说："应该让它自己干。"西方的圣经中也曾记载："如果有人打了你的右脸，那么，你就把自己的左脸也伸过去让他打。"

试想，当那个吐别人口水、打别人脸的狂妄无理之人面对这样宽厚仁德的回报，该会受到怎样的震撼呢？或许，他满腔的怒火会霎时化为一汪宁静的秋水，他眼中灰暗阴冷的世界会瞬间变得春光灿烂。如果人们在面对仇恨时能够平和心态，都能够以德报怨、宽以待人，放弃不必要的争斗，那么许多悲剧都是可以避免的，历史也可能会呈现一种别样的美丽。

第六节 佛祖教诲：
不排异己，泰山故能成其高

□ 核心提示

佛经有云：诸恶莫作，诸善奉行，自净其意，是诸佛教。

——《增壹阿含经》卷第一

"海纳百川，有容乃大；壁立千仞，无欲则刚。"这是清代民族英雄林则徐百年来令人们推崇备至的一句话。

任何一个主体在自然发展与成长过程的状态下，都会形成许多优势因素，也会形成许多劣势因素，主体要想更好地成长并发展壮大，就不应该满足自然状态下的所得，而应该有意识地去开拓可支配因素的领域，

稳固并扩大优势、弥补或避开劣势。这就要求主体能够自觉地、有意识地去接受磨砺，不拘一格地去吸收所有合理的、值得吸收的、有助于主体发展的因素。

战国末年、秦王政元年时，韩国以帮助秦国修理灌溉水渠为名，派了一个叫郑国的水利专家到秦国来修长达 300 余里的灌溉渠，企图以此来削弱秦国的实力。事发后，秦国上下一片草木皆兵，秦国原来的王公大臣们请求秦王驱逐一切外援客卿。

当时，楚国客卿李斯也在被驱逐之列，在被驱逐之前，李斯冒死上了一表，这就是历史上有名的《谏逐客书》，表中说："今日秦国能如此强大、如此繁荣，都是历代的君王起用贤能之士的结果。秦能容士，故天下贤能之士纷纷慕名而来。自春秋五霸之一的秦穆公任用降臣百里奚以来，外援贤能之士来秦国者络绎不绝……所以说，'泰山不让土壤，故能成其高；海洋不择细流，故能成其深；王者不却众庶，故能成其德'。对国家来说，最为重要的是寻求贤能的人才。只要有人才，就能畅其所用，而不能因为臣下是异国人，就怀疑他、驱逐他。眼下这种驱逐客卿的办法对秦国有百害而无一利呀！人才尽去永无贤人复来，又怎么期望国家长治久安呢？"

一番话说醒了秦王，于是撤销了逐客令。

西汉末年，王莽政权覆灭后，各路豪杰为了争夺天下共主的地位而打得不可开交，刘秀也是其中的一员。

在一次攻打邯郸城的战役中，刘秀的军队接连打了几个胜仗。邯郸守将王朗的军队支撑不住，最终开门投降，刘秀遂率领大军进入邯郸，杀了王朗。

进入邯郸城后，刘秀命令手下的人检点朝中的文书，下属发现这些公文大部分是各县郡的官吏和豪绅大户与王朗之间往来的书信，内容大多数是奉承王朗、说刘秀的坏话，甚至帮助王朗出主意如何剿杀刘秀。

下属将这些内容如实上报给刘秀，没想到刘秀看也没看这些文书，

就命令下属将其全部堆在宫前的广场上，并召集那些投降的官吏和将士，当着他们的面，把这些文书全部烧掉。有人提醒刘秀说："您怎么把这么重要的东西烧掉呢？他们都是反对您的人，您烧了文书，岂不是连他们的名字都查不着了？"

然而，刘秀却笑着说："我之所以烧毁这些文书，就是要向所有人证明，我不会计较这些恩恩怨怨，好让投降者放心，也让更多的人拥护我们。"

于是，大家都佩服刘秀的深谋远虑和开阔的胸襟，就连一些过去反对刘秀的人，现在也乐意为他效劳了。刘秀就这样赢得了人心，得到了更多人的支持。

可以说，在一个优秀管理者众多的领导才能之中，善于容士、心胸开阔是每一个想要跻身于优秀管理者之列的人所不得不修炼的基本素质之一。只有有了容纳天下的心境，才有可能开拓巨大及广阔的事业。

用人之道，最重要的就是要善于发现、发掘、发挥属下的一技之长。用人不当，事倍功半；用人得当，事半功倍。

《淮南子·道应训》中记载，楚将子发素来喜欢结交有一技之长的人，并把他们招揽到麾下。有个其貌不扬却号称"神偷"的人，也被子发待为上宾，这无疑惹来了其他食客的侧目，难免私下里议论：将军真是猪油蒙了心，一个小偷也配与我们相提并论？别说他没本事，就算真有本事也不过是些小偷小摸的伎俩，上不得台面。子发每每听到这些不满之词，总是淡然一笑，依旧对"神偷"以上宾之礼待之。

有一次，齐国进犯楚国，子发率军迎敌，3次交战，楚军皆败北。子发麾下虽不乏智谋之士、勇悍之将，但在强大的齐国军队面前却显得无计可施。

一天夜里，一向被食客们讥讽轻慢的"神偷"悄悄出了军营，在夜幕的掩护下，他顺利地潜入齐军的大营，将齐军主帅的睡帐偷了回来，交给了子发。第二天，子发便派使者将睡帐送还给齐军主帅，并传话说："我们出去打柴的士兵捡到您的帷帐，特地赶来奉还。"齐帅纳闷不已。当天晚

上，"神偷"又如法炮制，将齐帅的枕头偷来，次日再由子发派人送还。这一次，齐帅面如土色。第三天晚上，"神偷"回来后，交给子发的居然是齐帅头上的发簪，子发大笑："明日齐军必退！"果然，当子发照样派人将发簪送还齐帅时，齐军上下皆是惊恐非常、草木皆兵，齐帅更是惊骇不已地对幕僚们说："如果再不撤退，恐怕子发就要派人来取我的项上人头了。"于是，齐军不战而退。

人不可能在每一方面都出色，但也不可能在每一方面都差劲，用"一无是处"这个词来形容人似乎并不妥帖，因为即便是一个十恶不赦的坏人，身上也必然会有一些长于别人的特质，一个天生的痴呆儿都可以展现出自身的音乐天赋，指挥一个乐队进行演奏，所以你应该相信，这个世上没有一无是处的人。

一个团队总是需要各式各样的人才，一个成功的领导人不在于他自己能做多少事情，而在于他能很清楚地了解每个下属的优缺点，在适当的时候派那些看起来资质平庸的员工去做适合他们的工作，这样往往会取得出人意料的效果。

同样，作为一个领导者要有容人之量，也许说是容人之智更恰当。领导者在工作中要平易近人地对待每个员工。也许你今天看不起的某个人，他日正是你事业转机的得力之臣。只有容人才能众归，只有众归才能才聚，只有才聚，企业才能变强。容人之量固然很重要，但如何才能具有这种容人之量？简单来说，想要接纳一个人和他的思想，首先就需要接纳对方的言行，而想要接纳对方的言行，就要求你自己首先承认对方言行的合理性，也就是不能以自己的行为方式为准则，要虚心听取不同的声音，博采众长为我所用；不要过多地求全责备，用人不疑人；要容得下比自己才能高的人，能团结、任用曾经反对过自己或意见不一致的人才，还能够任用跟自己疏远的有才之人。不排异己的人总是在不断学习，不断汲取新知识、新思想、新文化，因此总能站在时代的最前列。

第七节　佛祖教诲：
慈悲生祸害,放纵生事端

□ 核心提示

佛家有云:慈悲生祸害,方便出下流。

　　慈悲是要建立在理性的基础上的,不能一味地感情用事,否则皆为迷、皆为错。"慈悲为本,方便为门",这是佛家教化众生的两大原则,但后来又有"慈悲多祸害,方便出下流"之说,究其字义,恰好与前一句相反。不过,如果能够深刻领会这两句话的含义就会发现,二者之间并不相悖。慈悲、方便固然是佛家一再奉扬的精神,但一定要建立在理智的基础上、建立在智慧的基础上,不能感情用事、不能溺爱。感情用事、不思后果,那就是祸害,唯有以理智和智慧为基础,慈悲、方便才能恰到好处、才能善巧、才能自利利他,那才是真实的功德。

　　真正的慈悲是能随缘而做的,有时是慈祥而和煦的,那是对善良的人和正确的事;有时是威猛而激烈的,那是对邪恶的人和错误的事。但有一点可以肯定的是,无论是哪种外表和形式,其内在始终都是大慈大悲的心。当然,遇到不善的人和事还一味地容忍退让,那么就会滋生祸害;对不如法的事情一味地大开方便之门,弟子们就会越来越下流。这时就需要暂时舍弃慈悲相而改用威猛相来摄服邪气、整治歪风。虽然表面上是厉害了些,但是慈悲的胸怀是为了彼不造恶业,将来不受苦果。所以慈

悲的内怀是要用善巧的方便来实施的，善巧的方便是一定要在有智慧的前提下发生的。

如果你在公共汽车上发现一个小偷正在实施偷盗行为，你会怎么办?有些人也许会冷漠地回过头去，假装没看见;有些人也许会义愤填膺地冲上去暴打小偷一顿;更多的人也许会直接拨打110,让警察把小偷抓住……有个年轻人碰巧也遇到了这样一个小偷，当时，年轻人正在车站等车，那个小偷正把手悄悄伸进他的口袋。偷窃行为被发现后，出乎所有人的意料，那个年轻人挡住众人愤怒的拳头，把那个小偷带回了家。他不但没有责怪那个小偷，还让他住在自己家里，每天都抽空与他谈心。经过交谈，年轻人得知，这个小偷因为高考落榜才染上了偷窃的坏毛病，于是年轻人找来了许多有意义的书给他看，并鼓励他树立正确的人生目标。小偷在他的谆谆教导下，终于改邪归正了。此时，年轻人提出，要带小偷去派出所自首，小偷认真思考了一番后，默默地点头答应了。

年轻人的这种行为究竟是宽容还是放纵? 既然小偷已经痛哭流涕，翻然醒悟，年轻人这么好的心肠，为什么不放了他?事实上，如果年轻人真的放了他，就是一种无原则的放纵，也就真正应了"慈悲多祸害"这句话，而年轻人尽管让小偷住在自己家里，张罗他的一日三餐，还每天和小偷谈心，却始终没有放弃原则，没有让小偷逃脱法律的制裁，这才是真正的慈悲。

在日常的企业管理工作中，由于无原则地放纵而导致"慈悲多祸害"的例子更是不胜枚举。

举个简单的例子，一位办公室主管交代下属去做某件事情，要求对方在一定期限内完成。但是，当期限到了的时候，下属可能还没有完成这项工作。首先，主管已经确定，这个任务是可以在规定期限内完成的，而下属没有完成，不外乎能力有限和懒惰两种因素，而这两者都是需要加

以改正的。此时，主管自然应该批评对方，让他意识到错误并找到问题所在，但有些主管却出于"人性化管理"的思想或其他原因，没有对下属做出批评，甚至还对他说："没关系，慢慢做。"这就形成了对错误行为的无原则放纵，很可能会让下属错误地接收这样的信息——没关系，主管是一个要求不严格的人。而一旦有了这样的认知，这位主管在下属心目中的威信也就可想而知了，更严重的可能会导致下属对主管的要求充耳不闻、不再服从主管的指挥。

当然，最关键的问题并不在于主管是否惩罚了下属，而在于主管是否让下属认识到这种行为是错误的。换言之，主管可以对某种错误不实施处罚，给对方以机会，但必须要让对方知道这是错误的，否则，他就会错误地认为这种行为是正确的，从而继续这种行为。可能有人会说，这些都是日常工作中再平常不过的小事，何必这么认真？只要不犯什么大错就行了。而事实上，如果某些管理者总是对那些"小错不断、大错不犯"的下属所犯的那些所谓的小错不予以纠正，那么迟早有一天，他就会犯下大错。人的行为大体上是这样一个过程：试探—信息接收—判断—再次进行行为选择。对于他不确定的事情，他首先是通过试探来收集管理者对此的反应，从而确定自己的行为。如果管理者对于错误的行为做出第一反应，明确此行为是错误的，下属也就知道此种行为不可取，否则，下属就会继续此种行为，甚至进行更为恶劣的行为选择。而作为管理者，就更是犯了"慈悲多祸害"的严重错误。当然，你的那些慈悲只能说是伪慈悲、真残忍。

每个企业都会有一些明文的规章制度，也会有一些不成文的约定。制定这些制度的原因就是要约束员工的某些不正确的行为，因此，当有人违背了制度的时候，就一定要对其做出相应的惩罚，否则制度就会失去效力。制度制订出来后，就一定要对其进行锁定，因为如果锁定不住，就要漂移，而漂移就会让制度失效。这种锁定是强制性的，哪怕制度已经不适应体制了，但是在没有进行制度修改之前，也要严格按照原制度执

行，否则就算制度修改了，也同样不会有效力。

其实，制度也好，执行力也罢，都只是一种工具，关键是要达到影响他人行为选择的目的。如果管理者对员工的错误予以放纵，那么可想而知，员工的行为没有发生改变，错误仍然是错误，只不过此刻变成了理直气壮的错误。因此，作为管理者，最重要的管理手段和最慈悲的管理方法就是不要放纵你的员工，因为当你开始放纵员工的时候，对方就会接收到错误的信息，会产生一些凌驾于你之上的想法，进而开始不尊重你；而作为管理者的你，也会因此失去对员工的掌控能力。掌控不了局势，自然无法因势利导，更无法对组织实施有效的管理，因为你的大量时间和精力都被用来处理内部争斗了。

以利养众，
得利是因，反馈是果

宇宙各种事物在生成变化的过程中，皆有其因果作用，这一定理可以包括物质现象和人类为谋求生存福乐而做的一切行为活动，且其范围并不受空间、时间的限制。正所谓"种瓜得瓜，种豆得豆"，是物质的因果；"做善受福，做恶受殃"，是行为的因果。

一个人心术的正邪决定了他行为的正邪，心术分为两种：质直心和机械心。质直心又称为圣心，合于事物实际理体，易招致人事失败而感召业报的胜利；机械心又称凡心，偏重权谋思辨，常能获得人事胜利而感召业报上的失败。因之，善恶之判别，不在于形式上手段之巧拙，而在于加诸于人的损益关系。

第一节　佛家言利：
　　　　有"利"才能生存

□ 核心提示

　　佛语有云："惟愿久住刹尘劫，利乐一切诸众生。"

　　由于众生所见皆为妄想，不得解脱的法门，所以菩萨发愿，愿在这个世间普度众生，使众生得真实利益，这就叫做"利乐一切诸众生"。可见佛也是重视利益的，毕竟这是人活于世追逐的对象。

　　有些人以为学佛就意味着对世俗责任的放弃。没有学佛前，事业做得轰轰烈烈，学佛后立刻走向另一个极端，放弃了事业、放弃了家庭责任，这种所为实在是大错特错。如果是通过正当途径和辛勤劳动获得的财富，经典中称作净财。在佛教中，净财是指来路正当，用于供养佛、法、僧这三宝的钱财，如修寺、建殿、造像、印经、斋僧等，例如唐代的白居易在《绣西方帧赞序》中提到的："（弘农郡君）舍净财，绣西方阿弥陀佛像及本国土眷属一部，奉为故李氏长姊杨夫人灭宿殃，追冥祐也。"此系为造像而舍净财；又如清代的龚自珍在《助刊圆觉经略疏愿文》中所记载的："佛弟子仁和龚自珍同妻山阴何氏敬舍净财，助刊《大方广圆觉修多罗了义经疏》成。"此系为印经而舍净财。佛教徒为供养三宝而施舍净财，是修习布施的重要内容之一，属于"功德行"，而用现代的通俗语言来解

释，净财就是清净的财富，也就是国人所谓的"取之有道"的资财，可以用来维持生计、利益众生。

《佛说百喻经》里有这样一则故事。

佛陀带弟子阿难行走于路上，见路边有一坛黄金，佛祖对阿难说："看，毒蛇。"

阿难回答："是的，毒蛇。"

恰巧路边有一对农夫父子听到二人的谈话后便走过来看"毒蛇"，不料却看到了整坛的黄金，父子二人顿时如获至宝，欣喜若狂地将黄金搬回家中，从此买房置地，好不显耀。不过乐极生悲，不久官府便将父子二人缉拿归案，原来他们拾到的黄金是窃贼从官中盗出的，这下人赃俱获，被处极刑。行刑前，父子二人终于明白佛陀当日为什么称黄金为毒蛇了。

正所谓："君子爱财，取之有道；心昭日月，净财可取。"因此，凡是净财，佛教徒大可不必唯恐避之不及，《佛说阿弥陀经》中就处处可见这样的记载："极乐国土，有七宝池，八功德水。池底纯以金沙布地，四边街道，皆以金银琉璃玻璃砗磲玛瑙而严饰之……"而在佛教塑像的菩萨像中，也大多是穿金戴银、珠玉满身的，大菩萨维摩吉本人就是"资财无量"，因为财富也是行菩萨道所不可或缺的工具，有了足够的资粮，人们才有能力造福社会大众。

没有利益是无法生存的，反之也可以说，利益乃生存之本。对于现代企业来说更是如此，甚至可以说没有利益的企业就没有生存的意义。

学过经济学的人都知道，企业利润最大化是企业生成的初始动力，企业必须以获取最大化利润为根本目标。不过，企业的最大化利润目标只有通过合理利润或满意利润的方式才能实现。不以利润最大化为目标以及不通过合理利润方式来实现，企业就不可能得到可持续发展。

司马迁在《史记》中写道："天下熙熙，皆为利来；天下攘攘，皆为利

往。"这是一句大实话，是根植于人性深处的至理名言。大圣人孔子也是言利的，他曾说："富而可求也，虽执鞭之士，吾亦为之。如不可求，从吾所好。"意思是说，只要能得到富贵，就算替人家做车夫他也愿意；如果富贵不可求，那就只好做自己想做的事了。兵家经典《孙子兵法》中的《谋攻篇》，集中阐述了孙子追求战争利益最大化的思想。孙子云："故善用兵者，屈人之兵而非战也，拔人之城而非攻也，毁人之国而非久也，必以全争于天下，故兵不顿而利可全，此谋攻之法也。"将其追求战争利益最大化的思想概括为一句话就是："不战而屈人之兵，善之善者也。"

以最小的代价获得最大的利益，是每一个政治家、军事家、企业家的理想，不仅如此，有位经济学家曾说："任何人在任何情况下都追求利益最大化。"这既是市场经济时代的一条铁律，也是人类社会的一条颠扑不破的真理。

当然，追求利益最大化的愿望是人人皆有的，但并非人人皆能如愿以偿，关键是事情该如何去做、道路该如何去走，否则，追求利益最大化也只能是空想而已。在这一点上，吕不韦的"邯郸献姬"可谓真正的利益最大化。

可以肯定的是，吕不韦当年作出在异人身上投资的决定是经过深思熟虑的，而绝非一时头脑发热，因为任何人都看得出，这项投资是高风险的，而回报却是个未知数。吕不韦作为一个事业有成的大商人，自然清楚个中的利害关系：秦昭王何时死是个未知数；秦昭王死后，嬴政是否能顺利即位是个未知数；嬴政是否能立异人为太子是个未知数；异人即使被立为太子，是否能顺利登位是个未知数；异人即使在若干年后顺利坐上王位，是否对吕不韦的付出心怀感恩、是否能让吕不韦飞黄腾达，更是个未知数……

就在这一连串的未知数中，吕不韦下定决心，以百倍的信心和执著，开始操作他商业生涯中最惊心动魄的一桩大买卖，同时也是中国历史上震古烁今的一桩大生意。

当然，追求利益最大化的思想并非让人只捡西瓜，不要芝麻，追求利益最大化的一个重要前提就是，对现实状况要有准确的把握、对市场前景要进行科学的分析、对自身能力要有清醒的认识。

有一个农民看到村里一户人家的一头驴病死了，便要求买下那头死驴，对方觉得奇怪：死了的驴还有人要吗？农民说："不要紧，你尽管卖给我，我要靠它赚钱呢！"对方大喜，以为自己遇到了一个脑筋有问题的蠢货，居然要靠一头死驴来赚钱，于是爽快地成交。没过多久，买卖双方又在路上巧遇，卖家嘲笑地问："怎么样，你靠着我那头死驴赚了不少钱吧？"买家高兴地回答："是啊，多亏有你那头驴，我赚了将近 1000 块钱呢！"卖家大惊，连忙问，"用死驴赚了 1000 块钱？你到底是怎么办到的？"买家回答："我卖了 500 张奖券，每张两块钱。其中产生大奖一名，我就奖给中奖者这头死了的驴子。但中奖者不满意，我就把他买奖券的两块钱退回给他。这样，我就赚了 499 张卖奖券的钱。"

由此可见，改变观念、摆脱传统思维、更换自己的思维方式、"死马当活马医"，也能产生奇迹。

可以说，追求利益最大化的思想改变着人们的现代市场营销观念，因为追求利益最大化一般是很难立竿见影的，需要经过长期艰苦的努力和大量的投资，这就要求企业不能斤斤计较一两次利润的大小，而应当把目光放得长远一些，力求长期利润的最大化，追求企业长久的持续发展，这就是经营管理的智慧，佛说"法无定法"，其实最大的法是找到你自己的生存方式。

需要特别注意的是，企业追求利益最大化需要秉承佛家"净财可取"的思想，即抛弃"宁可我负天下人，不叫天下人负我"的哲学，不要靠出卖良心、出卖朋友、出卖合作伙伴，甚至出卖自己的员工来谋取利益最大化。

无论是家庭、社会、企业内部或企业之间，一切人与人之间都不能以敌对、敌视的原则为出发点，要知道，损人不可能真正利己。竞争要有弹

性，竞争也讲互利互惠，恶性竞争、杀伤性竞争只会导致两败俱伤，而不可能使双方得益。

日本著名的化妆品公司"花王"，其董事长丸田芳郎先生就是以这样的精神来经营自己的公司的。他认为，给消费者以高质量的商品，保证消费者的利益才是利益众生、是佛的精神。他说，竞争不是掐人家的脖子、不是把人掐死，也不是互相掐脖子，掐个你死我活，而是互相竞赛、互相促进、互相提升，所以他愿意把他的经营秘密公开给他的经营对手。

人类在道德感情中有自行的行为，也有以第三者身份冷静观察的心理，只有两者之间平衡、协调，才能维持社会秩序，所以，经济活动一开始并不是基于利己主义的，经济学是超越利己的，所以经济才能不断发展。"一切众生而为树根，诸佛菩萨而为花果，以大悲水浇益众生，则能成就诸佛菩萨智慧花果。"大悲水就是大悲心，大悲心就是菩提心，菩提心才是智慧的心灵。这个道理很简单，大众的利益联结着个人的利益，有了大众的利益，必然就有个人的利益。如果双方都在思考利他，则双方必然都能得利，所以利他比自利更能抑制伤害、更符合现代经济伦理。

第二节 佛家言利：
企业利己,更要利他

□ 核心提示

佛家有云:"自觉觉他,觉行圆满;自利利他,利行圆满。"

在福建泉州有一座小庙,大雄宝殿的外墙柱上有这样一副对联:"一恻然则天地万物之伦,沦肌浃髓、周洽旁皇;唯真如为我法二空所显,精深微妙、舍滥留纯。"这副对联体现的是现代著名的因明学理论。因明学导源于古印度的辩论术,是古印度的推理论证学,"因"是指推理的根据、理由、原因,"明"是指显明、知识、学问。因明学属于论理学科,与声明(语言文字)、工巧明(工艺历算学)、医方明(医学)、内明(各学派自己的学说,对佛教来说则指佛学)合称"五明",为古印度的 5 门学科。

"一恻然则天地万物之伦,沦肌浃髓、周洽旁皇"的意思是,只要人动一动恻隐之心,那么,天地之间的万物人伦就能感受到他的利益。而恻隐之心又是人人本具的,比如当一个人从河边走过的时候,看见一个小孩掉进河里了,他就会出自本能地伸手去救,而不是为了得到对方的某种回报而这样做。佛教虽然不主张"毫不利己,专门利人",但是却提倡"自利利他,利行圆满"。俗语说:"泥菩萨过河,自身难保。"意思是说,要想利益他人,首先要做的是利己,只有先利己才能更好地利他,所以佛教

说："利生是事业，弘法是家务。"

世间的人，尽管其奋斗的目标不同，但都逃不脱"名利"二字，正所谓"天下熙熙，皆为利来；天下攘攘，皆为利往"。人类对利益的追逐几乎贯穿了整个人类历史，并且确实在某种程度上促进了社会的发展，提高了人们的生活水准。经济发展的正面意义固然值得肯定，但由此所带来的社会问题和心灵危机也是人们必须要正视的问题：自我中心主义的盛行使得自私自利的思想像瘟疫一般侵蚀着人类的心灵，于是人与人之间缺乏和谐与温情、国与国之间不乏冲突与战争。孟子周游列国期间，诸侯们关心的并不是他的政治主张，而是孟子究竟能给他们带来什么利益，可孟子却认为："王何必曰利？"意思是指，如果一个诸侯只知道维护自身的利益，那么国与国之间的矛盾就会更趋尖锐，所以他主张以仁义道德来治理国家，于是便有了义与利的冲突。

当然，这种冲突只存在于凡夫俗子的思想之中，从佛法的立场来看，利益和道德这两者是相互的，并不矛盾，义是人类获取利益时所应遵循的标准和原则，而利则是对义的实践所产生的结果，关键是通过什么样的手段去获得利益。

佛教认为，人的行为分为善、恶、无记3种。善的行为不仅对现在这一世的人生有利，更能惠及人的未来。当你布施的时候，既能在当下给双方带来快乐，运用自己的力量帮助他人获得利益，而且这颗"善"的种子还会在将来继续开花结果。反之，对人、对己以及对此世、他世皆无益的行为就是恶行。如果为了眼前的享受而去杀人抢劫，不仅今生要受到法律的制裁，所造下的恶业还会继续带到你的来生。善恶行为和利益是相辅相成的，因此，当你为别人提供帮助时，首先要考虑自己的行为能否给对方带去安乐，既要随顺众生，又不能失去原则，盲目顺从他人的不合理要求。利益众生时，要运用智慧去分辨是非善恶，不仅让对方得到满足，还要检查这一行为是否符合双方的利益。

同样的道理，人们对利益的追求，也要用发展的眼光来判断和抉择。

正当的利益,不仅要使自身得到安乐,使周围的人得到安乐,使国家和社会得到安乐,更应该使自己未来的生命得到安乐。

很多人总以为,自利与利他是矛盾的,若是满足他人的利益,则必然会伤害到自己的利益,反之也是同样。实际上,人们对利益的追求可以有不同的表现方式。一方面,利己的行为会直接或间接地造成对他人的伤害,对于那些奉行"人不为己,天诛地灭"思想的人来说,急功近利的自私行为是他们快速获取财富的捷径,在金钱面前,他们迷失了本性,丝毫不顾及自己的自私行为给他人、给社会带来的恶劣后果,对于这样的人来说,个人利益与他人利益当然是完全对立的。

但另一方面,正当的利己行为同时也可以利益他人。就人们的生活方式而言,自给自足的小农经济早已成为历史,每个人的生存都必须依赖他人的劳动成果,与此同时,每个人的劳动成果也在被更多的人分享着,无论从事什么职业的人,都不能脱离与他人相互依存的关系。这个时候,个人利益与他人利益就变成了相辅相成的关系。对于现代企业来说,这种"双赢"可谓一种最完美的关系。优秀的企业管理者都知道,让客户感到你非常关心他的利益是说服客户最好的利器。

凡德汽车公司最初每个月只能卖出 6 部国产汽车,后来,公司每个月可以卖出 1000 部国产汽车。而现在,凡德汽车公司每年都会售出 3000 部以上的宝马、劳斯莱斯等进口车。凡德汽车公司之所以能够创下如此辉煌的销售业绩,全赖于企业的管理者深谙自利与利他之间的相互作用。

凡德的管理者总是将客户的需求视为企业生存发展的第一要素,其所订立的销售"三部曲"就很好地体现了这一管理思想:

第一步:收集情报。深入收集潜在客户的详细资料,包括地址、收入、休闲、嗜好、上下班时间分配、经济大权的掌握者,等等。

第二步:说服客户。依照客户对汽车的需求,区分为"立刻买车"、"半年内买车"、"一年内计划买车"3 种类型,而后机动地调整促销方式。

第三步:售后服务。这可以说是销售工作中最重要的一环。根据实际

统计，一次满意的销售可以带来 16 倍的生意；换言之，售出一部汽车之后，如果车主用后觉得很满意，经由他的宣传与介绍，可以为企业带来另外 16 部车的订单。

而根据美国的一项调查研究显示，如果顾客对商品或服务不满意，96%的人都不会直接向企业投诉或抱怨，而是会告诉 10 个以上的亲友这家厂商有多么差劲，因此，凡德的管理者非常重视售后服务工作，在新车售出后的 3 天内，公司一定会派专人去检查车辆情况，两周之内，会以电话访问的形式追踪服务，而一个月后，还会再派专人为用户的车辆进行免费的检查。

有一篇科普文章曾经详尽地描述了植物依靠蚂蚁传播其种子这一趣味盎然的事实："许多植物和运输它们种子的蚂蚁之间存在着一种真正的互惠现象或相互得益的关系……（某些特定的植物产生一种油质体），此油质体是靠近或附着于种子的一种脂肪体。油质体引诱蚂蚁将它和种子一起载回蚁穴，在穴中，蚁群吃掉油质体而遗弃未受到伤害的种子……种子凭借种种机缘萌发，成长为新的一代。"这段描述中就包含了两个利己行为：植物以油质体引诱蚂蚁为其传播种子，蚂蚁搬运种子至蚁穴中并食用种子的油质体，而油质体中含有许多不同的脂肪、脂肪酸和动物所需的其他普通营养物。虽然植物和蚂蚁不具人性，更不具佛性，但它们以利己为前提而各展其才的"率性而为"却成就了一个事实，即这两个行为明显是互惠、利他的。

马克思曾经说过："人类奋斗所争取的一切都同他们的利益有关。"但就个人而言，即便穷尽一生也只能获得有限的知识，再借由这些知识去谋取财富利益，但这种个人的知识是分散的，不能像钞票的数额那样简单地相加，所以著名的经济学家哈耶克才会告诫人们："知识只会作为个人的知识而存在，所谓整个社会的知识只是一种比喻而已。所有个人知识的总和决不是作为一个整合过的整体知识而存在的。这种所有人的知识的确存在，但却是分散的、不完全的，有时甚至是以彼此冲突的信念

的形式散存于个人之间。"

但是哈耶克同时也指出，每一个个人对其特殊知识的运用本身就会对他人实现他们的目的有助益，尽管他并不认识这些人。既然如此，也就是说，每一个个人在运用自己的特殊知识为他人实现目标提供助益的同时，自己同样也会不断地从其个人并不拥有的知识中获益。于是，每个人都从利己的目的出发，产生利己的行为，而最终却都以其利己的行为对他人产生了助益，即利他。

"施比受更为有福"，从某种意义上来说，幸福更多的是与利他而不是自利有关。利他者虽然失去了有形的财富、无形的时间，但得到的却是无形的福报，比如他人的感激、承认、接纳、帮助，等等，并借由这些获得更多的、有形的财富，形成"精神物质双丰收"的双赢局面。况且在很多时候，这些货币、非货币的收益有时候会远比单纯的货币收益对于一个人的幸福更重要，尤其是当一个人只知道追求货币财富的增长却没有获得其他的幸福时，这些无形的幸福就会显得更加重要。因此，一个人如果只是懂得追求财富而不懂得使用财富，那么这个人的幸福指数就会趋于偏低，他的幸福感受也会迅速萎缩。

所以，一个在意自己的幸福并且懂得追求自己幸福的人一定会懂得适时地松开双手而不是时刻握紧双拳，一定会懂得慷慨地利他而不是只知自私自利，生活如是，做生意也如是。

第三节　佛家言利：
感恩报恩才能永存

□核心提示

佛家有言：知恩图报。报恩者，报国家恩、报父母恩、报众生恩之谓也。

一谈到报恩，许多人的脑海中总会浮现出白鹤报恩之类的传说故事，的确，动物尚且知道感恩、报恩，身为世间万物之灵的人自然更应该明晰这个道理。

佛家有四重恩，分别为国家恩、父母恩、众生恩与佛恩。报佛恩自不必细说，只要是皈依我佛或一心向佛的弟子、居士，都会在日复一日的不断修行中知道佛恩该如何去报。

报国家恩也不难理解，像昔日少林弟子屡屡在国家危难的关头挺身而出，助贤良、灭敌寇、稳江山等作为都是很好的报国方式。再例如近代那位备受世人景仰的弘一大师在抗日救亡运动中大声疾呼："吾人吃的是中华之粟，所饮的是温陵之水，身为佛子，于此时不能共纾国难于万一，自揣不如一狗子！"他还反复书写"念佛不忘救国，救国必须念佛"，与百姓结缘并加了跋语："佛者，觉也。觉了真理，乃能誓舍身命、牺牲一切、勇猛精进、救护国家，是故救国必须念佛。"他让寺庙多腾出一些禅房、多省下一些粮食尽可能地安置难民，并把仅有的一副水晶眼镜卖了

换做道粮。他在厦门、泉州组织抗日救护队，并号召僧侣居士们起来抗日。他说："我们佛教是讲报国恩的，当下民族存亡，危在旦夕，僧侣们以及所有学佛人要庄严国土，救国于危难……。"

至于报父母恩，儒俗的孝亲法和佛教的孝亲观却有不同，例如孔子对他的门人所说的几种孝亲的方法皆为世俗之情，他对樊迟说："生事之以礼，死葬之以礼，祭之以礼。"对子游说："今之孝者，是谓能养，至于犬马，皆能有养，不敬何以别乎？"对子夏说："有事弟子服其劳，有酒食，先生馔，曾是以为孝乎？"这都是养口养体的孝道。孔子自己表示他的意见说："父在观其志，父没观其行，三年无改，于父之道，可谓孝矣。"总之，父母对儿子的希望就是："积谷防饥，养儿防老。"儿子对父母所尽的孝养就是："晨昏定省，福禄侍养。"做父母的对儿孙最大的希望是儿孙能够做大官、荣宗耀祖、光前裕后、扬名声、显父母，这就是世俗人最了不起的孝亲报恩了。

但是以佛教徒的眼光来看，上面这些所谓的"孝道"实际上是不足道的，因为这些对父母未必有什么福乐，纵然眼前有一点儿快乐，那种快乐却为下一世种下了受苦的因，因为快乐享受、奢华浪费本身就是造罪业，既然造了恶业，将来就要受苦果，这是不变的定理。

而佛教对报恩孝亲的最大目的是要使父母能够离苦得乐，把父母从罪恶深渊里拯救出来，脱离生死苦海。莲池大师说："父母恩重过于山邱，五鼎三牲未足酬，亲得离尘垢，子道方成就。"换句话说就是："没有把父母超生极乐、脱离轮回，子道还没有成就，还不能算是孝子。"舍俗出家，表面看起来是背井离乡、割爱辞亲，而实际上却是一种大孝道，所以佛说："一子出家，九族生天。"不但报答父母一世的亲恩，而且报答生生世世的亲恩，使九族之亲皆得离苦，这是多么大的孝道。

当代禅宗泰斗虚云老和尚降生时是一个血球，他的母亲大惊之下，想起自己晚年无子的惨况，竟然一气而终。第二天，有个卖药老汉见这个血球生得奇怪，于是斗胆剖开，却见血球内现出一小儿，即为虚云和尚。

后来,他由其庶母抚养成人,19岁出家,勤修道业。他常常说:"我生不见母,母亲因生我而死,大恩不能忘怀。"后来他为报母恩,一心发愿朝拜五台山中的文殊菩萨,希望以此功德回向母亲,早脱轮回,于是三步一拜,不计年月,两次冻卧于冰雪之中,感动得文殊菩萨化身为文吉乞者,两度救他脱险,3年后,他终于到达五台山,满其初愿。后来又念未见母亲现身,不知是否离苦得乐,遂又在阿育王寺拜释迦舍利。他每天礼忏若干拜,一心只想求见母亲一面,又在阿育王寺燃去指头供佛以求见母亲。终于有一天,他在梦中见母现身,并听到有人对他说:"你求见你母亲,这就是你的母亲,要见快看。"虚云和尚抬头一看,只见空中有一夫人骑在龙身上,有很多龙神护佑,飘然上升而去。

虚云和尚为报母恩,吃尽了千辛万苦,甚至置身死地而不怨,目的就是救拔母亲超生极乐,这才真是惊天地而泣鬼神的伟大孝心。

最后一重恩是报众生恩,傅味琴居士在一次关于"报众生恩"的讲座中这样说。

对每个众生我们都要报恩,这是平等心。但是要明白,人是所有众生中最珍贵的。天道不是最好的地方,只有人道才是最好的地方。所以在报众生恩上,你主要要抓住报人间众生的恩,因为你报人间众生的恩,为他人做好事,会影响他人的心,他人也会做好事。一方面报了恩,另一方面又引导众生心向善。如果你用佛法去报恩,他人将来还会当法师,还会成菩萨、成佛。

信仰佛教的著名科学家爱因斯坦曾经说过:"我每天上百次地提醒自己,我的精神生活和物质生活都依靠别人(包括活着的人和死去的人)的劳动,我必须尽力以同样的分量来报偿我领受了的和至今还在领受着的东西。"

的确，我们生存的这个世界和这个社会是由众缘和合而成的，单一的个体是无法生存的。作为人，我们在群体中生存，众生对我们有着无量的恩情，就拿最简单的"衣食住行"来说，需要有工人织布、商人贩卖，我们才有衣服可穿；需要有农人辛苦地耕种，我们才有食物可吃；需要有建筑工人挥汗如雨地盖房屋，我们才有房屋可住；需要有工人制造各种交通工具，并有专门的司机驾驶它们，我们才得以如此便利地穿梭在城市之间、国家之间。细想我们日常生活中的每件事情，哪一样不是众人花费血汗而成的？因此，在这缘起互助的社会中，众生给予我们的恩惠实在是数说不尽，我们每个人的存在，我们每个人之所以能够安居乐业，是因为有无数从事各行各业的人辛勤地劳作和密切配合的结果。如果我们时时处处能有感恩思想，那么人与人之间的自私自利、欺骗压迫就会逐步缓解和消除，人间就会充满谅解和爱心。

我们说，佛法的修行应该覆盖生活和工作的方方面面，既然如此，那么作为企业的领导者、管理者，时刻牢记"报众生恩"自然也是一件再平常不过的事了。

日本著名实业家铃木正三曾经提出一个响亮的口号："工作坊就是道场。"其目的是将企业以禅的精神来管理，以禅的喜悦来对待每一位员工；以禅的安心法门使每一位员工都能安于职守，奉献自己的聪明才智；以禅的理念使每一位员工能够在企业中得到比较丰厚的回报；而有了真诚无私的奉献，就一定会有丰厚的回报。

当然，铃木正三这个口号的提出，针对的报众生恩的对象只是企业的员工，而在中国，不少优秀的企业管理者却将报恩乃至报众生恩的思想贯彻得更加彻底。

不仅如此，无论是企业的管理者还是普通员工，只要拥有一颗感恩之心，他的为人处世就必然会更踏实、更沉稳，也更容易战胜困难、取得成就。管理者可以用自己的信念感染和鼓励员工；而作为员工，也会更加时时处处为企业着想。

可以说,只要怀有一颗感恩报恩之心,即便企业面临再大的困难,大家也会众志成城将其攻克,因为大家都在彼此理解、彼此付出,因此企业才能在艰难中不断前进。

第四节　佛家言利:
弘法利生,福利众生

□ 核心提示

佛法有云:弘法是家务,利生为事业。

"弘法是家务,利生为事业。"如此朴实的一句话便道出了修学佛法者应尽的义务。的确,佛法在世间是靠人来传承的,如果没有人的传承,我们今天就不可能欣闻这无上至尊的法宝了。

佛法之所以能够生生不息地传播 2500 余年,最大的原因就是它能够利生,即佛法能给众生以实实在在的利益,这种利益可以改变人的因果,改变人的本性,使人通过佛法的修学正确掌握佛法,将其运用于日常诸事之中,渐渐地修正自己的言行,避恶趋善,把烦躁不安的心回归于安详宁静,放下"我"执,不再执于外境所识,最终证入佛之知见、入涅□妙道,这便是佛法的利生之处。而修学佛法,将这个利生的方法原原本本地传达给众生,则是向佛之人毕生的事业。利生是完全为他的,"生"就包含一切众生,即"无缘、同体",利生的事业不仅局限于人类,还要利生于人

类以外的一切生灵,方才是利生利己的大事业。

向佛之人应将弘扬佛法视如自己的家务事一般,人生在世,凡事都可以推脱,唯独家事不可推脱,例如日常生活中的柴米油盐酱醋茶是人们无法推脱的;赡养父母、抚育子女,也是人们无法推脱的,因此弘法对于向佛之人来说就如平凡人面对家务事一样,都是不可推卸的责任。而佛法乃如来家业,向佛之人既是如来家里的一员,理当为家业的振兴昌隆而肩担道义、奋不顾身。

弘法的形式是多样的,历代高僧大德,有的以讲说度众,有的以慈悲济世,有的用梵音弘法,有的以苦行示范,所谓方便善巧、随缘度化,这便是弘法利生最佳的写照。不要以为自己不是法师,不会写、不会说、怕讲错就放弃了自己该承担的责任和使命,法师的弘法是高层次的,而那些没有修学到这样水平的人,同样可以用行动来弘法,使靠近他们的人通过他们的言行举止而蒙受佛法的感召,得以好上加好或者改恶从善,如此一来,他们以佛法为准绳所反映出的言行就是佛法感召下的言行,他们自然就担起了弘法的责任和使命。

我国从古至今就曾涌现出许多以一己之能弘扬佛法的人物,例如南朝刘勰的《文心雕龙》、谢灵运的《辩宗论》、唐朝白居易的净土诗词以及北宋欧阳修的撰文向佛,皆使文学蕴涵信仰、启迪人心;唐朝一行禅师制定的《大衍历》为当时世界上最先进的历法,因而被尊称为中国四大科学家之一;民初王小徐发表的《佛法与科学的比较》以及李恒钺教授发表的《向受过现代教育的人介绍佛教》等,其证明佛学的理论无不符合科学的观念;梁代慧皎、唐代道宣、宋代赞宁、明代如惺等所著作的《高僧传》合称为"四朝高僧传",使佛教僧传史源远流传,及至民初汤用彤撰著的《汉魏两晋南北朝佛教思想史》、蒋维乔编撰的《中国佛教史》,这些著作都系统地建立了中国佛教史的架构;晋朝法显的《佛国记》、唐朝玄奘的《大唐西域记》、义净的《南海寄归内法传》及《大唐西域求法高僧传》,显示出他们在西行求法时都曾积极传播中国文化,为弘法利生作出了最大的奉

献，并且改变了世界史地学者对中亚、南海的印象。

当然，历代佛教人士于修身律己之外，也同样关怀民间、福利社会、入世教化：宋朝明远大师曾积极植树造林，唐朝百丈、普光、永净禅师曾积极垦荒辟田，吴越德韶、唐朝慧斌、澄观大师曾积极凿井施水、宋朝明远、道遇大师曾积极整治河川，此外还有兴建水利的宋朝维溪、师振大师，筑桥铺路的宋朝道询、普足、觉先、道遇大师，赈灾施粥的唐朝昙选、鉴源大师，研究医术以救护病苦的东晋佛图澄、南北朝宝象、隋朝智顗大师，等等，众人皆是以佛教公益事业来纾解国家经济与社会问题。

历朝弘法利生的祖师大德们以自己的实际行动证明了佛法不仅具有时代的适应性，更有文化的传承性，这也是佛教"同体"、"共生"、"尊重"、"包容"、"平等"、"和平"的精神表现，因此，身为佛教弟子应当要有"佛教靠我"的信念来护持正法，在社会中发挥正知正觉的力量，为个人及大众无限的生命留下善美深远的价值。

在当今社会的企业管理中，人人都在宣扬构建企业文化。那么，到底什么才是企业文化呢？严谨地说，企业文化是企业在经营活动中形成的经营理念、经营目的、经营方针、价值观念、经营行为、社会责任、经营形象等的总和。而简单来说，企业文化就是一个企业在其发展的过程中形成的良好的、能对企业发展起促进、渲染作用的好习惯。仔细观察不难发现，不管是一个社会还是一个企业，真正统治人们行为的都是人们长期以来形成的习惯，其中的好习惯最终演变成了美德，并进一步被巩固为企业文化，而坏习惯就形成了陋习，逐渐成为阻碍一个国家和企业发展的障碍。"企业"是社会现代化的名词，一般人所认识的企业，通常是指经营赢利事业的组织体，但是从企业家的定义来了解，则是指"于企业体内订定一定的计划，以实践其创立该企业的理念和目的，并加以监督经营者"。可见企业的精神重在理念的实践，通过成功的经营，以分享利润和喜悦。那么，企业精神应该借由何种方式来体现？自然是企业文化。它是企业个性化的根本体现，是企业生存、竞争、发展的灵魂。企业文化代表

着公司存在的意识，是一个信念、价值观、理想、最高目标、行为准则、传统、风气等内容的复合体，是一种精神力量，用于调动、激发目标对象作出贡献。可以说，企业中的企业文化就像佛教中的佛法一样，是可以从精神深处去影响他人、改变他人的。作为企业的领导者、管理者，积极宣扬并用实际行动去论证自己的企业文化，其行为就和佛教中人弘扬佛法是相同的概念，当然，这种"弘法"虽不能教化世人、改变众生，但最起码在企业这个小圈子内是可以达到收拢人心、聚拢人气的良好效果的。

企业文化其实就是一种企业氛围，好的企业，其内部氛围能让企业的每个员工都热爱企业，愿意为企业奉献，这就是好的企业文化。

当一个企业处在高速成长期，员工感受到企业的发展、共享成功的硕果、对未来充满希望的时候，企业的员工都会由衷地表现出对企业的热爱。这个阶段，企业制度、企业文化对企业都不会显得那么重要；而当企业进入成熟期甚至出现危机的时候，除了企业拥有完善的管理体系、管理机制之外，企业文化往往起着至关重要的作用。

让企业的员工都喜欢自己的企业是一件很难的事。据国内某网站的一次调查显示，被调查的8万多人中，有78%的人都说不喜欢自己的企业，更有87%的被调查者说想离开自己的公司。之所以会有这样的结果，其症结还是企业的管理出现了偏差，即不成功的企业文化致使某些企业人心尽失。

一种文化往往能够铸就人们的一种内在品质，一种企业文化也往往能够铸就一种企业的品质，体现在每个员工身上就是一种理念、一种气质、一种工作态度，更进一步说就是更高的工作效率和更多地为企业创造效益。许多人都认为，企业文化是虚幻和捉摸不定的，似乎与实践经营活动很难挂钩。其实，一个企业的文化非常容易被外部人所察觉，当人们与一些著名企业打交道的时候，会很容易地感受到这些企业的文化内涵，例如松下员工对企业和产品的热忱、西门子员工的严谨作风、小天鹅员工的全心全意、海尔员工的真诚到永远。企业文化表面看是虚幻的，但

它却是企业经营的灵魂，能够激发人们自觉地、创造性地从事经营活动，丰富企业物质财富。反之，企业仅有丰富的物质财富而没有良好的文化做保证，不仅不能实现企业增值，甚至会产生意想不到的负面效应，以致企业发展到一定程度则四分五裂的情形也屡见不鲜。

第五节　佛家言利：
管理出利润，佛祖布道，遗惠后世

□ **核心提示**

《坛经》中说："佛法在世间，不离世间觉；离世觅菩提，恰如觅兔角。"

核心提示中的这首偈是教导人们生信、悟解。"佛法"是指佛祖相传顿教之法，"世间"的"世"有迁流的意思，"间"有界限的意思，世间与世界是相同的意思。佛法讲世间，一般讲两种世间：一种是"有情世间"，另一种是"器世间"。佛法就在世间里面，不需要离开世间去求取正觉。儒家说："道不远人，人之为道而远人，不可以为道也。"如果离开世间做人的本分，去寻觅菩提觉道，就好比向兔子头上去找角一样傻。佛法是离不开人世间的，因为佛陀出生在人间，说法度生在人间，佛法是源出人间并要利益于人间、为人间服务的。

佛经中有这样一则故事。

古时候，在薄佑国有个名叫常悲的菩萨，他对佛法专一精进，可是当

时在他的国家里，佛寺里的僧人都表里不一，表面上在供佛，实际上则败坏佛规、背叛佛义。因为这些佛门败类整天胡作非为，所以很快，整个国家的人们都不再信奉佛法了。

常悲菩萨不愿看到这一切，便抛下妻子儿女，一个人到山中隐居修行，每天渴了就喝山泉水，饿了就吃树上的野果，过着苦行的日子。但生活的清苦与常悲菩萨心中的苦闷相比，似乎根本不值一提，他常常悲恸地向天呼喊："我生不逢时，遇不到佛陀，遇不到好菩萨，我该怎么办?!"这声音在山林间回荡，而后又传到了天上，终于感动了天神，于是天神便下到半空中对常悲菩萨说："贤明的菩萨，你去寻找明度无极经，好好诵读，贯通经意，确实奉行经义，就一定会成佛的。"

常悲菩萨闻言大喜，问道："我该到哪里去求这至尊的佛法呢？"

天神回答："你朝着正东方走吧。不要害怕艰难，你一定能找到明度无极经的。"

天神的指点使常悲菩萨感激不尽，他不断对着上天磕头，说道："我一定照您的指示去做。"

"你必须努力精进，才能找到圣典！"天神说完这话后便不见了。

就这样，常悲菩萨朝着太阳升起的方向出发，走上了寻找佛经的艰辛路途。他怀着无比坚定的信心，一连几天披星戴月地赶路，走到双脚肿痛仍不愿休息，他也不知道前面还有多远的路程，只是努力往前走着。

常悲菩萨真诚专一的精神最终感动了佛陀，于是佛陀飞到他头上几重天的地方，跟他一起前行，还每天讲经给他听。

佛陀赞叹地说："你真的是一片诚心啊！像你这样的菩萨已经不多见了。你从这里继续东行两万里，便到了健陀越国，那里住着很多菩萨，其中有个菩萨名叫法来，他圣德高明，通晓各种经典，反复教化人们，至于那本明度无极经，我想他一定会替你调解、让你诵读的。"说完，佛陀便不见了踪影。

常悲菩萨一边感恩佛陀对他的指点，一边更加坚定了求经的信心。

经过千辛万苦，他终于进入了健陀越国，眼看漫漫求经之路马上就要到达终点了。此时此刻，常悲菩萨的心中无比激动，再次虔诚地向天空大喊："佛陀啊！您的爱怜真是无处不在啊！"

佛法最根本的目的就是广度众生、利益众生，因此可以这样说，佛法主要是解决人生问题，而人生问题也并非仅仅是一个生死问题，它还包含着极为丰富的内容。

佛法要求人们正确地对待自己的国家，正确地对待每一个人，正确地对待每一件事，因而提出了"庄严国土，利乐有情"的教义。"庄严国土"，就是要求每一个人都把建设好自己的国家作为自己的神圣职责；而"利乐有情"，则是要求每一个人都要给广大的人民群众以利益和快乐，也就是要全心全意地为人民服务，而这些都和企业实践管理有着千丝万缕的关联。

与佛教一样，企业实践管理也有自己的"真经"，这"真经"只有短短的 10 个字，那就是"优质、高产、低消耗"和"专、权、细"。作为企业的管理者、领导者，一定要读懂这条"十字真经"，并将其运用在企业的实践管理中，否则企业就难以生存，因为企业管理者的最终目的就是要赢得利润，没利润、不赚钱的企业势必走入破产倒闭的境地。

"优质、高产、低消耗"是企业管理的 3 项重要内容，并且必须三管齐下、缺一不可。道理其实很简单，光是产品质量优良固然会受到市场的欢迎、消费者的喜爱，但如果产量低、成本高，非但赚不到钱，有时反而会越做越亏；而如果只是产量高、成本低，却没有质量，长久下去，企业也同样无法赢得利润。

因此，想要让企业赢得利润，就必须靠人去进行有效的管理，管理的好坏直接关系到企业能否赢得利润、能否继续发展。

简单来说，管理是一种狭义的直接指挥、协调、检查的职能，同时它也是一种最原始、最直接和最简单的形式。"管"是一种约束，是一种抑制

的手段，它将个体的力量约束到一个集体中去，并为这个集体服务，以便产生更大的力量；"理"则意味着一种理解、疏导，让集体中的每一个个体可以最大限度地发挥自己的能量。此外，管理的目的是为了实现企业不断发展或使某一件事达到成功的目标，因此，"管"就是为目标而设定的一条路线，而"理"则是人们行进在这条路上的方式方法。

除了"优质、高产、低消耗"之外，"专、权、细"这3个字更是做好管理工作的关键。企业必须配备一专多能的高中层管理者，实行各部门的权、责、利明确，再层层细化到每一个点，有目标、有计划、有方法地去进行管理。而用佛法、佛义来贯穿企业管理，更是寓意深长。

佛法要求人们正确地对待自己，正确地对待每一个人，因而提出了奉行"五戒、十善、四摄、六度以及慈、悲、喜、舍'四无量心'"的教义。特别是四摄，对于搞好企业管理具有非常重要的作用和意义。

"五戒"，即不杀生、不偷盗、不邪淫、不妄语、不饮酒；"十善"，即不杀生、不偷盗、不邪淫、不妄语、不两舌、不恶口、不绮语、不贪欲、不嗔恚、不邪见。

"五戒"与"十善"就是要人们不做任何坏事、恶事，"诸恶莫作"、净化自己。

可以说，四摄是为了摄受众生，使之生起亲爱之心而皈依佛道所应该做的4件事。而"六度"则是大乘佛教6种成就佛道，即从生死之此岸到达涅槃之彼岸的方法或途径：布施度，即对治悭贪、消除贫穷；持戒度，即对治恶业、使身心清凉；忍辱度，即以治嗔恚、使心安住；精进度，即对治懈怠、生长善法；禅定度，即对治乱意、使心安定；智慧度，即对治愚痴、开真实之智慧，即可把握生命之真谛。

"四摄"与"六度"就是要人们广做利益人群的一切善事、好事，佛教叫做"众善奉行"，能够做到这些，就是利益了众生。

至于"四无量心"，则是指"慈无量心"，即考虑如何为众生做好事、给众生以欢乐；"悲无量心"，即考虑如何拔除一切众生的苦难；"喜无量

心",即见到众生离苦得乐而感到喜乐;"舍无量心",即对众生无憎无爱,一视同仁、平等对待。

近年来,许多颇具慧根的企业管理者越来越明晰佛法与管理的关系。古人常说"半部论语治天下",而今,许多管理者认为,一部佛经中照样蕴涵着如何管理好一个企业的全部秘诀,事实是否如此,我们暂不作讨论,只能说对于一个有心人来讲,任何典故史籍都可以作为他征战商场的兵书。因此,许多管理者运用佛法中的"四摄"来诠释企业管理的奥秘也就不足为奇了。

布施摄,佛经中的注解是:若众生乐财则施财,乐佛法则施佛法。对于企业管理来说,这种布施实际上说的是传"艺"。所谓"艺",就是指知识,传播知识必须从服务开始,有目的、有方向、有计划地去为员工服务。作为管理者,首先应该去与员工进行良好的沟通,广泛传播知识、树立创业信念,让员工有机会、有能力为企业贡献自己的才智;其次要密切关注员工,进一步推动存在于员工身上有价值知识的相互传播;最后,管理者要以身作则,和员工一起知识共享、创建新的、更先进的管理目标。

爱语摄,佛经中的注解是:随众生的根性善言慰喻。具体到管理工作中来说,就是管理中的人性化。当然,这里所说的人性化并非感情化。人们都知道,情绪是具有附着性和传染性的,特别是坏情绪最容易传染给周围的人,造成局部气氛紧张、人际关系混乱。能够控制自己的坏情绪,全赖每个人的情商高低,而情商不但是一个人调整和控制自己情绪的能力,同时也是"爱语摄"的根本所在,甚至可以说,"爱语摄"是为情商所左右的。

一个情商高的人,会用最适合的方式去处理看似复杂的问题,能够保持乐观豁达的心态,在各种困难和挫折前面保持乐观向上的态度,使自己能够尽快找到一种方法渡过眼前的难关,能够有效地影响周围的人,这一点对于管理者来说尤为关键,情商高的管理者能够客观理性地对待问题、对待他人;而那些情商低的管理者,即使智商再高也难以取得

成绩,甚至会葬送自己的聪明才智。

利行摄,佛经中的注解是:做利益众生的各种事。佛说:"存好心、行好事、说好话、做好人。"作为一个企业管理者要为广大员工做好事、做益事,首先要有好的心态,而且要处处律己,因此,管理者的心态是做好管理工作的关键,就像做人一样,心态好自然会有好的结果。

何谓"好人"?每个人对于"好人"这个概念都会给出不同的注解,但毋庸置疑的是,"待人真诚"是每个人判定"好人"的最基本的条件。在企业管理中也是如此,唯有待人真诚,才能让整个团队具有较高的、持续的凝聚力和战斗力。有些管理者不知天高地厚,倚仗着仅有的一点儿优势,对下属大呼小叫;有些管理者则摆出"天上地下无所不知"的架势,动辄妄谈自己一知半解的概念和错误的理解;有些管理者虽性格直率,却脾气急躁,恨不得下属把 10 天的工作一天做完,于是,久而久之,一方面造成下属工作经常出错,另一方面,下属得不到很好的休息,于是叫苦不迭。这种"欲速则不达"的工作作风危害很大,因此,具有一定实力和才华的管理者务必要懂得戒骄戒躁,万万不可自以为是。

同事摄,佛经中的注解是:亲近众生、共其苦乐、随机教化。管理者与员工之间要培养亲如一家人的亲情,有福同享,有难同当,大家都来关心企业,把企业管理好,在管理中相互得到提高,使员工得到教化,这就是团结精神,也叫凝聚力。管理企业就像建造高楼大厦、桥梁隧道,除了黄沙、砖头、钢筋之外,水泥也是不可或缺的材料。为什么?因为沙子虽细、砖头虽平、钢筋虽硬,但三者却永远不能靠自己的力量支撑起一座建筑,最后还要靠水泥来凝聚散沙拌成混凝土,然后紧握钢筋、紧贴砖头,把它们牢牢地凝固在一起,几种材料团结一致,建大厦、造桥梁、筑水库、修高速,共同完成并支撑着一座座宏伟的建筑。而管理也是一样,每个人的性格都各有不同,处世风格也是各有千秋,如果企业失去了凝聚力,团队必然人心涣散,没有战斗力,如此又如何会用全部精力和良好的心态去全身心地投入工作?

聪明的管理者都知道，员工是企业的"孩子"，而最令孩子感到恐惧和厌倦的事就是家长的指责和斥骂。心理学专家调查发现，"傻瓜、没用的东西""你简直是个废物""你可真行，竟敢做出这种事来""住嘴！你怎么就是不听话呢？""我说不行就是不行！""我再也不管你了，随你的便好了！""你做这种事，真让我伤心透了。""你又做了错事，简直是坏透了"等诸如此类的责骂，是孩子最不愿意听到的。

心理专家认为，孩子的心灵是最脆弱的，他们希望得到支持和理解，每一句鼓励的话语都会使孩子产生百倍的信心，但是每一句粗暴的呵斥却足以使他们的尊严遭受极大的伤害。而企业的员工也是如此，管理者随口的一句责骂就足以打击他们的自尊、毁掉他们的信心和斗志。

人们常说："家长是孩子的第一位老师。"而作为企业的管理者，面对企业中众多的"孩子"，就更要做好表率，为员工当好老师。所谓"正人先正己，做事先做人"，管理者要想管好员工，必须以身作则。示范的力量是惊人的，不需要管理者多费唇舌，只要自己事事为先、严格要求自己、勇于承担责任，就能够收服员工的心。

春秋时，晋国有一位名叫李离的狱官，他在审理一件案子时，由于听从了下属的一面之词，致使一个人冤死。真相大白后，李离准备以死赎罪，晋文公说："官有贵贱，罚有轻重，况且这件案子主要错在下面的办事人员，并不是你的罪过。"李离说："我平常没有跟下面的人说我们一起来当这个官，拿的俸禄也没有与下面的人一起分享，现在犯了错误，如果将责任推到下面的办事人员身上，这种事我又怎么能做得出来？"最终，他拒绝听从晋文公的劝说，伏剑而死。李离的下属听说此事后，在感动、敬佩之余，人人都以李离为榜样，对待每一件案子、每一个人犯都认真查找证据、广泛听取意见，从而在最大程度上杜绝了冤假错案的发生。

通过这个故事我们可以看出，一旦管理者通过表率作用树立起自己在员工中的威望，企业内部就必会上下同心，大大提高团队的整体战斗力。正所谓"得人心者得天下"，做员工敬佩的领导，将使管理工作事半功倍。

现在,越来越多的企业管理者纷纷把佛法、佛义落实到企业管理之中,如法如理,寻觅管理方法。儒家讲"治世",道家讲"治身",佛家讲"治心";儒家比较重视一个人的行为规范,讲的是社会的"游戏规则";道家比较重视方法,讲的是"游戏技巧";佛家则比较重视内在修养,讲的是"大智慧"。而企业管理中的大智慧其实很简单,即实现目标、与佛同愿。决不能发空愿、虚愿、假愿、不真实的愿,一定要用真诚的心去贯通,度员工登上彼岸,帮助他们断绝杂念,学习管理、执行管理、搞好管理;让他们在管理中增长知识、提高学问;使他们功德圆满,达成自己的目标、完成自己的意愿。对于一个企业而言,一个人的成功并非真正的成功,唯有企业中的每一个人都达成了自己的目标、得到了自己心目中渴望的成功时,才能为企业创造最大的利润,才能将企业打造成攻无不克的战舰,在商海中劈浪而行。

第六节　佛家言利：
信仰是做强的资本

□ **核心提示**

佛经曰："弥勒真弥勒,分身千百亿;时时示时人,时人自不识。"

信仰,是由"信"和"仰"组成的。所谓"信",说的是信任、信服;所谓"仰",说的是要抬起头来,表示仰视和仰慕,因此,"信仰"的真正含义就

是从内心对一个观念、一种思想、一种主义等产生认同，并将之内化，作为自己行动的榜样或指南，为之奋斗。

因为信仰被组织成员内化，能够对组织成员的行为产生重大的影响，伟大的组织一般都有信仰，伟大的业绩一般都由有信仰的组织成员所创造。

对一个企业来说，缺乏信仰也是导致企业无法实现快速健康发展的根本原因。很多国内的企业提起信仰都有一套企业理念，但这些口号都没有上升到信仰的高度，因为信仰是发自内心的，将决定一个人的言行举止。

企业要想走向世界，没有深刻的文化支撑是不可能成功的，于是大家都在考虑如何建立自己的企业文化，如何让理念贯彻执行下去、如何让员工认同企业理念。我国的一代文学巨匠巴金曾经说过："支配战士行动的是信仰，有了信仰他能够忍受一切艰难痛苦而达到他所设定的目标。"既然信仰有如此巨大的力量，那么你也不妨从宗教信仰的角度来看待以上这些问题。

众所周知，日本的企业中大多都有独特的、具备竞争力的企业文化，究其原因，就在于它们把文化做成了一种企业的宗教，让员工成为坚定的信徒。日本的很多企业家本身就是佛教徒，参禅论道是许多高层管理者的必修课，比如松下幸之助一生中最重要的一个朋友就是一位得道高僧。佛教的精要在于告诉人们，行善积德、乐善好施，则必能修成正果。而这些不但是一个人想要成就大业所必须具备的品德，也是一个健康的社会和企业所需要的信念和信仰。

我们提倡企业要塑造一种健康的"宗教"信仰，但这种信仰必须是发自内心的，是所有人都信奉的价值观念，而并非只是形式上的信仰。企业要建立自己的"宗教"信仰，要认真学习和领悟宗教的本质，否则就会似是而非、东施效颦；而要想让员工真正信奉企业的信仰，以此来提升企业的管理水平和凝聚力，则可以借鉴一些宗教传播的做法。

　　首先，宗教都有自己独特的仪式，企业塑造文化也要注重仪式，不要认为那些仪式和活动只是形式主义，其实这是对企业文化的一种误解。一个优秀的企业文化必须具备独特的仪式，比如以某军旅做题材的电视剧中有这样一个情节：号称"钢七连"的某基层连队，每当有新兵加入时，都会举行一个异常严肃、震撼人心的入连仪式。在这个仪式上，正副班长会大声告诉新兵他所在连队的光荣历史和辉煌战绩，新兵则要大声宣告自己对连队的责任和义务，并和全班战士一起高声背诵"钢七连连歌"的歌词，之所以是背诵而不是唱，是因为会唱这首歌的人都已经在一次战斗中牺牲了。相信看过这部电视剧的人，没有人会忘记剧中这个神圣而庄严的片段，因为这个仪式本身就是对一个身经百战、伤痕累累的普通连队所留下的文化进行的一种传承，甚至可能会有十七八岁的热血青年因为这种震撼人心的文化传承方式而毅然选择军旅生活，这就是仪式的作用，当中凝聚着无比巨大的信仰的力量。

　　其次，宗教都会反复强调自己的信念，正如佛教徒每天都要做功课一样，企业也要反复强化宣传自己的文化。也许员工在开始时并不相信或认同这些文化，但正所谓"走的人多了，路也就成了路"，听到与看到的次数多了，慢慢就会产生认同感，继而相信并用自己的实际行动去维护及宣传这些企业文化。所谓潜移默化的行为会改变人的态度，说的就是这个道理。

　　第三，塑造自己的企业英雄。让所有人都知道，英雄也是出自平凡人中的。宗教基本上都有自己的英雄和故事，虽然很多宗教故事和人物都是虚构的，但是为了让宗教信仰生动化、具体化，就要将这些人和事进行神化。如果企业能够在塑造自己的英雄和故事时摒弃这些神化和夸大，注意提炼平凡人所做的看似平凡而实则不平凡的事迹，并树立典型大力进行传扬，对塑造企业文化是大有好处的。

　　最后一点也是最重要的一点，正如所有宗教都宣扬众生平等一样，企业的领导者、管理者切记不要把自己当成佛祖、上帝，而要把自己当成

弘法者、传道士，因为佛祖、上帝的身份本身就是一种信仰的代表，是神而非人，作为企业的管理者，你所要做的是拿出绝对的勇气和觉悟，以身作则，把自己与员工、企业融为一体，而不要让自己凌驾于制度之上、规则之外，失去威信，最终成为"孤家寡人"。

优秀的企业管理者是需要智慧和胆略的，唯此才能真正悟透企业管理与宗教信仰的关系，一个企业若想成为超一流的企业，失去了信仰和精神力量的支撑，就注定不能获得持续的、真正意义的成功。

企业存在的意义就是一个以营利为目的的组织，其存在的价值就是为社会和消费者提供所需的产品和服务，同时获得自己应得的报酬。这就是普遍企业中的"企业"存在的意义和价值，具体到不同的企业，也只是实现这个意义和价值的手段和途径不同而已，因此，每个具体的企业都应该找到属于自己的存在意义和价值，即企业通过哪些具体的手段和途径来满足消费者，而衡量是否满足消费者的直接指标就是企业能否获得持续的赢利，因此，找到真正属于自己的持续赢利手段并加以坚持，就是"企业信仰"的本义。

IBM（国际商用机器公司）是有信仰的，它把自己的信念像教会一样制度化，最终形成了一家充满虔诚信徒的公司，而正是依靠这些具有虔诚信仰的员工，IBM才成为行业的翘楚；三星是有信仰的，其领导者在企业中总是在谈论道德经营、人性改造乃至对国家的贡献，更在经营中时常强调追求"道德"而不是追求"利润"；"联想"是有信仰的，它的"入模子"培训就是一个塑造员工信仰的过程，经过这个"入模子"考验的人会成为真正的"联想人"，表现出统一的"联想"的思维模式和行为方式……

可以说，凡是伟大的组织都具有信仰，并且都会以组织的信仰去塑造和统率组织的成员。信仰更是组织所有管理要素发生作用的前提，没有信仰注入其中，思想只是思想，理念只是理念，使命只是使命，愿景只是愿景，战略只是战略……它们都是静止的、苍白无力的，只能被频繁挂

在嘴边却永远无法被付诸行动。而当信仰被注入组织成员的心中时，则所有的管理要素都会活跃起来，发挥出各自独特的作用。因此我们说，优秀的企业应该运用独特的信仰来统率企业成员，形成一支战斗力强的团队，并由此创造出更辉煌的明天。

以变示众,
用变化的眼光看问题

宇宙中的万事万物都是在不断发展变化的,就像伟大的希腊哲学家赫拉克利特曾经讲过的:"人不可能两次踏进同一条河流。"任何事物都有由小到大、由简到繁、由低级到高级的运动变化过程,这是事物内部不断产生、发展的过程。

在目前这个高速发展的新时代中,社会存在着激烈的竞争,但竞争不承认过去,只承认现在和将来,不能把过去的优势当做现在的优势,现在的优势不等于将来的优势。因此,你只有学会用发展的眼光看问题,不断超越,才能跟上时代的步伐。

在企业经营中,也存在这样的问题,今天做的事情可能一下子见不到效果,但是从长远来看,却是非常有用的,因此,目光短浅的人往往只会根据眼前需要来做事,意识不到将来的发展,只有那些精明的人,从一开始做事的时候,往往不着眼于眼前,而着眼于将来。他们往往是一些信息灵通、感觉敏锐的人,他们能够通过各种信息、凭个人的商业敏锐性来判断事情的发展,从而做出超前的投资。这些投资往往在一开始无法获得他人的理解,有些人甚至觉得有点儿不可思议,但是,几年以后甚至更长时间以后,生意却越来越兴旺、事业越来越大。这时候,许多人才发现,当初的这个决定是多么的明智。

河流自身固然在流动,但是更重要的是我们自己的眼光发生了变化。如果一个人的眼光总是一成不变,那么他便是一个与时代脱节的人,相反地,他只知道用历史的眼光去看待新的事物,那岂不是很可悲吗?

第一节　佛理深湛:
因势而变,以变应变

□ 核心提示

　　佛经曰:"当观知所有色,若过去、若未来、若现在,若内若外、若粗若细、若好若丑、若远若近,彼一切皆无常……如是观受想行识,若过去、若未来、若现在,若内若外、若粗若细、若好若丑、若远若近,彼一切皆无常。"

　　"诸行无常",说的是一切有为法,皆生灭变异,不可常住。"诸行"讲的是范围,意思是"一切",此句的中心是"无常",意思是世界万物,包括人的生命,每一刹那都处在生灭变异之中,没有什么东西是常存不变的,相反,它们都是瞬息即变并且流变无止境的。

　　在佛教看来,世界上根本没有常存不变之物,世间唯一不变的就是变化。无论是物质现象还是精神现象;无论是过去、现在还是未来;无论是内部还是外部;无论是宏观还是微观;无论是近处还是远处,总之,一切都在变化之中,无物不变、无时不变、无处不变,变化普遍存在于一切时间和空间之中。

　　《吕氏春秋·察今》中记载:楚人有涉江者,其剑自舟中坠于水,遽契其舟曰:"是吾剑之所从坠。"舟止,从其所契者入水求之,舟已行矣,而剑不行。求剑若此,不亦惑乎!

　　这段记载其实就是那个人人耳熟能详的"刻舟求剑"的故事。

战国时，有个楚国人坐船渡江。船到江心，他一不小心把随身携带的一把宝剑掉落江中，他的朋友马上招呼船家，说有东西落在江里了，需要停船下水去捞，这个人却摆摆手示意船家继续往前划，并随手掏出一把小刀，在船舷上刻上一个记号，然后对朋友说："这是我宝剑落水的地方，所以我要刻上一个记号。"朋友目瞪口呆地望着他，不知道他究竟在想什么。

船靠岸后，那个楚国人立即从船上刻记号的地方跳下水去捞取掉落的宝剑，可打捞了半天仍不见宝剑的影子。朋友见他在水中捞来捞去，不解地问他在做什么，当得知他居然在寻找掉落在江心的宝剑时，朋友一边叹气一边笑着说："宝剑掉落江中，船会继续往前走，可宝剑却不会跟着船往前走啊！所以我才想要在你宝剑刚掉落时让船家停船，你凭借船舷上的记号来打捞宝剑，真是太愚蠢可笑了！"

与这个故事具有异曲同工之妙的还有"盲人摸象"的故事。

据《大般涅槃经》记载，古时印度有一个小国，国王名叫镜面王，他信奉释迦牟尼的佛教，每天都拜佛诵经，十分虔诚。可是，国内当时有很多神教巫道，多数臣民被它们的说教所迷惑，人心混乱、是非不明，很不利于国家的治理。镜面王很想让其臣民们都皈依佛教，于是就想出了一个主意：用盲人摸象得到的结果来现身说法教育、诱导他们。镜面王吩咐侍臣说："你找一些完全失明的盲人到王城来。"使者很快就凑齐了一群盲人，带领他们来到王宫。使者走进宫殿向镜面王禀报说："大王，您吩咐找的盲人现已带到殿前。"镜面王说："你明天一早带领盲人们到象苑去，让他们每人只能触摸大象身体的一个部位，然后马上带他们来王宫前广场。"

第二天早上，盲人们被带领着前去"摸象"，镜面王则召集所有的大臣和数万名平民聚集在王宫前的广场上，沸沸扬扬的人们交头接耳，谁也不知道国王将要宣布什么重大的事情。不一会儿，使者领着盲人们来到了镜面王的高座前，广场上的人们顿时安静了下来。镜面王向盲人们

问道："你们都摸到大象了吗？"盲人们齐声回答说："我摸到大象了！"镜面王又说，"你们每个人都讲述一下大象是什么模样！"摸到大象腿的盲人首先站出来说："禀告圣明的国君，大象就像一只盛漆的大圆桶。"摸到大象尾巴的盲人说："大王，大象应该像一把扫帚。"摸到大象腹部的盲人说："大王，大象确实像大鼓。"随后，摸到大象头部的说大象像大勺子、摸到大象牙的说大象像牛角、摸到大象尾巴后部的说大象像棍杖、摸到大象耳朵的则说大象犹如簸箕、摸到大象鼻子的盲人甚至大声禀报说："圣明的大王，大象实在像一根粗绳索。"于是，一群盲人分成了几派，吵吵嚷嚷，争论不休，都说自己正确而别人说得不对，而后他们又纷纷涌到镜面王前争辩说："大王，大象的模样确实像我说的那样！"见此情景，在场的臣民都大笑不止，镜面王也意味深长地看着众人笑了起来。

世界上的事物总是在不断地发展变化，人们想问题、办事情，都应当考虑到这种变化，适合于这种变化的需要。而那些对事物只凭片面的了解或局部的经验就妄加猜测的人，要想做出全面而正确的判断自然更是难上加难，这就是佛家所说的"诸行无常"。

对于现代企业的管理者来说，小环境在变化，大环境也在变化；市场环境、市场需求在变化；竞争对手、经济环境、宏观政策乃至世界格局都在时刻的变化中，因此要时刻不忘将这种"诸行无常"的发展变化观运用到企业的经营管理当中，使得企业管理能够因时而变、因势而变、以变应变、以变制变，不能有一丝一毫的懈怠和放松。真正优秀的企业管理者每时每刻都应该有如临深渊、如履薄冰的感觉，唯有战战兢兢地为生存和发展努力，不断适应外界和内部的变化，才能塑造出百年的企业和世界级的企业。

生活在变，时代在变，世界在变，你不变就无法生存，就要被淘汰、被打败。

面对变幻莫测的市场，面对随时都可能降临的危机，许多企业管理

者都无所适从,当你发现曾经风靡一时的商品如今却成明日黄花,成堆成堆地积压在仓库里的时候;当你发现一贯在你面前俯首帖耳、任劳任怨的员工如今却像换了一个人,甚至递出辞职信的时候;当你发现向来与你合作愉快的客户如今却寻找各种理由躲避你,甚至中断与你的业务合作的时候……

透过这一幕幕景象不难看出,商场上的每一分钟都是人生的一场竞技比赛,输赢胜败、生死存亡贯穿了生命的整个过程,而生活却在反复证明着一个真理:适者生存。面对压力和危机,你永远只有两条路可以选择:一种是听天由命、随波逐流;另一种是积极进取、迎接挑战。而幸福通常属于持后一种态度的人,因为"诸行无常",因此"以变应变"才是生存的法则。

1.变心态:培养一种好的心态就会收获一种不同的习惯,收获一种不同的习惯就会衍生一种有益的性格,衍生一种有益的性格就会面对一种崭新的命运,心态的转变就是命运的转变。

2.变目标:压力可以变为动力,危机可以化为转机,一个目标受挫就另外换一个目标,你的胜败就捏在自己的手心里。

3.变思维:改变不了大环境,就改变小环境,改变不了小环境就改变自己。

经验对于经营者而言是十分宝贵的,一个人从对经营一窍不通到对商务很有阅历,可以说那些经验和知识都是金钱和心血换来的。所以,一般资深的经营者都极为看重自己的经验,遇上什么难题或危机时,总习惯用以前曾经成功的方法来解决,当然,如果市场没有大的变化,那些方法自然会屡获成功。但是当前的市场经济社会,情况瞬息万变,新招怪招迭出不穷,如果思想僵化,一味固守以往的经验,用不变的眼光去看问题,企业发展就会停滞不前,甚至将企业引入绝境。

不变是相对的,而变则是绝对的,作为企业的管理者,不但要有一双善于发现的眼睛,而且还应该具有洞穿事物之间内在联系的思维逻辑,

这样才能真正做到用变化的眼光去管理企业。

古时赵国有一位官员犯了过错，害怕被国王惩罚，打算逃到燕国去。当时还是一个普通幕僚的蔺相如提出质疑："你怎么知道燕王一定会欢迎你呢？"

官员说："我曾陪同国王和燕王在边境上会谈，燕王私下握着我的手对我说，愿意和我结为朋友。"

蔺相如说："当时你受到国王宠爱，所以燕王想和你结交，现在你是犯罪逃亡，燕王害怕得罪我国，势必不敢留你，甚至会把你抓住送回来。你不如主动去向国王请罪，这样或许能侥幸获得赦免。"

官员听从了劝告，果然得到了国王的赦免，而蔺相如后来也做了高官，与廉颇一起成为赵国政坛的两大支柱。

优秀的企业管理者都知道，世界上没有一成不变的事物，因此他们因变应变。在他们眼里，没有永远的朋友，也没有永远的敌人。总之，他们试图左右世界，而不是被世界所左右。

第二节　佛理深湛：
不破不立, 思变是发展的必然

□ 核心提示

　　故光明应佛入我想心, 次明佛身全是本觉, 故应佛显, 知本性明, 托外义成, 唯心观立若论作是, 即不思议三观也。以若破若立名作, 空假二观也。不破不立名是, 中道观也。

——摘自《净土十要》

　　禅作为一种修行的方法, 在中国能够蔚然成为一个最大的佛教宗派并传承至今, 其原因是多方面的。关于禅宗对我国佛教的影响, 我们可以说简直是一场"摧枯拉朽"的革命, 它不仅解构、革新了数百年构筑起来的中国佛教, 而且在一定程度上解构、革新了数千年构筑起来的中国传统文化。

　　从文化学来说, 我国的儒家、法家和佛教的天台宗、华严宗、唯识宗等属于以建构为主的思想体系, 道家和佛教的三论宗、禅宗等属于以解构为主的思想体系, 这两种体系缺一不可。人类社会不能没有上层建筑的建构, 但时移势易, 积久生弊, 就不能不进行解构; 但若一味地解构就会走向虚无, 失去了它自身存在的基础和价值, 于是就需要重新建构, 人类社会就是这样不断前进的。禅宗正是一种彻底的"解构"文化, 以"破"为特征, 那些内在的迷妄、虚伪、执著, 外在的机械、教条、形式, 包括语言、文字、概念等一切"不合理"的东西都在驳斥之列。只有如此彻底的"破", 众生本具的、永恒不变的、真善美的自性清净心才能显现, 众生也

才能获得解脱、自由和真正的快乐。用三论宗的话说就是"破邪显正"，用禅宗的话来说就是"不破不立"。当然，我们都知道，如果仅有"破"而没有"立"，那就会走向虚无、混乱甚至是危险的境地。

哲学上所讲的"否定也是肯定"、"破也是立"是完全正确的。但过去，人们往往简单化、教条化地理解了这个真理，在实际上形成了两个误区：

一是只对人不对己，以为"破"只是对敌人进行阶级斗争，就是无情的批判、残酷的斗争和全盘的否定。而对于什么是辩证的否定、什么是辩证否定的"扬弃"、什么是"事物自我否定"，为什么对"资产阶级"和"资本主义"也可以有所学习和借鉴，"破"也要表现在不断地超越自己、更新自己的观念和思维方式等方面则思考得不多，甚至根本不去想。这样一来，其必然结果就是，越是那些"破"字当头的人，就越变得封闭、狭隘、僵化、自以为是。

二是以破代立，只顾"破"及迷信于"破"，以为只要"破"掉了旧的、坏的，就会自然"立"起新的、好的。然而历史的经验却告诉我们，在"破"的时候当然会有所"立"，但"立"起来的是什么，是不是人们所希望、所需要的东西，或者说是不是那些应该立和立得住的东西，却是两回事。

在一次宴会上，一位客人对哥伦布说："你发现了新大陆有什么了不起？新大陆只不过是客观的存在物，刚巧被你撞上了。"

哥伦布没有同他争论，而是拿出一只鸡蛋让那位客人将其立在光滑的桌面上。

这位客人试来试去，无论如何也不能把鸡蛋立起来，终于无能为力地住手了。

这时，只见哥伦布拿起鸡蛋轻轻地往桌面上一磕，下面的蛋壳破了，但鸡蛋则稳稳地立在了桌面上。之后，哥伦布说了一句颇具哲理的话："不破不立也是一种客观存在，但就是有人发现不了！"

在生活当中，有许多人成天在抱怨嘲笑别人这也不行、那也不对，而当让他自己去干时，结果他什么也干不了，其传统的思维已成为一种定式，让他在自缚的茧中无力自拔。当一种新生事物来临时，他除了嘲笑、怀疑之外便是无动于衷、无能为力。"不破不立"作为一条历经岁月反复论证的哲理，无论在政治、战争还是生活、工作中，其论据俯拾皆是，比如下面这个"韩信背水一战"的故事。

公元前204年，韩信奉刘邦之命于井陉一带迎战赵军20万人。敌强我寡，形势极为严峻。韩信审时度势，打破常规，大胆巧妙地布阵：一边挑选精兵断敌后路，一边又派队越过井陉口，到绵蔓水（今河北井陉县境内）东岸背靠河水布阵。次日两军交战，汉军士兵看到前有强敌，后有水阻，无路可退，只能背水一战，以求生路。全军上下以一当十、勇猛无比，而后与断敌后路的汉军里应外合，一鼓作气杀败赵军，大获全胜。韩信置之死地而后生的气概与勇气，正充分展现了不破不立这一传统文化的精髓。

可以说，历史每前进一步，都是在"破"与"立"的利弊对比下完成的，这也是"不破不立"的哲理关系，在这个关系中，"立新"显然比"破旧"更具有紧迫性和挑战性。

激发员工的创造性、保持组织的活力，是企业管理者的重要责任。每位管理者都不可避免地面临这样一个问题，即自己的经验会影响员工，进而影响整个企业，哪怕现任管理者离去了，这个企业的血液里也总是带着他的"影子"。例如，如果管理者是一个强调领导力与执行力的人，那么他所管理的员工就会在工作中强调效率；如果管理者是一个疏于社交、个性内敛的人，其下属员工往往也会"投其所好"，在日常行为中保持低调；再有甚者，如果管理者不喜欢"不同的声音"，那么他听到的大都会是溢美之词……

管理者的这种"经验"可谓对员工影响巨大，同时也会对企业文化产

生极大影响。不过，金无足赤，人无完人，不是每一个企业管理者每分钟想出的主意都是好主意，他的某些"缺陷"同样也会成为"经验"，不可避免地影响每一个员工，哪怕是非主观与非强迫的，员工都会自觉地把它们当成应该遵循的"好习惯"，而这些对整个企业的伤害有时是致命的。更有甚者，某些企业管理者很不愿意看到破旧立新，因为这意味着否定他的权威，但这种"破立"对企业来说却是一件好事。管理者的一个看似微小的不良积习，就可能会使企业受到很大的影响，使之失去包容、开放、创新和活力，甚至将企业推向生死边缘。

国外有关专家曾经在一次培训课程中做了这样一个游戏：主讲人手上有一个白色信封，里面可能是 50 元钱，也可能是一张罚款单，也可能是别的惩罚，你有 3 种选择：可以打开信封，但必须遵从信封里的要求；也可以不打开信封，还可以传给同伴，让同伴打开。作为企业管理者，你究竟会作何选择？

显而易见，不打开信封，就意味着不愿意去"破"，同样也意味着一切都会停滞不前，这样做尽管没有风险，可是机会也同样会悄然滑过，所谓"逆水行舟，不进则退"，在激烈的商战中原地踏步实际上就是一种变相的倒退。发展的内涵是很丰富的，我们可以把发展看成是现实的突破，好比那个信封，撕开它就意味着对现状的突破，要发展就必须创新。

20 世纪二三十年代，福特汽车公司曾以大规模生产黑色轿车而独领风骚数十载，但随着时代的变迁，消费者的消费需求也在悄悄发生着变化，人们希望看到更多品种、更新款式、更加节省能耗的轿车面世。而福特汽车不仅颜色单调，而且耗油量和废气排放量都很大，完全不符合当时日益紧张的石油供应市场和日趋严重的环境保护状况。当时，通用汽车公司和其他几家公司则紧扣市场脉搏，制订出了正确的战略规划，生产节能省耗、小型轻便的汽车，并在 70 年代的石油危机中成功地跃然居上，差点儿使福特汽车公司濒临破产，所以，福特公司前总裁亨利·福特曾深有体会地说："不创新，就灭亡。"

不破不立，"破"需要的是勇气，破字当头，立在其中，"破"是为了发展，"立"是发展的目的。企业管理者唯有正视"不破不立"之间的哲理关系，树立正确的破旧创新思想，才能学会用世界的眼光从高处和远处审视自己、衡量自身，随时发现自己的弱点和缺点，通过破旧立新，迅速加以克服，以求更快的发展和更高的超越。

积极的心态能鼓励你勇敢地体验生活，享受自己的快乐；体味如影相随的痛，也是你必须品尝的经验，它并不是一种很坏的感觉，它会刺激你的神经，触动你的灵魂，迫使你思考，推动你前行。

第三节　佛理深湛：
变即无常，在变化中求发展

□ 核心提示

佛说："诸行无常，是生灭法，生灭灭已，寂灭为乐。"

世尊释迦牟尼佛在《莲华面经》中说："一切行无常，一切法无我，及寂灭涅，此三是法印。"天台宗创始人智者大师在其《妙法莲华经玄义》中说："无常印，谓世间生死及一切法皆是无常，众生不了，于无常法中执为常想，是故佛说无常，破其执常之倒，是名无常印。"

在佛教典籍中，还有很多关于诸行无常的论述，如："一切有为法，如梦幻泡影，如露亦如电，应作如是观"；"生者皆归死，容颜尽变衰。强力

病所侵,无能免斯者。假使妙高山,劫尽皆坏散。大海深无底,亦复皆枯竭。大地及日月,时至皆归尽。未曾有一事,不被无常吞";"譬如路旁树,暂息非久停,车马及妻儿,不久皆如是,譬如群宿鸟,夜聚旦随飞,死去别亲知,乖离亦如是";"父母及妻子,兄弟并眷属,目观生死隔,云何不愁叹";"积聚皆销散,崇高必堕落,合会终别离,有命咸归死";"佛言:我以一切行无常故,一切诸行变易法故,说诸所有受悉皆是苦";等等。

佛经中有这样一则故事。

某地有一位长者,儿子已经娶妻成家了。儿媳的相貌非常出众,简直挑不出一点儿缺陷,儿子整日与她形影不离,宁死也不愿离开她半步。

有一次,该国的主要交通要道被严重损坏,阻挡了四面八方进来的人,以致跟邻国断绝了来往长达 12 年之久,国内的一切物资供应也陷入极度的匮乏状态。

到了第 12 年,长者听到传闻说,外国的许多商人到达了邻国,在邻国进行着大宗买卖。长者立刻吩咐儿子说:"外国商人到邻国做生意,一定带来了许多物品,你赶快由小道去邻国,买些必需品回来。"

儿子一听很不情愿,心想这次不得不离开爱妻了。想到这里,他十分难过,便对一位亲友发牢骚说:"做父亲的年纪大了,哪里懂得年轻人的感情。我和妻子相亲相爱,无法分离,而父亲竟然要派我去邻国的市场买东西。一想到这里,我的心都碎了。如果要我离开妻子半天,我宁可去投河或从高山上纵身跳到谷底。"

亲友们听了,诚恳地告诫他说:"你真是莫名奇妙!生儿育女,无非是盼望、教导孩子懂得持家,外出赚钱回来赡养父母。你这种想法太幼稚了,不干活怎么生活呢?纵使你出生在天堂,也不能整日无所事事却过着安逸的日子。何况出生为人,岂能跟女人厮混度过一生呢?"

听见亲友们这么说,做儿子的不得不离开妻子,垂头丧气地前往邻国去了,但是不论走到哪里,他的脑海里总浮现出妻子的身影,于是匆匆

忙忙买了物品之后便马不停蹄地赶回家中。

他一路进家门，见人就问："我的妻子在哪儿？"

仆人对他说："太太已经搬到侧房，独自睡在草褥上面。"

原来，妻子自从丈夫出门以后竟然悲伤成疾，最后全身出疮，流脓不止，家人都不愿见她，她只好独自睡在侧房，身边聚拢着一大群蚊蝇。

此人匆匆忙忙跑去一瞧，发现昔日美丽无双的妻子此刻竟然全身变色浮肿，形状丑恶，惨不忍睹，以往的恩爱和情欲突然冷却了下来，刹那间，他悟得了世间的无常。

佛法揭示了宇宙万物诸法因缘生的真理，缘起所生的万物都处在不断地成、住、坏、空的过程中，既然有生的开始，也必然有灭的结局。俗语说"人无千日好，花无百日红"，纵然人是万物之灵，也同样逃脱不了生、老、病、死的生命变化，于是，孔子说："逝者如斯夫，不舍昼夜。"曹操说："对酒当歌，人生几何？譬如朝露，去日苦多。"曹丕说："人生如寄，多忧何为？今我不乐，日月如驰。"陆机说："人寿几何？逝如朝霜，时无重至，华不再阳。"皆是对倏忽若寄的人生的喟叹、对光阴流逝不再的慨惜，把生命喻作晨霜、朝露，短暂无常，不可把捉。可以说，这世间唯一不变的就是变化。

对于现代企业来说，同样要面对这种无常的变化，大到宏观政策、经济环境，小到市场需求、竞争对手，许多企业甚至因变化而生，又因变化而亡，所以作为企业的管理者，应该拿出如临深渊、如履薄冰的态度来小心应对这些变化，因为这种种的变化就像海洋中的大漩涡一般，在市场洪流中搏杀的企业一不留神就会被它吞噬。

对于任何一个企业来说，在竞争激烈的今天，面对风云变幻的市场，只有保持快速灵敏的反应和调适能力，即在变化中求发展，才能让企业立于不败之地。

1997年，在席卷亚洲的金融危机中，韩国的著名企业三星电子也陷

入了困境之中，背负高达 170 亿美元的债务。在突如其来的灾难面前，三星电子并没有放弃，而是积极进行了一系列的变革，建立结构调整部，专门负责大规模的结构调整，借此完成从家电型企业向电子型企业的转变。同时，企业还在全球战略、企业文化、人力资源、技术研发、品牌形象、监督机制、财务管理、信息管理等方面也做出了相应的调整，并取得了显著成果。集团的首席执行官甚至戏言说："要具备世界一流的竞争力，就必须勇于改变，除妻子和儿子以外，其他什么都要变。"毋庸置疑，这次变革使得三星电子彻底扭亏为盈，仅从 1999 年到 2001 年，企业的赢利就高达 110 亿美元。到 2002 年，三星电子已经是全球最大的内存芯片、纯平显示器和彩电制造商，同时还是全球第三大手机制造商，在 47 个国家设立了 89 个分支机构，并对外宣布要在 2010 年前成为"数字整合革命的主导者"，跻身全球三强之列。

变革是事物发展过程中对其自身的一种扬弃和突破，是事物不断发展的动力，正是这种变革使得三星电子摆脱危机、再创辉煌，也使得大韩航空在急剧变化的市场环境当中选择了"以变应变"的管理策略。

2005 年，尽管全球航空业有回暖趋势，但燃油价格一路飙升，运输能力过剩和竞争的加剧使航空业依然处于整体亏损的阴影中。但是，一些积极进取的航空公司没有被眼前的困境吓倒，而是顶着种种不利因素，以无比的勇气、魄力和"以变应变"的管理思路寻求重新腾飞之路，这其中就有大韩航空。

大韩航空的管理者制订并实施了"全球航空界领导者"的宏伟战略，通过一系列的管理变革，如投资、品牌振兴和服务提升活动，在 2004 年货运量居世界第一的基础上又取得了新的成就。

早在 2004 年，管理者就提出了"在不确定的经营环境中没有变化就没有生存"的理念，并制订了在 2007 年成为世界第一大航空货运公司、2010 年客运量达到世界前 10 名和提供世界级客运服务的宏伟战略。

为了实现这个目标，大韩航空不惜投资 10 万亿韩元用于购买长距

离货运运输机和世界上第一个全互联网货物跟踪系统，并投资 5300 万美元用于货物运输设备升级等投资计划，同时还对一些增长迅速的市场，如中国等地区加大了投资和业务开发的力度。在"以变应变"的经营策略指导下，大韩航空通过实施一系列新的变革和投资计划以及对中国等迅速增长市场的大力拓展，在业绩稳步增长的基础上再创辉煌。面对成绩，大韩航空的管理者说："成绩的取得来自于我们积极的战略，即坚持不懈地开发新市场，完善我们的基础建设和建立战略合作伙伴关系，满足顾客不断增长的需求。"

可以说，以大韩航空为代表的几家航空公司，如美国的西南航空、捷蓝航空，欧洲的法国航空等在航空业整体亏损的阴影中逆势飞扬并稳健发展、不断上升的轨迹，为全球的航空业都带来了希望，并且向全球的企业昭示了"在变化中求发展"的企业管理真谛。

管理变革是企业发展到一定阶段后的必然选择。历史的经验告诉人们，凡是成功的企业，其管理手段都应该与企业的发展规模相适应，其管理方式都必须与企业的发展阶段相匹配，过于滞后或过于超前都将导致企业不同程度上的危机。

因此，现代的企业管理者必须从盲目感觉的梦境中走出来，认清自己所处的阶段，随着企业的发展不失时机、积极主动、脚踏实地、分阶段地进行管理变革，唯有如此，企业才能真正走向成熟，才有可能在参与全球经济一体化的竞争中获胜。

第四节　佛理深湛：
转型当应时而变

□ **核心提示**

佛经曰：“一切想中，无常想最胜。”

"无常"是变化无定的意思，佛法认为世间的一切事物都处在生起、变异、坏灭的过程中，绝无常住性，只是按照生灭过程的快慢分为"刹那无常"和"相续无常"而已。时刻不断的生灭就是"刹那无常"，有一定期间连续的生灭就是"相续无常"。不管是"刹那无常"还是"相续无常"，最后都是无常。

无常是宇宙人生一切现象的真理。依据物理学来说，宇宙世间的一切事物没有一样是静止的，既然是动的，就是"无常"。因此，《八大人觉经》中说："觉悟世间无常，国土危脆。"《阿含经》中也说："积聚终销散，崇高必堕落，合会要当离，有生无不死。"《万善同归集》更是形容："无常迅速，念念迁移，石火风灯，逝波残照，露华电影，不足为喻。"这些都是说明人生无常的道理：三世迁流不住，所以无常；诸法因缘所生，所以无常。

"景物依旧，人事已非"，这是一般人对无常的感叹。其实，世间一切有为法都是因缘和合而生起，因缘所生的诸法空无自性，随着缘聚而生，缘散而灭，正如佛语中所说："过去心不可得，现在心不可得，未来心不可

得。"因为世间一切万法无一是常住不变的,因此说"无常"。

当初佛陀因为感悟人生无常,于是舍弃荣华,出家修道;成道之后,也以苦、空、无常的人生真相来开示众生,所以原始佛教教团的成立可以说是源于佛陀对诸行无常的体悟。

世间无常故苦,顺遂变成困逆固然是无常,祸厄转为幸福也是无常。因此,无常不是消极的,好的会变坏,坏的也能转好。例如,贫穷的人只要努力工作,也有致富的可能;人事不和谐,只要肯与人为善、广结善缘,自能赢得友谊;做事遇到挫折,只要能够愈挫愈勇,逆境终将突破。无常对人生具有积极的激励意义,因为世事无常,才能使我们脱离不满的现状;因为世事无常,所以得以体会法性的真实平等;因为世事无常,所以不会为神权邪说所迷惑。世界上没有常存不变之物,无物不变、无时不变、无处不变,变化普遍存在于一切时间和空间之中。

佛教中蕴涵的不只是变化的道理,佛教本身的发展也蕴涵着不尽的变化。佛教传入中国两千多年来,最早只是传播,例如译经、刻经、出版、竖立佛像,经过几百年的输入接纳、消化吸收,终于扎下深根,在中华文化深厚土壤的培育下开花结果,实现了中国化,成为中国文化的重要组成部分,在儒释道三足鼎立、三元共轭的文化结构中,其地位仅次于儒家。中国汉传佛教于隋唐臻于全盛,八宗竞秀,高僧如林,其理论高度成熟,创造了俗讲、变文等讲经方式和义邑、法社、香火社、莲社等团体机构,无尽藏院、无遮大会、悲田院、悲田养病坊等慈善设施。唐末以来,佛教向中国社会和文化深层渗透,促成了宋明新儒学和宋元新道教的孕生。

可见,佛教要发展、要生存也需要应时而变,即转型。某位名人曾说:"我们这个社会在转型阶段,所以寺庙也在转型,我希望在我这一代能把转型的这个阶段度过,能为将来的少林寺营造出来一个好的模式、好的生存模式,包括将来发展的模式。"

与佛教的应时而变、积极转型相比,现代企业的管理者似乎更应该明晰"变"和"转"对企业发展所产生的重要影响和深远意义。企业管理是

一门日日变、日日新的科学，故步自封的管理模式必然会产生种种弊端。中国社会正在转型，从封闭走向开放，从计划主导走向社会主导，在这个过程中，社会越来越丰富多变，社会发展的客观规律作用越来越大，越来越不以人的意志为转移，过去时代的管理手段已经落后于实际情况，必须与时俱进，及时调整，使之更符合客观规律、更灵活、更具人性化，也就是所谓的"凡举事必循法以动，变法者因时而化"。

几年前，世界五百强企业之一的IBM曾一度陷入了困境，其2005年第一季度的业绩远远低于分析人士的预期，而导致其业绩下滑的"罪魁祸首"就是IBM那个庞大的技术服务部门。在技术服务领域，IBM一直面临着来自低成本印度外包公司日益增长的竞争压力。

但是此后，IBM所取得的进步给所有人都留下深刻的印象。在意识到自己的失误之后，它开始应时而变，不断地向产业链上游移动，提供集研究、软件、服务于一体的高价值综合产品，这无疑是一种高利润的业务，因为在这类业务领域中，专业的技术甚至比价格更重要。另外，IBM还在印度大肆招兵买马，在运营数据中心、升级和维护软件等传统服务方面努力缩小与竞争对手的价格差距。

如今，IBM已经由一家传统的跨国公司转型为更无缝的全球化企业，建立了分布在全球的技术中心，每个中心都是提供服务的全球网络的一部分。IBM的领导者宣称，这些变化相当于对公司的完全再造。业内人士则认为，IBM成功地解决了全球化和快速技术变革难题的一系列转型之举，为所有的企业树立了成功的典型。

管理学家认为，当外部环境发生急剧的变化时，昔日的成功模式可能成为今日的桎梏。在商业丛林中，那些适应能力强，会因时而变的企业才能持久成功。中国经济在过去几年增长速度很快，同时也带来了一些新的挑战，因此，许多中国企业也纷纷面临着管理战略的转折点，例如"联想"这样的样板企业曾经为了使自己变得更为强大而开拓战线、进军海外，之后又重新收缩战线做起了减法，采取了多元化战略，与进入中国

的戴尔等电脑公司竞争；海尔也开展了包括金融领域在内的多元化业务；中国移动、中国电信等过去的垄断型企业正在适应新的市场环境、开始学习市场竞争第一课、按市场规则办事……

在企业家眼中，现在的中国市场正面临着全球最大的企业转型时机，带给企业家这一判断的支撑要素有 3 个方面：首先是中国基础制造业的崛起，但与此同时，一些产业，如信息产业在从大到强的转变过程中，遇到了产业发展瓶颈问题，对身在其中的企业来说就有了切实的企业战略转型的需求；其次是党的十六大后新的制度保障，为民营企业提供了千载难逢的机遇。民企同样也是信息产业发展的一支重要力量，对于信息产业的民企来说，要抓住机遇，也需要快速的企业战略转型，以便更适合于产业和市场对企业自身的要求；第三是中国市场的特殊要求，中国每年新增市场规模相当于整个澳大利亚的市场规模，市场的诱惑与压力同在，逼迫着企业和企业家要主动自觉地进行变化调整。

对此，业内人士称，中国凡是志存高远的企业家，其至高无上的选择就是产业选择战略，即不断选择新的、有生命力的产业。对企业而言，至高无上的战略应是选择主业。在核心产业衰退前，必须毫不迟疑地创造新的业务。

任何企业的战略转型绝非一蹴而就，更无法一劳永逸，而是一项复杂而长期的过程，就像是海中行船，要调转船头是有风险的，但不调头又是肯定不行的，因此，企业在进行战略转型时就要格外慎重，要顶得住诱惑、认清自己，明白自己最想要的是什么。对于很多企业来说，都要经历这样的历练。

规模和市场份额曾经是很多中国企业在市场起步阶段追求的主要目标，但是在快速扩张过后，很多企业发现，它们并未能获得令人满意的利润水平，而企业的核心竞争力也并不明确。虽然很多企业在短时间内迅速扩张，但是与成功的外国企业相比，在企业的综合能力、战略制订、创新力、执行力以及流程再造等方面仍有很大差距。此时，企业就必须考

虑新的愿景设定和战略调整。

当今的市场环境变化日趋频繁，企业很少能够凭借一个固定不变的战略定位和保守的组织形式在长时间内保持自身的竞争优势，成功的转型已成为基业常青的重要前提。

企业业务转型首先是业务方向的重新选择，然后是根据新的方向对企业本身的各个方面做出相应调整。正确的业务方向选择需要企业对所要进入的行业有深入的认识，并进行有效的行业分析。正确的行业分析要求企业了解市场的真实状态，以及其他竞争者的战略和在市场上所采取的行动，并与他们作比较，同时还要了解行业价值链上下游企业的动向、把握行业的发展趋势等。通过分析其所在的行业和比较同竞争对手相对的优势，企业必须决定在哪里竞争、如何竞争以及何时竞争。当确定了这些之后，企业才能决定自身的转型方向。

对许多企业来说，最薄弱的环节是经营，最差的能力是创新，最需要转变的是观念，最应当提高的是经营决策能力、管理水平和危机转型速度。企业想持续获利、快速增长，必须切实转变经营理念和经营策略，真正面向市场，不转型，则淘汰。观念的落后是最大的落后，因为观念决定行动，思路决定出路。而更可怕的落后是我们根本不知道自己的观念落后。许多企业日复一日地在重复着经营与管理上的错误，是因为企业的管理者们已经习惯了这些"错误的观念与方法"。因此，面对市场竞争和环境的日新月异，企业必须加快自我转型能力的培养。

第五节　佛理深湛：
　　轮回就是上下浮沉

□ 核心提示

佛经曰："此世有因必有果，有果必有因。因果轮回是无尽也。"

"轮回"是个梵文名词，意思是"轮转"或"生命的循环"。佛教相信，除了已经解脱生死(如小乘的阿罗汉)或已经自主生死(如大乘的圣位菩萨)的圣者之外，一切的众生都不能不受轮回的限制，只要我们不自主地被囚禁在生死的循环里，就是在轮回之中。

所谓轮回，并不是真的像轮子一般地回环，而是指上下浮沉的生死流转。轮回的范围共有六大流类，佛教称为六道，由上而下依次排列为天道、人道、修罗(神)道、傍生道、鬼道、地狱道，这都是因五戒十善及十恶五逆而感生的类别。五戒十善分为上、中、下三品，感生天、人、修罗三道；十恶五逆分为下、中上、三品，感生傍生、鬼、地狱三道。做善业者，生于上3道；做恶业者，生于下3道。在每一类别中的福报享尽或罪报受完，便是一期生死的终结，接着便又是另一期生死的开始，人就这样在6道之中生来死去、死去生来，便称为轮回生死。

不过佛教特别相信，众生的生死范围虽有6道，但若论众生的善恶业因的造作，则以人道为主，其余各道都只是受报的单重道，天道、神道

只有享受福报,无暇另造新业;下3道只有感受苦报,没有分别善恶的能力;唯有人道是造业并兼受报的双重道,既能受苦受乐,也能分别是非善恶。佛教主张业力的造作熏习在于心识的感受,如若无暇分辨或无能分辨,纵然造业,也不能成为业力的主因,所以,佛教特别重视人生善恶的行为责任。

正因为造作业力的主因是在人间,所以上升、下堕之后的众生都还有下堕、上升的机会,而并非一次上升便永远上升,一次下堕便永远下堕。

在西湖莲花峰下的天竺寺旁有块"极其干净可爱"的石头,这就是"西湖十六遗迹"之一的"三生石"。石上刻有"三生石"3个碗口大小的篆书及《唐·圆泽和尚·三生石迹》的碑文,千百年来一直为人们讲述着"三生石"的由来。

富家子弟李源因为父亲在变乱中死去而体悟人生无常,发誓不做官、不娶妻、不吃肉食,把自己的家捐献出来改建惠林寺,并住在寺里修行。寺里的住持圆泽禅师很会经营寺产,而且很懂音乐,李源和他成了要好的朋友,两人常常坐着谈心,一谈就是一整天,没有人知道他们在谈什么。

有一天,他们相约共游四川的青城山和峨眉山,李源想走水路从湖北沿江而上,圆泽却主张由陆路取道长安斜谷入川。李源不同意,圆泽只好依他,并感叹说:"一个人的命运真是由不得自己呀!"于是两人一起走水路到了南浦,看见一条船正靠在岸边,一位穿花缎衣裤的怀孕妇人正在河边取水,圆泽看见妇人不禁流下泪来,对李源说:"我不愿意走水路就是怕见到她呀!"李源吃惊地问他原因,圆泽说,"她姓王,我注定要做她的儿子,因为我不肯来,所以她怀孕3年了还没有将儿子生下来,现在既然遇到了,就不能再逃避。现在请你用符咒帮我速去投生,3天以后洗澡的时候,请你来王家看我,我以一笑作为证明。13年后的中秋夜,你来杭州的天竺寺外,我一定来和你见面。"

李源一边悲痛后悔,一边依照圆泽所言为他洗澡更衣,到了黄昏的

时候，圆泽果然死了，他们在河边看见的妇人也随之生产了。3天以后，李源去妇人家看望婴儿，婴儿见到李源果真露出了微笑，李源伤感之余便把一切告诉了王氏，于是王家出钱把圆泽埋葬在山下。至此，李源再也无心去游山玩水，索性回到惠林寺，此时寺里的徒弟才告诉他，圆泽早就写好了遗书。

13年后，李源从洛阳赶到杭州西湖天竺寺，去赴圆泽的约会，到了寺外，忽然听到葛洪川畔传来牧童拍着牛角的歌声："三生石上旧精魂，赏月吟风不用论，惭愧情人远相访，此身虽异性常存。"意思是：我是过了3世的昔人的魂魄，赏月吟风的往事早已成为过去；惭愧让你跑这么远来探望我，我的身体虽变了，但心性却长在。

李源听了，知道是旧人，忍不住问道："泽公，你还好吗？"牧童说："李公真守信约，可惜我的俗缘未了，不能和你再亲近，我们只有努力修行不堕落，将来还会有见面的日子。"随即又唱了一首歌，"身前身后事茫茫，欲话因缘恐断肠，吴越江山寻已遍，欲回烟棹上瞿塘。"意思是：身前身后的事情非常渺茫，想说出因缘又怕心情忧伤；吴越的山川我已经走遍了，再把船头掉转到瞿塘去吧。

歌罢，牧童掉头而去，从此不知去向。

其实，轮回与转世都是佛教的基本观念，佛教认为有生就有死，有情欲就有轮回，有因缘就有果报，所以生生世世做朋友是可能的，永生永世做爱侣也是可能的，当然，一再地做仇敌也是可能的……所以人会在生生世世、永生永世中永处缠缚，不得解脱，唯有放下一切才能超出轮回的束缚。

《圆觉经》中说："一切众生，从无始际，由有种种恩爱贪欲，故有轮回。若诸世界一切种性，卵生、胎生、湿生、化生，皆因淫欲而正性命。当知轮回，爱为根本。由有诸欲，助发爱性，且故能令生死相续。欲因爱生，命因欲有，众生爱命，还依欲本。爱欲为因，爱命为果。"又说："一切世

界，始终生灭，前后有无，聚散起止，念念相续，循环往复，种种取舍，皆是轮回。未出轮回，而辨圆觉；彼圆觉性，即同流转；若免轮回，无有是处。譬如动目，能摇湛水，又如定眼，犹回转火，云驶月运，舟行岸移，亦复如是。"

由此可见，轮回的不只是人，整个世界都处在轮回的宿命之中。大自然的一切都生存于天和地之间，阳光雨露、风霜雨雪滋润着一切生灵，无所偏爱，自然界的一切也遵循着生老病死、春华秋实的生死轮回，没有谁可以特殊，没有谁可以享受超于其他生灵的权利。那么，现代企业是否也处于这种轮回之中？答案是肯定的。当然，企业的轮回与人之生命的轮回有所不同，并不存在过去世、现在世、未来世之说，这里所说的企业轮回实际上是指企业在发展过程中所经历的兴衰沉浮。

名列世界五百强企业的 IBM 曾是美国四大工业公司之一，营业额高达六七百亿美元，职工人数多达 40 余万人。但从 20 世纪 80 年代末开始，它却逐渐陷入困境，从 1991 年到 1993 年间，其累计亏损达到 162 亿美元，几乎每天亏损 1480 万美元。令人惊奇的是，时隔 3 年，IBM 公司即在 1996 年实现了 770 亿美元的营业收入，在收支相抵和扣除所得税后净赚 60 亿美元。

20 世纪 20 年代至 30 年代，IBM 借助其强大的销售力量以及向商界出租打孔计算设备并推销配套打孔卡的经营办法，很快成为当时最有实力的商用设备企业。第二次世界大战临近结束时，世界上第一台电子计算机问世了，宣告了电子数据处理时代的到来。此时，企业管理者敏感地预测到电子计算机将取代机械计算的前景，于是投资开发了 700 系列、650 系列电子计算机，并以其强大的销售服务及高层经理对销售的支持，超越先行者占领了计算机市场。到 50 年代末期，IBM 已经成功地占有了计算机市场 75% 的份额。随后，晶体管和集成电路的发明大大推动了计算机的技术进步，IBM 又投入 4000 人的研究开发阵容和 50 亿美元的开发经费，向市场投放了与原有计算机都不兼容的 360 大型计算

机，重重地打击了包括通用电气公司在内的一系列竞争者。此时，IBM以每月1万美元收费出租的5万台计算机为公司带来了60亿美元的营业收入和9亿美元的净收益，并以70%的占有率垄断了美国大型计算机市场。此后的几十年间，IBM一直在创新和变革中度过，虽然历经几次兴衰沉浮，至今却仍然在商海中独占鳌头。

曾经在美国的经济生活中占有举足轻重地位的安龙公司，从创建到垮台只经历了短短的16年。创办4年后，这家原本名不见经传的公司因为成功占领了北美地区1/5的天然气市场，由此一跃成为全美最大的天然气供应商。从这时开始，安龙公司一发而不可收，其业务范围和规模迅速扩张，在鼎盛时期，其年收入达到1000亿美元，业务遍及美、欧、亚等几大洲，成为世界上最大的天然气供应商和最大的电力供应商。创办15年后，安龙公司的股票价格甚至最高达到过每股90美元。

但是从那时起，安龙公司开始了它盛极而衰的轮回宿命。根据安龙公司2006年10月公布的季度财务报告显示，公司亏损高达6.38亿美元，随后，美国证券交易委员会开始对安龙展开调查。一个多月后，安龙的股价跌到每股不到1美元，在寻求重组和收购失败后，安龙公司正式向法院申请破产保护。

任何事物都会盛极必衰，再辉煌的事业最终也会变得衰弱。一项事业的寿命再长也不过30年，所以，要想在商界立于不败之地，就必须不断地开发新兴产业，进行创新和变革。同时，作为企业的领头人，其领导素质和管理才能也是左右企业兴衰沉浮的关键因素。简单来说，一个合格的企业领头人需要具备以下几种基本素质。

1.聚资能力：无论你是刚开始创业或者企业陷入困境，面临倒闭，还是企业要快速发展抢占市场，你都要解决一个问题——资金。

2.丰富的知识：上知天文地理，下知市井琐事，因为这样可以迅速拉近彼此的距离，建立良好的合作关系；还可以借古通今，有助于对发展趋势作出准确的预测，避免企业走弯路，更可以快速开创企业的创新之路，

因为创新来自灵感,更来自对生活的体会。

3.诚信经营:它是企业发展壮大的必备条件。

明晰自利与利他的关系:"眼前利益"与"长远利益"是每一个企业管理者都会遇到的抉择。很多时候,管理者在舍弃"眼前利益"的同时,都以为自己放弃了一次自利的机会,殊不知,这种利他的行为其实正是为自己创造更多的自利机会,能够适当地吃点儿亏,企业才会走得更加长远与平稳。

第六节　佛理深湛:
　　圆融境界,管理重在灵活变通

□ **核心提示**

> 如来观地水火风本性圆融,周遍法界,湛然常住。
>
> ——《楞严经》

"圆融"一语,很难找到相对应的梵、巴原语,亦非中国诸子百家古籍中本有的词语,是中国佛教理论家所独创的词汇。《辞源》中对此的解释是:"圆融,佛教语。破除偏执,圆满融通。"圆,《说文》中释为"圜全也",圜则"天体也",是则"圆"字之义,是像天一样完全。"融"字早见于《左传》等,《辞源》中对其的解释有明亮、融化、流通长远、和谐等义。圆与融组合在一起,字面含义基本为圆满融通,有整体无亏、无滞碍、不偏执、消融一切矛盾、和谐和解的意思。

在佛学中，圆融更有其特定的深刻意蕴。《佛光大词典》中解释说："圆融，谓圆满融通、无所障碍，即各事各物皆能保持其原有立场，圆满无缺，而又为完整一体，且能交互融摄，毫无矛盾、冲突。相互隔离，各自成一单元者称'隔历'；圆融即与隔历互为一种绝对而又相对之对立关系。"

应该说，这一解释相当准确，然而就天台宗、华严宗等宗学而言，圆融的究竟义，是包纳、含摄、融通一切隔历的，是隔历与圆融不二、超越一切分别的圆融。与圆融相近的术语为"融通"，为融会、融合、消除矛盾与障碍之意。

一根木棍扔到河中，如果它能永远漂流在河的中央，那么总有一天它一定可以到达大海，但是永远让它保持在中央的位置，这是一件很难做到的事情。于是我们便只能退而求其次：只要这根木棍能不搁浅在左岸，也不搁浅在右岸，不沉入海底，也不被人捞走，那么它在漂流时的上下浮沉、左右摇摆都是可以理解和接受的，只要它最后能够到达大海。做人也是一样，既要方正，又要圆融；既要灵活，又要有原则，不能灵活而无原则，也不能只有原则而不灵活。

圆融并非奸诈狡猾，而是学佛人的一种功德圆满、成就人生的境界，也是一种你中有我、我中有你、融合贯通的处世态度，提倡的是一种"方而不怪、圆而不滑"的处世原则。在企业的运营和管理中，圆融同样是极其重要不可或缺的，它代表的是一种灵活变通的管理智慧，特别是在危机管理方面更显重要。

危机管理，既是一门科学，又是一门艺术。事实上，从危机事件爆发前的预防、危机事件发生后的应对和危机后期处理环节，既要遵循一些危机管理的基本程序和规则，又没有绝对统一的模式可以照搬，因此，企业危机管理和危机公关，既是关系到组织生存与发展的严肃话题，又给管理者们提供了一个管理智慧和创新才能发挥的广阔空间。

在危机面前，管理高手们往往能结合事态形势的变化、组织自身优弱势、内外部资源条件等进行灵活的处理和应对，不仅能够力挽狂澜，成

功跨越危机，甚至还能获得变危机事件为企业形象提升的良好契机。这是因为在危机发生后的一段时间内，媒体和公众的目光总是会被高度吸引，这对一个企业来说，实际上是一种不可多得的外部传播资源。优秀的企业管理者往往在这方面有惊人的表现，例如抓住合适的时机转移公众的目光或者借力发挥，找准新闻点制造出另外一个公关事件，迅速提升组织和品牌形象……

2008年，广州某刚开业才3个月的农贸市场内散发着一股臭味，市场内生意惨淡，没有人愿意去恶臭味的市场里买菜，最后，摊主们决定找市场管理部门协商此事。市场管理部门领导面对摊主们激动的情绪，他保证一定会在短时间内给摊主们一个满意的答复。

市场管理部立刻让人着手彻查原因，最后得出结论：当初修建的一个污水渠道塌了，污水都渗透在地下，流不出去，加上天气太热，恶臭味随着热气很快地散播在市场里。市场管理部让人连夜修理污水渠道，两天后，污水渠道修好了，市场里的恶臭味也随之散去。可是，经过这番劫难的市场就像大病初愈的人一样没有精神，来市场里买菜的人也是寥寥无几。

市场管理部和摊主们商量了之后，决定免去摊主们3个月的摊位费，将摊位费补贴给摊主们用来降低蔬菜价格便于促销。市场管理部将促销的消息登在了当地的报纸上，立刻引起一阵销售狂热，农贸市场里面立刻人头攒动，市场也恢复了以往的繁茂。

万事万物时刻在变，世界上没有理所当然、一成不变的事物，一切都可能在瞬间发生，也可能在瞬间丧失。文化、信息、知识等也都是随着时空和情境的变化而变化的。而环境不但会改变文化，同时也会改变人的价值判断——过去正确的事情现在可能是错误的。如果环境变化了，人却不知道变通，那么你所拥有的文化、信息、知识就会成为僵化无用的东西，因此，管理者必须随时适应环境的变化，做到圆融变通、与时俱进，在变化的环境下随时变通管理的方式，使企业在圆融中走向成熟、走向辉煌。

第七堂管理课

以平待众，
勿用有色眼镜看他人

有一天，提婆达多生病了，很多医生来治病，但都无法把他医好。身为他的堂兄弟，佛陀亲自来探望他。佛陀的一个弟子问他："您为什么要帮助提婆达多？他屡次害你，甚至要把你杀死！"

佛陀回答说："对某些人友善，却把其他人当做敌人，这不合乎道理。众生平等，每个人都想幸福快乐，没有人喜欢生病和悲惨，因此我们必须对每一个人都慈悲。"

于是佛陀靠近提婆达多的病床，说："我如果真正爱始终要害我的堂兄弟提婆达多，就像爱我的独生子罗侯罗的话，我堂兄弟的病立刻会治好。"话音刚落，提婆达多的病就立刻消失并恢复了健康。

佛陀转向他的徒弟说："记住，佛对待众生平等。"

佛教教义不要求人绝对服从于某种意志或力量，在佛教中，没有创世者与被创造者，没有领导者与被领导者，佛教中，佛与佛教徒的关系只是先觉与后觉、师与徒的关系。《阿含经》中说，佛陀释迦牟尼在创立了僧团组织后，也没有以领袖自居，而是把自己当成僧团中的一员，与普通僧众一起持钵乞食、赤足云游。佛陀之所以提倡众生平等，按佛经佛理所言，是因为众生皆有佛性，与佛本来就是平等一体的。按现在的通俗说法就是，每个人在这个组织中都是平等的，只是在组织中的分工不同。佛只存有大慈大悲之心，而绝无主宰支配众生的意图。而在佛教徒心目中，佛虽然福慧双圆、神通广大、自在逍遥、至尊无上、功德无量，却毫无领导者、主宰者的威慑性，而是可亲可敬、可学可效的。在佛教中，佛与人没有不可逾越的界限，人人皆可成佛，因此可以说，众生平等是佛教的基本精神和一大特质。

对于企业管理而言，众生平等也应该作为其基本精神之一，积极倡导企业内部员工平等相待。企业的创立者并非绝对神圣，当然，作为最早为该企业寻找到生存和发展的途径并引导企业进一步发展的重要角色，他可以获得应有的尊重和地位。企业的各级领导者是各级团队中具有不同分工、承担不同任务的普通一员，领导者不是带领团队去执行他所决策

和定义的工作目标，而是与团队的其他人员一道去共同实现大家所认可的工作目标。每位员工都有权利和义务去定义所属团队的目标，也有权利去否决他所在团队的工作目标。除平等相待以外，企业还应该尊重每位员工在企业中的发展权利，将这一点体现在企业管理中，就是要突出每位员工无论资历深浅、能力大小，只要自己不断努力，都有可能成为领导的观念。如果一家企业的每位领导都是帮助员工成功的兄弟和朋友，每位员工都希望成为领导，以便帮助更多的员工成功，这样的企业就没有理由不发展壮大。

第一节　佛陀诚不我欺：
一切众生兼具佛性

□ 核心提示

　　一切众生悉有佛性，如来常住无有变易。

——《大般涅槃经》

　　"一切众生皆有佛性"是中国佛教中一个至关重要的理论问题，它把成佛的可能性交给一切众生，保证了一切众生都有成佛的可能，从而使佛教更加具有了普遍意义。所谓"一切众生皆有佛性"，意思是说，一切众生都先天具有成佛的因性种子、都具有成佛的可能性，而佛性同时又是常住不变的。《大般涅槃经》更是集中体现了"一切众生皆有佛性"的根本思想，一般被称为"涅槃佛性论"。

当年释迦牟尼佛在菩提树下成佛，为大地众生宣说"一切众生皆有佛性"，就佛教缘起法的特质而言，"此有故彼有，此生故彼生，此无故彼无，此灭故彼灭"就是佛法的根本理则。佛教缘起法的理则是佛教各宗派所共识与共许的，更是不容忽视的佛法要义。在《六祖坛经》中，自性佛性、般若之智和菩提之觉是一而三、三而一的概念，人人本具。"我心自有佛，自佛是真佛"；人人平等，"当知愚人智人，佛性本无差别"，而且"若识自本心，见自本性，即名大丈夫天人师佛"，即人人皆可成佛。

南阳慧忠禅师是牛头宗之祖师，唐肃宗、唐代宗都曾封他为国师，唐高宗还曾经跟随他求受五戒，武则天则是请他至宫中宣讲华严要义。传说慧忠圆寂时，有瑞云覆盖精舍，空中又传来天乐之声，而后慧忠安然而逝。一时之间风雨交加、震折林木，接着有白虹横贯山岩溪壑之间，颇为神奇。

话说南阳慧忠国师感念身边的侍者为他服务了30年，想对他有所报答，助他开悟，于是这天便呼唤道："侍者！"

侍者一听国师叫他，立刻回答："国师！做什么？"国师无可奈何地说："不做什么！"

过了一会儿，国师又叫道："侍者！"侍者立刻回答："国师！做什么？"国师又无可奈可地说，"不做什么！"

如是多次，最后一次国师对侍者改口叫道："佛祖！佛祖！"侍者茫然不解地反问道："国师！您叫谁呀？"

国师不得已，就直白地开示他说："我在叫你！"侍者不明所以地回答："国师！我是侍者，不是佛祖呀！"

此时，慧忠国师只得对侍者慨叹道："你将来可不要怪我辜负你，其实是你辜负我啊！"

侍者仍是丈二和尚摸不着头脑："国师！不管如何，我都不会辜负您，您也不会辜负我呀！"

慧忠国师无奈道:"事实上,你已经辜负我了。"

禅门讲究"直下承担",所谓心、佛、众生是三者无差别,众生都是佛祖,而侍者却只承认自己是侍者,不敢承担佛祖的称谓,这自然是大大地辜负了慧忠禅师的一番良苦用心。

古往今来,小到个人的利害得失,大到国家的祸福安危,人们对命运最多的感叹便是埋怨命运不公平、际遇不平等。早在文艺复兴时期,资产阶级思想家就提出了天赋人权的思想,到了十七八世纪,一些启蒙思想家更是进一步提出了天赋平等论和自然平等论。

资产阶级革命胜利后,"法律面前人人平等"的原则在资产阶级宪法性文件中得以确认,例如 1789 年法国的《人权宣言》,其中第一条规定就是:"在权利方面,人们生来是而且始终是自由平等的。"美国第 3 任总统杰斐逊也曾在《独立宣言》中指出:"人生而平等。由于人生而平等,他们都享有固有的、不可剥夺的权利。"

当然,彼时的平等精神宣扬的是"每个人生来平等,没有高低之分,没有贵贱之别"的思想,不管你是亿万富翁还是失业工人,你都拥有均等的机会和相同的政治权力;而现代化的平等观念则是以人类不分性别、不分种族、不分国籍,一律平等为目标;至于企业管理中的平等,是指虽然每个员工的岗位、职责、权利有差别,但每个人在企业中都有参与权,不可被剥夺。

因此,企业管理者与员工的关系自然也不能被理解为"老子管儿子"的关系,而应理解为:管理者有其职责,员工也有其职责,只是各在其位、各谋其政、各尽其职而已。

据说,在美国的餐馆里没有雅间,要是在美国有哪个餐馆开辟个雅间专门接待有钱人,老板就得按歧视罪被处罚。

在企业中,平等管理的基本原则是尊重人、尊重人格、尊重人性;在管理方面人人平等,在责任方面同样人人平等。这一点看似容易,但真正

做到却很难,特别是在特权思想、皇权意识的余孽还在蔓延的今天,只有真正优秀的管理者才会懂得"平等"二字的真谛和作用。

从企业的人才机制来看,"众生皆有佛性"还体现出另一种管理智慧,即管理者如何识才、出才、用才。不可否认,在管理高手的眼中,企业中的每个员工都是人才,都有可取之处,即便现在不是,经过严格的培训也会成为人才,彰显出自身独特的才华,为企业的发展贡献自己的能量。从这一点上来说,海尔集团为所有的企业树立了一个良好的榜样。

"人人是人才,赛马不相马",这是海尔独具一格的识才之道。海尔认为:"传统的相马机制主要依赖伯乐的眼光,对于千里马来说,命运掌握在别人手里,十分被动;而赛马机制则打破了人们对伯乐的依赖性,改变了千里马的命运。"基于此认识,海尔的管理层认为企业不是缺少人才,而是缺少出人才的机制,只要给予员工一定的机会和成长的空间,人人都可以成为人才。因此,海尔摒弃了传统的"伯乐相马"式的人才选拔机制,而是将企业变成了一个可供所有人驰骋的"赛马场",所有岗位都可参赛,岗岗是擂台,人人可升迁。

海尔的"赛马"机制体现了企业公平竞争、任人唯贤、人职匹配、人尽其才、合理流动和动态管理的管理思想。正是因为有了这种全面的人才机制,所以在海尔内部,人才辈出。许多年轻人从基层岗位做起,最后凭借能力和业绩一步步走上了领导岗位。例如海尔集团的常务副总裁柴永森,他在海尔的成长经历就为这一管理机制提供了很好的佐证。

20 世纪 80 年代中期,柴永森在海尔发展急需人才的时候进入企业,从基层干起,先后在国产化、引进办、进出口公司等部门工作。由于业绩突出,1995 年被委以重任,接收了一个被兼并的大企业,一年后就使这个企业扭亏为盈。2000 年,他竞聘成为海尔的常务副总裁,被誉为"给他一块沙漠,还你一座花园"的好干部。

海尔的这种管理机制不但可以让有能力的人脱颖而出,承担更为重要的责任,更重要的是,这种"人人是人才"的管理理念使得管理人员充

分认识到自己在开发人力资源方面的重要责任。既然人人是人才、人人能成才，那么，如果出不了人才、用不好人才，追根究底就是管理者的责任，管理者必须为企业缺乏人才的现状承担相应的责任，所以在海尔，"缺乏人才"也就无法再成为管理者工作失败的托词和借口。

"先造人才，再造名牌"，这是海尔的出才理念。海尔认为，有什么样的人才，就有什么样的事业，人才是海尔崛起、成功的基础。海尔集团从一个1984年亏损147万元、濒临倒闭的小厂发展成为2001年全球营业额达602亿元人民币、誉满全球的国际化企业集团，究其原因，正是得益于企业管理者"人才为先"的育才意识。这其中，建立"出才机制"是海尔出才之道的精髓："企业的成败靠的是人，有高素质人才就可以在竞争中获胜；但作为一个企业领导者，其任务不是发现人才，而是建立一个可以出人才的机制，这个机制自身就能源源不断地产生人才。"海尔坚信，要想把企业建设成国际化的名牌，每一个员工首先应该成为国际化的人才。为此，海尔集团提出了"国际化的企业，国际化的人"的人力资源开发目标，为企业培养真正具备国际化素质和国际竞争力的人才。而海尔之所以能够成功地实施国际化战略，原因也在于企业管理者事先就打造好了一批具有国际化素质和国际竞争能力的人才。为了实现这个目标，海尔还专门筹资建立了用于内部员工培训基地——海尔大学，要求每位学员必须抱着创新的目的到大学学习，通过案例互动的方式与老师、同学一起探讨问题并找出问题的规律，然后再回到实际工作中确定新的创新目标，在新的层次上再进行创新，从而形成不断循环、螺旋上升的学习氛围。其后，海尔为了适应国际化战略发展的需要，又投资兴建了海尔国际培训中心，作为海尔集团培养国际化人才的基地。

"人才是激励出来的"，这是海尔的用才理念。海尔认为，激励是提高员工素质最有效的手段，因此，海尔要求管理者研究人才的激励机制，而不是具体的个人，力求建立一套能充分发挥个人潜能的机制，给每个员工提供充分实现自身价值的空间。此外，"即时激励"也是海尔用人理念

中非常关键的一环,旨在充分挖掘和发挥员工的积极性和创造性,例如,海尔为了鼓励员工搞技术发明,颁布了《职工发明奖酬办法》,设立了"海尔奖"、"海尔希望奖"、"合理化建议奖"等奖项,根据员工为企业创造的经济效益和社会效益,分别给予奖励。

在企业管理人员的培养方面,"沉浮升迁机制"可谓是海尔用人、育人的一大特色,例如,一个员工进厂以后表现良好,于是从班组长被提升为分厂厂长,也许经过一段时间后,又会被提升为某个事业部的部长,此时,问题就来了。由于这个员工一直在生产系统工作,缺乏丰富的市场经验,那么他就需要先到市场中去锻炼,不过必须要从最基层的工作做起,然后再一步步干上去。在这期间,这个员工如果有能力胜任工作,则顺利上岗;如果干不好这份工作,则就地免职。所以在海尔,每一个部门的管理者都具有极出色的综合能力,而这种综合能力皆是在这种强压下锻炼出来的。

作为人,不论是"理智的"、"幸福的"、"愚蠢的"还是"不幸的",都应该享受到民主和平等。民主是一种权利,而享受自由、平等则是一种人格地位。从某种意义上来说,使企业发展的最重要因素不是尖端科技,而是人。人是创造的本源,要想创造最大的利益,就应该牢牢把握员工的思想和情感,这也意味着你把握住了管理的真谛。

民主平等是企业建设和管理的一杆秤,谁能够成功地把握,谁就会获得丰收。

第二节　佛陀诚不我欺：
三无差别，打造分享型价值观

☐ 核心提示

如心佛亦尔，如佛众生然，心佛及众生是三无差别。

——《华严经》

　　"心、佛、众生三者毫无差别"是佛教平等观的体现：佛就是众生，众生就是佛，其差别只在"迷悟"两个字，迷失了自性就是众生，体悟到自性就是佛。

　　佛教的平等，即"无差别"，追求的是终极意义上的平等。"心佛众生三无差别"是对众生的内在诉求，是全面的平等，其作用在于破除人们对世间种种假象的谬见以及对自我的偏执，从而获得彻底的觉悟：一切差别不过是象、幻妄也，而在"缘起"的层面上是无差别的、一如的；要心胸开阔，不要囿于自我；要自我，必须"无我"，因为人类是休戚相关的。

　　平等观是佛教的重要观照法门，同时又是悟道后的一种体验。所谓平等的观照，就是要学会舍弃这一起差别相而体悟事物的共相——"空性"，进而达到万法一如的涅槃境界。而一旦觉悟之后，则大千世界的一切也平等无差别地展现在我们面前："一花一世界，一叶一如来"是空间上的平等；"三世平等"是时间上的平等；在人我上、众生上则是"一切众生悉皆平等"，非但众生平等，而且"心、佛、众生三无差别"。

"平等"是佛教大力弘扬和提倡的一个重要理念，是佛教的世界观、人生观和价值观的重要内容。佛教的平等，是指一切现象均平等，没有本性、本质、高下、浅深的差别。佛教还特别突出宇宙间的一切生命的平等，不仅强调人与人、人与其他生物的平等，还强调人与佛的平等。概括起来说，佛教"平等"的含义应有4个层次：

其一是人与人之间的平等。 早在释迦牟尼建立僧团时，就确立了"六和敬"的平等原则，即见和同解、戒和同修、利和同均、口和无诤、身和同住、意和同悦。释迦牟尼也反对社会的不平等制度，《增一阿含经》中就曾记载："我法中有四种姓，于我法中作沙门……犹如彼海，四大江河皆投于海而同一味。""种姓"是指具有共同血统和养成共同习俗的人，在这段经文中具体是指古印度社会的等级制度，包括婆罗门、刹帝利、吠舍和首陀罗4种姓。佛教认为，4种姓是平等的，犹如所有的江河最后都会流归大海一般，反对以种姓、等级评论人的高下、贵贱，而强调以道德、智慧的修持素质来进入人生的理想境。佛教的"4种姓平等"的主张体现了人权平等的思想，可以说是古印度反对种姓歧视和阶级压迫的特殊的人权运动，是与现代社会的人权平等的要求相一致的。

其二是众生平等。 佛教把宇宙间的生命体分为10类，称"十法界"，通常以十法界中佛以外的从菩萨到地狱的9界，尤其是从天到地狱的6道为众生。佛教认为，不同众生虽有其差别性，但众生的生存、生命的本质是平等的，并强调一切众生悉有佛性，即在成佛的原因、根据和可能性上皆是平等的。

其三是众生与佛的平等。 佛教宣传生佛不二、生佛一如的思想，认为众生与佛在本质上都具有佛性，迷惘的众生并不会因其迷惘而使佛性消失，觉悟的佛也并不会因其觉悟而使佛性增加，就同样具有成佛的可能、基础这个层面来说，众生与佛是平等不二的。

其四是众生与无情的平等。 "无情"，通常指无情感意识、不具精神性的东西。中国佛教天台宗宣扬"无情有性"说，认为草木花卉、山川大地也

都有佛性，大自然的鸟语花香、风动水流都是佛性的体现。从"众生皆有佛性"这一点来说，无情之物与众生并无本质区别，彼此是平等无二的。应当说，这是佛教对自然界生物和无生物的尊严的确认，更是对自然界万物的敬重、悲切和摄护。

唐代高僧慧沼曾在《金光明最胜王经疏》卷二末载道："'直心以何为本?'答:'以于一切众生平等心为本。'此意怨亲有情之所等心悲愍故。"一切众生皆平等，没有远近、亲疏、恩怨的分别，一概一视同仁，这种平等心是一种极高尚的心理素质和精神境界，特别是在国家大力提倡"保持社会经济可持续发展"的今天，这种平等观念可以说是实现经济可持续发展的重要条件。

推进科技进步、合理利用科技成果、合理利用各种有限的自然资源、在国家内部和国家之间平等分配收入和财富、在社会生产部门之间和国家之间展开公平竞争、建立完全公正合理的金融体制、消除愚昧无知、大力培养人才资源……可以说，所有这些实现经济可持续发展的条件都离不开人的平等观念，离不开人与人、国与国的平等关系。缺乏平等观念的支撑、平等关系的建立，必将阻碍经济的可持续发展。同时，组织能力的缺失也是一直困扰一些企业发展的一大问题，这种缺失会带来3个严重问题：一些企业不容易长大；一些企业在全球产业链的地位问题；产业选择带来的独特业务风险。例如华人企业出于组织能力的限制，选择的产业往往是一种"关系密集型产业"，因此，当人事关系发生变化的时候，企业就会面临巨大的业务风险。

为了解决这个难题，众企业可说是应对之道各异：有的凭借创始人的领袖魅力弥补组织能力，有的推行军事化管理，有的大力推行企业文化，试图把企业变成大家庭，有的照搬源自跨国公司的规范化管理……欧洲工商管理学院组织行为学博士肖知兴也在自己的著作中对中国企业的组织问题进行了分析，认为中国企业组织能力的发展经历过这样3个阶段：第一阶段是基于私人关系的原始组织，第二阶段是基于军事化

控制和洗脑式文化的机器式运作的低级组织,第三阶段则是真正具有国际竞争能力的智慧型组织,而智慧型组织的价值核心就是"平等"二字。

实际上,管理企业的核心道理就是"把人当人看"。成功企业家的特点在于,他们不仅仅满足于简单地诉诸经济激励机制,而是能够深入到精神层面,和他们的员工展开精神上的对话,形成共享的价值观,从而真正发挥企业经济激励机制的效用,促进企业全面合作机制的开展,在此基础上实现组织的成长。一些企业之所以不容易长大,多数是因为其组织缺乏可延展性和可复制性,而导致这种情况发生的原因是某"特殊主义"文化传统:每个人都有特殊情况,需要区别对待。这种文化传统给企业组织造成的障碍就是,企业需要耗费许多人力和时间去处理这些特殊情况带来的种种利益分配、内部冲突、员工情绪、团队合作等问题。更严重的是,这种"特殊主义"的文化传统不仅会把工作之外的各种关系带进企业,还会通过"人际交往"这一途径在企业内部形成各种非正式的关系网络,极大地影响了企业的正常发展。

虽然许多人都认为,一些企业在全球产业链中与跨国公司的差距主要在于品牌和研发实力,但究其根本原因还是组织能力。不可否认,产品研发和品牌树立需要花钱,但更需要信任,需要一种超越小圈子的、基于抽象原则的组织能力,这些抽象原则其实就是一些简单的处理人际关系的核心价值观,比如平等、合作、分享,等等。

一些企业的"特殊主义"文化传统使得原始的个人关系成为最基本也是很重要的组织手段之一,相当多的企业并没有脱离依靠私人关系的阶段。原始组织的本质是把人当奴才,初级组织的本质是把人当机器,而智慧型组织与原始组织、初级组织的本质区别就在于:对原始组织和初级组织而言,组织只是创始人或控制人的放大,本身并没有获得生命,还不是一个独立于创始人存在而存在的实体,而智慧型组织则开始有了自我意识,能够实现自我分析、自我调整、自我更新。成熟的智慧型组织应该是由 3 个层面组成的:第一层是基础,即基于共同的价值观的分享机

制，包括精神资源的分享、能力的共享和财富的共享；第二层是中间结构，包括正式的制度和非正式的全面合作文化；第三层是机制，即组织不断学习、实现能力的自我更新的机制。

智慧型组织的核心与基础是"基于平等精神的分享型价值观"，这与一些企业独有的"牺牲型价值观"有着本质的区别。"牺牲型价值观"的本质是既得利益者或所谓的强者为达到自我利益最大化而单方面对他人提出的奉献、牺牲的道德要求；而智慧型组织的管理理念是"不讳言个人利益，平等、尊重、信任、分享，奉献者定当得到合理的回报"。

除了"精神的分享"之外，智慧型组织还应该确保员工能够获得"能力的分享"和"财富的分享"。能力的分享主要是指企业通过遴选、培训、考核、职业生涯规划、辅导计划、继任计划等人力资源管理方法，帮助员工系统地提高个人能力；财富的分享则包括工资、奖金、股份、福利等报酬手段。通常来说，技术密集型、智力密集型的企业常常依赖于员工的创造力和主动性，这种产业特征也就决定了企业在发展过程中必须采用分享机制来发挥员工的积极性，而逐渐完善的分享机制反过来又给员工积极性的发挥提供了一个巨大的空间，促进了企业竞争力的提升。

智慧型组织的上层建筑是"自我更新机制"，这是一种将企业的正式制度体系和全面合作文化之间进行联结与沟通的机制，也是一种双向的沟通，一方面是把员工为了应付各种无法预料的情况所采取的非正式做法固化为企业的正式制度；另一方面是对制度做出调整，把决策权交给员工，让他们根据各种实际情况做出最符合企业利益的判断。

中国近代一直在向西方学习，并经历了从器具层面如"洋务运动"到制度层面如"戊戌变法"，最后到文化层面如"五四运动"的过程。但一些企业在学习西方企业的过程中却只看到了器具层面，即技术、工具、概念等方面，而没有看见或看清楚其背后的制度层面，即产权、组织、激励等方面，更没有看见深藏其中的精神层面，即价值观、预设、信仰等方面。诚然，中国企业在组织管理的器具层面或许可以全盘西化，如果加以努力，

达到制度层面也是指日可待，但唯独精神层面的问题却很难靠全盘西化解决，必须反求诸己，回到传统中去寻找力量的源泉，因为在正式的制度与全面合作文化两者之间，后者更为重要。全面合作文化可以推出正式的制度，而正式的制度却未必能够推出全面合作文化。

第三节　佛陀诚不我欺：
众生平等，"无形之手"有真谛

□ 核心提示

佛经有云：众生平等，下下人有上上智，求道者不可轻于初学。

宋代僧人清远说："若论平等，无过佛法，唯佛法最平等。""平等"是佛教大力弘扬和提倡的一个重要理念，是佛教的世界观、人生观和价值观的重要内容。佛教的平等，是指一切现象均平等，无本性、本质，乃至高下、浅深的差别。佛教还特别突出宇宙间的一切生命的平等，不仅强调人与人、人与其他生物的平等，还强调人与佛的平等。

佛教认为，若能体悟自、他众生一律平等，即成就了"平等智"。以平等智慧去观照众生、观照事物，称为"平等观"。平等观主张一切事物的本质为"理"，一切事物的现象为"事"，理为平等，事是差别，而理与事、平等与差别两者"相即"，构成为理即事、事即理的平等观。一切众生平等，没有远近亲疏恩怨的分别，一概一视同仁，这种平等心是一种极高尚的

心理素质和精神境界。因为有了平等心，同时也就生起了慈悲心。平等是慈悲的思想基础，慈悲是平等的道德体现。

唐代释道世在《法苑珠林》中说："菩萨兴行救济为先，诸佛出世大悲为本。"中国佛教历来推崇慈悲精神，视慈悲为最主要的伦理原则，奉菩萨为理想人格的化身，以救度一切众生为最高愿望，正如《大乘起信论》所说："众生如是，甚为可悯。作此思维，即应勇猛立大誓愿，愿令我心离分别故，遍于十方修行一切诸善功德。尽其未来，以无量方便救拔一切苦恼众生，令得涅第一义乐。"

中国佛教的平等慈悲伦理原则的实践特点是：不杀生、布施和报恩。

不杀生，主要指不杀人，也指不杀鸟兽虫蚁，还指不乱砍草木等。中国佛教还特别反对战争和刑杀，并提出断酒肉、吃素食和放生等主张，体现了一种尊重生命、保护生命的生命哲学。

布施是大乘佛教最重要的修持方法，它要求佛教徒以自己的财力、体力和智力去救助贫困者和满足需要者，并强调应以净心布施，即不带任何利己动机，认为这样才是真正的布施。

报恩是强调报四恩：父母恩、众生恩、国土恩和佛、法、僧三宝恩。父母有生身养育之恩，众生有无始以来经转百千劫，而于多生之中互为父母之恩；国土使人有所依附之恩；三宝有救度众生脱离苦海不可思议之恩。因此佛教认为，对所受的恩惠、恩德给予回报，是一种应尽的义务和高尚的德行。

佛教的平等慈悲思想所体现的是一种博爱精神。这种博爱不仅限于人类，而且涵盖一切有生之物。这种博爱以普度众生同得解脱为最高目标，是一种伟大的爱、崇高的爱，是令人景仰、感人至深的爱。按照佛教的缘起说要义来看，没有任何事物可以离开因缘而独立存在，同样，每个人也都与其他众生息息相关。从三世因果关系来看，其他众生在往世可能就是自己的父母或兄弟姐妹等亲人。这种人与人、众生与众生的密切相关性，正是平等思想的出发点。佛教的这种博爱精神甚至超过了儒家

"仁"的范畴,具有更广泛的文化价值。众生平等的思想,对古代中国盛行的不平等的等级制度是一种巨大的冲击,对上下有别、尊卑有序的封建礼制更是一种有力的挑战,因此,佛教的众生平等思想深受古代中国下层平民的欢迎,决不是偶然的。

佛教的平等思想体现了生命观、自然观与理想价值观的统一,强调宇宙间一切生命的平等,关爱生命、珍惜生命、尊重生命;又主张无情有性、敬畏自然、珍爱自然、摄护自然,这些都表现出了佛教平等思想意义的广泛性和普遍性。

《禅宗公案》中有这样一个故事。

一日,义存禅师问众僧人:"此水牯牛年岁几何?"众人不知其意,默不做声。

义存禅师自行答道:"七十九也。"(禅师时年 99 岁)

一僧人曰:"大师为何要做水牯牛?"

禅师答曰:"又有何不好?"

故事虽然简短,但其中蕴涵的寓意却无比深刻。义存禅师看出手下弟子有贵贱之分、凡尘未除的思想,故而自作比喻,诱导弟子借机宣讲佛法,佛门主张万法平等,众生平等,义存认为将自己视为大自然中平凡的一员,哪怕做个水牯牛也没什么不好。推而言之,难道做官就高贵?做平民就下贱?其实,真正达观者皆不以"牛"为耻。

中国香港佛教僧枷学院副院长觉真法师, 自 2001 年起就经常奔波于香港和内地之间, 为内地几所著名高校的 MBA 课程或者 CEO 班讲授有关佛教与企业管理的课程,谈到众生平等思想与现代企业管理之间的联系时,他总是喜欢向台下的管理精英们提出同一个问题:英国经济学家亚当·斯密有一个"看不见的手"的著名论断,描述市场经济当中人们如何相互作用。有没有人想过,"手"到底指的是什么?

当然，"看不见的手"是一个隐喻，亚当·斯密只是用它来描述这样一种原理：由于个人行为的非故意的结果，一种能产生善果的社会秩序出现了。于是，面对觉真法师的问题，精英们的回答各种各样，而觉真法师的答案是：这是合起来的一双手，就是双方有利、双方得益、双方利益的平衡。双方就是买者与卖者、企业与顾客。做生意的全部学问中的实质，就是对人的理解和尊重，按照佛家的理论就叫众生平等，即双方的关怀平等、利益平等，或曰"不二法门"，即买卖双方是一个整体，利益不二、共生共存不二。

也许有人会问，真的会有哪家企业的管理者会秉持众生平等、利益平等的精神来管理企业、对待员工吗？答案是肯定的，比如美国搜索引擎巨头谷歌（google）的管理者。

对于一个上市不到3年、股价增长近5倍、创造出1000多亿美元市值的公司来说，它的管理者会拿到怎样一个天文数字的高薪应该是许多人都十分关心的问题。而事实上，根据谷歌公司提供的一份财务报告显示，谷歌现任首席执行官和公司的两名共同创始人在2006年整年的薪水只有1美元。

这3个人分别为谷歌现任首席执行官埃里克·施密特、公司创始人拉里·佩奇和谢尔盖·布林。3个人2006年全年从公司获得的总收入分别为55.74万美元、3.85万美元和1724美元。其中，3个人的薪水均为1美元。

由于施密特担任首席执行官，因此他从公司获得的收入高于两名创始人，但在这55万美元的收入中，有53万多美元是个人安保补贴；佩奇的总收入虽然高于布林，但绝大部分收入也为个人交通补贴；布林的收入更是只包括1美元薪水和1723美元奖金，其中包括1000美元休假奖金。

不过，他们确实有底气接受这种相对较低的待遇，因为，如果把他们手中持有的公司股票资产一并计算的话，他们每个人都拥有富可敌国的财富：根据《福布斯》杂志的最新排名，布林和佩奇以166亿美元的身家

并列美国亿万富翁排行榜第 26 位，施密特则排在第 116 位。

这个结果也许会让许多人感到非常惊奇，年薪 1 美元的企业管理者?这根本是无法想象的事。不过这正是谷歌公司几位高层管理者一直追求的管理目标——始终在公司内部倡导一种平等主义的氛围。自 2004 年 8 月上市以来，这 3 名公司高管除公司开出的象征性收入外，拒绝接受更多薪金待遇。在这种"众生平等"的企业氛围中，不管公司高层还是普通职员，谷歌 1 万多名员工每年享受到的休假奖金均为 1000 美元，而这 3 位高管似乎尝到了平等主义给企业带来的"甜头"，因为根据谷歌公司提交给证券交易委员会的报告，公司决策层已经同意在 2007 年继续"享受"全年 1 美元的薪水待遇，拒绝"涨薪"。至于这个"甜头"到底有多"甜"，只要看一看员工们热情饱满的工作态度和满面春风的笑容就能够窥见一二了——除施密特、佩奇和布林外，谷歌公司已经有几百名员工成为了百万富翁。

正如思科系统(中国)网络技术有限公司的管理者所说的那样："当你身处这样一个工作环境——你的办公室与领导办公室面积同样大小，并且你坐在采光度良好的窗前，而你的领导坐在办公室中间的位置；无论职务大小、出差公干一律乘坐经济舱，没有特殊；无论你在全球哪个角落，都能享受到公司无处不在的医疗照顾和资源支援；你总是能够从公司的内部网络学习到各种各样的新技术；你可以不受约束地选择工作方式和地点，只要你能完成工作，没有人对你指指点点，你就是一名领导者，等等，我想你应该可以感受到一种尊重。"

有鉴于此，我们可以看出，众生平等的管理概念是指，在企业中虽然每个人的岗位、职责、权利有差别，但上岗的机会是平等的。从管理的角度来讲，人人是平等的，每个人都有自己的责权利，这也是平等的。在企业的活动中，每个人都有参与权，不可被剥夺，这也是平等的；每个人发表自己意见的机会与权利、按自己权责进行管理与决策都是平等的。因此，上、下级岗位职责管理关系不能被理解为上一级岗位的人管下一级

岗位的人，而应理解为上一级岗位的职责管理下一级岗位的职责、上一级岗位上的人只是执行职责的实施者而已。因此，人与人之间的差别只体现在责权利上。而对责权利来说，每个人都对自己的责权利负责，这同样是平等的。

平等管理的基本原则是尊重人、尊重人格、尊重人性。在管理方面人人平等，在责任方面同样人人平等。

第四节　佛陀诚不我欺：去神圣化，团队第一，个人第二

□ 核心提示

佛经曰："佛向菩萨和比丘等说法时，常有天龙八部参与听法。"

据《法华经·提婆达多品》中记载："天龙八部，人与非人，皆见彼龙女成佛。""非人"是指形貌似人而实际不是人的众生，天龙八部都是非人，包括8种神怪。因为以"天"和"龙"为首，所以称为"天龙八部"。八部者，一曰天，二曰龙，三曰夜叉，四曰乾达婆，五曰阿修罗，六曰迦楼罗，七曰紧那罗，八曰摩呼罗迦。

"天"是指天神，在佛经中，天神的地位并非至高无上的，只不过是比凡人能享受到更大、更长久的福报而已。佛教认为一切事物无常，天神的寿命终了之后同样要面临死亡。

"龙"是指龙神,佛经中的龙和我国传说中的龙大致差不多,不过没有脚,有时大蟒蛇也称为龙。事实上,中国人对龙和龙王的观念主要是从佛经中来的,佛经中有五龙王、八龙王等名称。古印度人对龙是很尊敬的,认为水生动物中以龙的力气最大,因此德高望重的人都被尊称为"龙象"。

"夜叉"是佛经中的一种鬼神,本义是吃鬼的神,又有敏捷、勇健、轻灵、秘密之意。《维摩经》中说:"夜叉有 3 种,一在地,二在天,三在虚空。"虽然现在人们所说的"夜叉"都是指恶鬼,但在佛经中有很多夜叉是好的,例如"夜叉八大将"的任务就是"维护众生界"。

"乾达婆"是一种不吃酒肉、只寻香气作为滋养的神,因而身上会散发出浓烈的香气,是服侍众天神之主帝释的乐神之一。"乾达婆"在梵语中又是"变幻莫测"的意思,香气和音乐都是缥缈隐约、难以捉摸。

"阿修罗"这种神道非常奇怪,男的极丑,女的极美。阿修罗王经常率部众和帝释战斗,因为阿修罗有美女而无美食,帝释有美食而无美女,因此双方总是互相抢夺资源。每有恶战,总是打得天翻地覆,而大战的结果往往是阿修罗王被打败。

"迦楼罗"是一种大鸟,翅膀有种种庄严宝色,头上有个大瘤,是如意珠,以龙为食,实际上就是传说中的大鹏金翅鸟。它每天要吃一个龙王和 500 条小龙,待它命终的时候,诸龙吐毒,无法再吃,于是上下翻飞 7 次,飞到金刚轮山顶上命终。此鸟啼声悲苦,因为它一生以龙为食,体内积蓄很多毒气,临死时毒发自焚,肉身烧去后仅剩一心,呈纯青琉璃色。

"紧那罗"在梵语中为"人非人"之意,其形状和人一样,但是头上有一只角,善于歌舞,是帝释的乐神之一。

"摩呼罗迦"是大蟒神,人身而蛇头。

佛经中有各种各样形态的神,万象红尘之中自然也有各种各样形态的人,他们分别代表某一面,有极善的、极恶的、极英雄的、极小的人……正是因为由各种各样的人组成了这个世界,因此,当这个世界呈现出复杂性、多样性的特点时,许多人面对未知的命运和多舛的人生,会油然而生

一种想要拯救天下的豪气，当然也会有更多的人选择让自己成为被英雄救赎的一员，于是，出现个人英雄主义就是再正常不过的事了，但是如果这种心态太过的话，就会形成一种偏激的人格，会过分强调以自我为中心，从而产生对别人的不认同和忌妒，长期下去甚至会造成自己性格的孤僻、孤芳自赏或者郁郁不得志。

电影《霍元甲》里说："人最大的敌人就是我们自己。"出风头并不能使你成为真正的英雄，若你能与你的个人英雄主义抗争，做到合作与欣赏，那么你就战胜了你自己，你就是你自己的英雄，这条哲理从楚汉战争项羽的最终失败中就可以得到清晰的印证。

当年，秦始皇东游，仪仗恢弘，旌旗如云。项羽在人群中踮足而望，不胜羡慕；宏伟的场面激发了他的英雄之气，所以他放胆直言："彼可取而代之也！"何等意气风发！何等坚定自信！后来他果然率兵反秦，在巨鹿一战中成为一世之雄。可以说，项羽之所以能够灭秦，是源于他的个人英雄主义，而最终导致他全军覆灭、自刎身亡结局的也是他的个人英雄主义。

综观整个楚汉战争，楚军的作战能力是不容置疑的，但一个强大的国家必须有一个完整的领导团体，而楚军在整个战争过程中给人的感觉几乎都是项羽一个人在表演，其他的领导级人物除了范增以外，似乎都甘居幕后，或许是由于项羽太过强势的缘故。说到人才问题，楚军并非没有人才，刘邦的人才优势也并非比项羽出色多少，关键问题是，由于项羽太过强势，所以大家都习惯跟从项羽的思维，并且人人都相信，如此英雄盖世的项羽是一定不会错、不会输的。正是这种惯性的思维导致楚军的人才不能充分发挥主观能动性。而反观刘邦的汉军，他几乎是将所有的权力都交给了下属，军队交给韩信、补给交给萧何、冲锋之事交给樊哙、策略制订交给张良、外交事宜交给陈平……汉军形成了一个完善的指挥系统，各司其职，充分发挥了各人的才能，刘邦自己也落得个轻松自在。许多人都说刘邦是不学无术的"流氓皇帝"，的确，刘邦的才能比不上项

羽，他无能得几乎什么事都干不好，所以他索性什么都不干，而这也可以说是刘邦一生中干得最漂亮的一件事。一个人再强，也不可能战胜一个优秀的团队，刘邦的成功之处就在于他对整个团队的放权式管理，给了团队每一个人发挥主观能动性的机会，由此将团队带入了良性循环，每个人都人尽其才地为团队贡献才智，项羽仅凭一己之力，就算再怎么出身豪门、天生神力、"天命所归"，也无法与这样一支队伍抗衡。于是，他无法在进行军事行动的同时关照着自己的后方补给，手下人又都过惯了拿项羽当主心骨的日子，时间一长，竟然连原本才能的十之二三都无法发挥，一旦离开项羽，众人就像没头的苍蝇一般，不知道自己该干什么，也不知道该怎么干。而那些诸如韩信一般雄心勃勃的下属，自然不会甘心自己的光芒被项羽的万丈光辉所掩盖，于是只得重新选择，辅佐一个看似无能、实则深谙用人之术的刘邦。

在现代企业的管理理念中，个人英雄主义是指个人的自我创造、自我发展的欲望和能力，而并非仅指好张扬的个性或者以自我为中心的利己思想。企业的管理者要想处理好团队意识和个人英雄主义之间的关系，就要深刻认识二者之间的区别和联系，充分发挥二者的积极性，避免二者产生对立和冲突，以免因此而降低整个团队的工作绩效。

团队意识是指团队内部各个成员为了团队的共同利益而紧密协作，从而形成强大的凝聚力和整体战斗力，最终实现团队目标；而个人英雄主义则强调充分发挥团队内部每个成员的主观能动性、独立性、积极性和创造性，最大限度地挖掘成员的个人潜能，实现个人价值的最大化，最终推动团队业绩的整体提高。团队意识的强弱决定了团队的整体作战能力，光靠几个人或单方面的工作是不可能完成的。

以营销企业为例，在现代整合营销传播理论中一般都强调充分利用各种资源，并实现最佳组合，形成最大的营销力，所以加强团队意识的培养是提高营销队伍战斗力的重要前提。同时，市场内外的环境瞬息万变，

因而营销工作的战略和战术也应该是动态的，需要根据环境的变化而随时调整。因此，营销是一项无固定模式、需要充分发挥创造性思维、不断创新的工作，而个人英雄主义的强弱则在一定程度上决定了团队成员的工作主动性和创造性，也在很大程度上影响了团队的整体创新能力和工作质量。

当然，个人英雄主义并非什么洪水猛兽，企业的管理者只要能够正确理解团队意识和个人英雄主义二者之间的关系，坚持"团队意识第一、个人英雄主义第二"的原则，就能够充分发挥二者的优点，并互为促进，有力地提高工作绩效。

首先，管理者要在企业中牢固树立团队利益至上的思想，无论通过宣传、教育、培训还是其他方式，重点是要让员工认识到，只有整个团队的业绩提高了，自己的才能才会得到最大限度的发挥，人生的价值才能得到最大限度的实现。作为管理者，在日常工作中应该以心胸开阔、公平公正、无私奉献、为人师表、身先士卒等优良作风取代个人英雄主义的工作作风和方式，积极加强团队成员之间的沟通与合作、强调整体作战的重要性，充分整合各种资源，发挥每个成员的才能，不断增强成员的责任感和使命感，提高成员的团队意识，让每位员工能够自觉产生"自己离不开企业，企业离不开自己"的思想，以此形成强大的凝聚力和战斗力，最终形成一个锐不可当的企业团队。

其次是要正确而适度地引导团队成员发扬个人英雄主义，要让员工真正理解个人英雄主义的内涵和实质，正确发扬个人英雄主义的重要意义。管理者在工作中要合理授权，给员工更多自由发挥自己主观能动性的机会；对工作中遇到的难题要集思广益，积极征求下属的意见，充分发挥他们的创造性思维，在工作上不断创新和提高；要让员工在遇到困难时放弃依赖思想，竭尽所能地施展才华、创造性地开展工作。如此一来，就能将个人英雄主义转化为提高员工独立能力的手段，在员工的个人综合素质得到很大提高的同时，团队的战斗力也会大大增强。

最后一点也是最重要的一点，即个人英雄主义永远要服从于团队利益。团队意识和个人英雄主义这两者如果在特定的条件下同时存在，则必然会产生一定的冲突和矛盾，如果处理不当，势必会影响团队的整体战斗力。此时，根据团队利益至上的管理原则，个人英雄主义必须永远服从于团队利益，因此管理者必须在维护团队利益的前提下才能鼓励员工发扬个人英雄主义。否则，过分压制个人英雄主义的发扬，团队就会缺乏创新力，跟不上市场形势的发展；而过分强调个人英雄主义则会形成员工之间缺乏合作精神、目标各异、各自为政的局面。一旦个人利益占据上风，团队利益势必会被淡化，整个队伍很可能会成为一盘散沙，不堪一击。

第八堂管理课

以谦笼众，
谦和卑下方能和四方

佛陀常常警戒弟子，即使自己智慧圆融，也更应该含蓄谦虚，像稻穗一样，米粒愈饱满，头就垂得愈低。不能低头的人是因为一再回顾过去的成就。

修行最主要的目标即是无我。因为你能缩小自己、放大心胸、包容一切、尊重别人，别人也一定会来尊重你、接受你。缩小自己，要能缩到对方的眼睛、耳朵里，既不伤他，还要能嵌在对方的心头上。唯有尊重自己的人，才更勇于缩小自己，看淡自己是般若，看重自己是执著。

众生有烦恼，是因为我执的关系。以"我"的自私心理为中心、以自我为大，不但使自己痛苦，也影响周围的人跟着争执而痛苦。只有忘我才能于修身养性中造就身心健康、幸福的人生观。

爱是人间的一份力量，但是只有爱还不够，必须还要"忍"——忍辱、忍让、忍耐，能忍则能安。修养者的本分就是忍耐和付出，因为修养原是个人的行为。要做个受人欢迎的人、做个被爱的人，就必须先照顾好自我的声和色。面容动作、言谈举止都是在日常生活中修养忍辱得来的。忍不是最高的境界，能够达到看开与忍，则会觉得一切逆境都是很自然的事。

做事，一定要秉持着"正"与"诚"的原则；而待人，则要以"宽"与"忍"的态度，要以宗教者超然的形态、宽大的心胸来容纳任何人。真正的智慧人生必定有诚意谦虚的态度；有智慧才能分辨善恶邪正，谦虚才能建立美满的人生。高傲狂妄是愚者的正常行为，而谦和卑下则始终是智者的选择。

第一节　佛语道破：
须知自矜者不长

□ **核心提示**

世尊，我从今日至未来际，若不善能摧伏其身，生下劣想，如旃陀罗及于狗犬。我等则为欺诳如来。

————《弥勒菩萨所问经》

这一段经文说的是佛教中的克己功夫。"善能摧伏其身"，就是摧伏自身傲慢的这个烦恼；"生下劣想"中的"下劣"是"我不如人"的意思，我们非但不如诸佛菩萨，就算是对声闻、缘觉我们也是不如的，小乘里面地位最低的须陀洹果（初果），已经断三界八十八品见惑，我们连"烦恼"都没有断，又如何能与其相比？即使是世间的一般人，每一个人也都有他的长处，都有超过我们的地方，所以我们常常要生下劣想，这是降伏自己的贡高我慢；"如旃陀罗及于狗犬"，这是比喻要卑下至这样的程度，才能伏断贡高我慢的烦恼习气。

儒家讲"礼"，礼的精神就是自卑而尊人；佛家也讲"礼"，自己在一切大众与团体中要能谦虚卑下，断除贡高我慢的烦恼。"慢"是很严重的烦恼，《礼记》中说"傲不可长"，但傲慢的习气很难断除，因此儒家只是劝人不要再增长傲慢；而佛法则是教化世人，傲慢的习气一定要断除。

这一条很重要，也很难得。佛法所讲的根本烦恼除了贪、嗔、痴之外就是傲慢。人都有傲慢心，总觉得自己比别人强，这个世界上恐怕找不出

一个没有生过傲慢念头的人。傲慢是人与生俱来的烦恼,所以佛祖教化世人,谦虚卑下即是断绝烦恼的妙法,烦恼不断就不能超越六道轮回。

佛经中有这样一则故事。

从前有一位高峰妙禅师是禅门的大德,打坐参禅,十分用功,也许是因为用功过度,身体感到疲劳,所以参禅的时候经常昏沉打瞌睡。为了克服这个毛病,禅师就跑到高山绝壁处,坐在绝崖边警戒自己:前面就是万丈深渊,如果再打瞌睡,后果便不堪设想。

头几天,禅师因为提心吊胆怕被摔死,还可以坚持不打瞌睡,但过了一段日子,警觉心逐渐淡薄了,便又开始打瞌睡。有一天,他在昏沉中打瞌睡,身体一动,就掉下了山崖,他心想这次死定了,但说也奇怪,他似乎感到有人在半空中托住他,还把他送回了原来打坐的位置。睁眼仔细一看,原来是身披铠甲、手执宝杵的韦驮菩萨前来救他。禅师心想,我能得到韦驮菩萨的护持,必定是我的修行很了不起,因此生起一念骄傲的心,就问韦驮菩萨:"在这个世界上,像我这样用功的修行人到底有多少?"韦驮菩萨见他生起骄慢心,就对他说:"像你这样用功的人,世间多如羊毛;你这样贡高我慢,我500世不再护你的法。"说完就不见了。

高峰妙禅师被韦驮菩萨责备之后,心生惭愧,责备自己不应该生起贡高我慢之心。此后他继续在崖边坐禅,并告诉自己,上次有韦驮菩萨救命,以后可没有人再来救他了,千万不可再打瞌睡。谁知有一天,他又打瞌睡,又从崖上掉了下去。禅师心想,完了,这回真的死定了。但是奇迹又出现了,韦驮菩萨竟然又来救他。于是他问韦驮菩萨:"你不是说过你500世不来护我的法吗?"韦驮菩萨回答说:"你生起贡高我慢的心,我才500世不护你的法,但是你后来已生惭愧的心,所以我再来护你的法。"

谦虚是引导人们走向成功人生的大智慧。世界上很多名人都是谦虚的,而他们的谦虚则来源于深刻的自信。

我国古代著名的大思想家、教育家孔子学识渊博，但从不自满。他周游列国时，在去晋国的路上遇见一个 7 岁的孩子拦路，要他回答两个问题才让路。其一是：鹅的叫声为什么大？孔子答道：鹅的脖子长，所以叫声大。孩子说：青蛙的脖子很短，为什么叫声也很大呢？孔子无言以对，惭愧地对学生说，我不如他，他可以做我的老师啊！

身为圣人，在他专长的领域之外还能够保持谦虚的心态，把自己放在最低的位置，也许这正是孔子能成为圣人的奥秘之一。

大文豪莎士比亚具备他人的一切优点，或者说他具备了他人可能具备的一切优点，他的各种天赋都是与生俱来的，事实上，他具有人类所知晓的所有才能，但他似乎根本没有注意到这些，反而认为自己是芸芸众生中的普通一员，与他人毫无差别，在他人看来十分出奇的地方，他自己却认为并不出奇。

光学分析、万有引力定律和微积分学是近代科学的开创者牛顿一生最伟大的三大成就，可以说他为现代科学的发展奠定了基础。但牛顿每当在科学领域获得伟大成就时从不沾沾自喜，也没有自以为很了不起，例如，当他费尽心血算出"万有引力定律"后，并没有急于发表，而是继续孜孜不倦地深思了数年、研究了数年，整天埋头于数字计算之中，从未对任何人讲过一句。

后来，彗星的发现者、大天文学家哈雷在证明一个关于行星轨道的规律遇到困难时，专程登门请教牛顿，牛顿才把自己关于计算"万有引力"的书稿交给哈雷看。哈雷看过之后才知道，他所要请教的问题正是牛顿早已解决的问题，心里顿时钦佩不已。

后来，哈雷又到牛顿的寓所拜访，当谈到有关天文学的学术问题时，牛顿又拿出论证"万有引力"的论文请哈雷提出自己的见解。看过这部巨著，哈雷感到万分惊讶，欣喜地对牛顿说："这真是伟大的论证、伟大的著作！"并再三劝说牛顿尽快发表这部伟大的著作，以造福于人类，可是牛顿仍然没有轻易地发表自己的著作，而是经过长时间一丝不苟的反复验

证和计算，确认正确无误后，才将《自然哲学的数学原理》发表于世。

当有人问牛顿获得成功的秘诀是什么时，牛顿回答："假如我有一点儿微小成就的话，没有其他秘诀，唯有勤奋而已。"又说，"假如我看得远些，那是因为我站在巨人们的肩上。"

从这些意味深长的话语中，人们可以看到一位伟大科学家的谦虚胸怀，而这种谦虚的胸怀正是牛顿获得巨大成就的奥妙所在。

事实证明，一个人越伟大，他就越谦虚，这种谦虚来源于他内心深处对自己的信心，因为成绩本身就说明了一切。

职场中常常有这样一些人，他们往往才华横溢，充满抱负追求，喜欢表现自己，生怕自己的能力不为人所知，而且会显示自己不同于常人的优越感，希望因此得到别人的钦佩和尊重，但结果却常常事与愿违，就像"龟兔赛跑"寓言中那只骄傲的兔子一样。其实，每个人的聪明才智都差不了太多，要想在职场上成为优秀的合作者，做法很简单，就是谦虚待人、诚心待事，把自己的视点和调门降低些，脚踏实地地赢得认可，从而取得做人和做事的成功。

谦虚是一种美德，这一点对每个人来说都是如此，而如果一个企业管理者能够拥有这样的优良品格，则必然能够赢得上司和员工的喜欢和拥戴，做出一番非凡的成就。企业管理者虽然身居高位，但并不能说明他们在任何方面都比别人强，俗话说："尺有所短，寸有所长。"不管是谁，都有别人值得学习和借鉴的长处和优点，因此，管理者的谦虚作风是他们拉近和员工距离的最好武器。

任何人都不喜欢骄傲自大的人，因此也不会认可傲慢者在团队合作中的作为。你可能会觉得自己在某个方面比其他人强，但你更应该将自己的注意力放在他人的强项上，只有这样，你才能看到自己的肤浅和无知。因为团队中的任何一位成员都有可能是某个领域的专家，所以你必须保持足够的谦虚。谦虚会让你看到自己的短处，而"我不如人"的压力则会促使你在团队中不断地进步。

其实，人和人之间并没有本质上的区别，就像一句谚语中说的那样："光滑的瓷器来自泥土，一旦破碎就归于泥土。"老子也曾告诫世人："不自见，故明；不自是，故彰；不自伐，故有功；不自矜，故长。"意思是说，一个人不自我表现，反而显得与众不同；一个不自以为是的人会超出众人；一个不自夸的人会赢得成功；一个不自负的人会不断进步。相反地，老子在《道德经》中还告诫世人："企者不立，跨者不行。自见者不明，自是者不彰，自伐者无功，自矜者不长。"意思是说，用脚尖站立的人是站不稳的；将胯部打开是无法走路的；坚持己见的人是看不清事情真相的；自以为是的人难以被大家认同；争强斗狠的人行事不会成功；骄傲的人能力有限而无法增长。

企业管理者所面对的管理对象，其性格是千差万别的，受教育的程度也是有高有低，因此管理者必须以谦虚为本，虚心向管理对象学习，加强思想沟通。管理者时刻都要牢记，那种不做调查研究，只凭主观臆断、自以为是的做法不会帮你在员工心中树立威信。

有句谚语说得好："六月的麦穗，头埋得越低的，越是那些饱满的。"太过傲慢自大的人，时常会"一叶障目，不见泰山"，失去进取、提升、学习的机会。智者创造机会，强者把握机会；弱者等待机会，愚者放弃机会，谦虚的人可能不是智者就是强者，而决不会是弱者或愚者；而谦虚确实可以让人得到很多人的认可和支持。作为企业管理者，你的恭敬顺从，使得上司的指挥欲得到满足，认为你配合、易处；你的朴实和气，使得员工愿意与你相处，认为你亲和、可靠。相反，你若以高姿态出现，处处高于对方，锋芒毕露、咄咄逼人，就会使对方心里感到紧张、做事没有把握，而且容易产生一种逆反心理，使你的人际交往和正常工作难以继续。

在崇尚个性张扬的今天，"谦虚使人进步，骄傲使人落后"这样的至理名言早已被耻笑为跟不上形势发展的落伍言论了，取而代之的则是自夸和炫耀。尤其是在竞争激烈的现代企业中，许多人已经不知谦虚为何物，但真正聪明的人却懂得，谦虚是一个人成熟的表现，更是自信的表

现。正所谓"心灵像上帝，行动如乞丐"，心灵要永远有高傲之情，但行动上却要像乞丐一样去珍惜、去把握一切有助于人生幸福与成功的机会。

第二节　佛语道破：
融入大众才能避免曲高和寡

□ 核心提示

佛经曰：与佛所结诸缘分，称诵供养微细事，皆得享用善趣乐，甘露佛果最终得。

自我成长的最终目的在于自我消融，如此才能达到智能无边、慈悲无边、完全没烦恼的境界。可是这样的境界似乎只有佛与菩萨才能达到，凡夫俗子能做得到吗？

的确，每个人如果想要自我肯定或自我成长，只要改变自己的观念，发挥优点、改善缺点，就可以做到，但是"自我消融"却很难做到，因为"自我"是与生俱来、根深蒂固的，如何去消融呢？一般人平日里总是把"我"挂在嘴边，根本不知道何谓"无我"，更有甚者还误以为自我消融以后就不用吃饭、不用睡觉、不用赚钱，也不用工作了，其实，这种想法与感受都是错误的。另外还有人认为："无我或是自我消融之后就是菩萨、就是佛，我们普通人怎么可能成佛呢？那个层次太高了，我达不到，也不想达到，想要成佛还早呢！"

一般人要成佛，当然要花很久的时间。凡夫做初发心菩萨容易，要做

大菩萨就很难了。大菩萨是证得无生法忍，且"动者恒动，静者恒静"——烦恼永远静止，慈悲和智能永远在运作。而这样的境界，又岂是一般人能够做到的？

想以凡夫的层次来了解佛的境界、佛与菩萨的修行，这虽然有些痴人说梦，但却并不影响凡夫"虽不能至，心向往之"。也许现在我们还达不到这个标准，但却可以把它当成一个目标，一步一步前进，而且既然有人曾经达到那个境地，又焉知我们这些凡夫就一定做不到呢？

当然，要达到那个境地，需要预备阶段，在这个阶段里，我们可以根据经典里释迦牟尼佛所提出的几种方法让自己慢慢从"自我成长"过渡到"自我消融"。而方法原则其实很简单，就是少一些自私心，多一些慈悲心；少一些烦恼心，多一些智能心。每当有情绪出现时，就要用观念和方法来调整、疏导以及化解，而这个过程就是在"自我消融"。

佛与菩萨告诫世人，在自我肯定的同时一定也要自我消融。有的人常常会不经意地表现出骄傲、自负的态度，但是他们懂得及时观察和反省自己的缺点，因而会生出惭愧心，变得谦虚。如果人人都能够如此，那么自我就能够减少一点，自我也就自然能消融一点儿了。由此可见，自我消融是可以用惭愧的心、谦虚的心而一点一滴完成的。如果一个人能持之以恒地坚持下去，从开始消融 1% 到最后消融 99.999% ，谁又能说他不是大菩萨？

修禅的人常把"空"作为境界，这个空不仅仅是心空，心空仅仅是忘我。这个空应该是无我，达到自我消融的境界。自我且消融，我心能不空？空空者，消融自我。个人的寿命再长也有限，追求长生不老的人生反而使人类停止进化，老化的人类容易趋向早日灭亡。因此，禅修的境界是个人应消融到社会中，生时则消融入社会族群中，死后则消融于草木泥土中。

春秋时期，楚威王十分宠爱宋玉，但又经常听到别人说起宋玉的许多丑事。有一天，他问宋玉："先生怕有许多不检点的地方吧？不然，为何臣民百姓都说你的坏话呢？"

宋玉连忙磕头说："是，大概有。请大王原谅我的罪过，让我把话说完吧。我听说有一位歌唱家经常在郢都城里表演，一开始他总是唱'下里巴人'，全国能和着一起唱的有好几千人；然后他再唱一支'阳陵采薇'，能和着唱的只有数百人；等到他唱'阳春白雪'的时候，大家都听不懂，能和的不过一二十人；最后他唱起一种更高级的抑扬变幻的音律来，众人都目瞪口呆，全国能和的只有寥寥数人。看来乐曲越高雅，和唱的就越稀少了。"

曲高和寡，说的是音乐艺术的造诣水平，艺术造诣越高，能听得懂的人就越少了，这也是不奇怪的。可是用这个例子来为自己的缺点辩解，却不怎么恰当。这个故事从另一个侧面反映出，有些人自命清高、自以为是、脱离大众，在得不到别人好评和肯定的时候就用"曲高和寡"来嘲解。其实，做一个随和的人、一个能够融入大众的人，远比做自命清高、孤芳自赏的人要快乐和充实得多。

《动物世界》节目中曾播放过这样一段精彩的捕猎过程：在广袤的非洲大草原上，3只小狼狗一同围追一匹大斑马。面对着身材高大的斑马，3只两尺多长的小狼狗一拥而上，一条小狼狗咬住斑马的尾巴，一只小狼狗咬住斑马的鼻子，无论斑马怎么挣扎反抗，这两只小狼狗都死死咬住不放。而当斑马前后受敌、疼痛难忍时，一只小狼狗就开始啃它的腿，终于，斑马支撑不住倒在了地上，一匹大斑马就这样被3只小狼狗吃掉了。

这个过程对于普通观众来说也许看过就忘记了，但在优秀的企业管理者眼中，3只小狼狗的举动却提供了更有价值、更有意义的信息：它们之所以能够击败大斑马，不仅由于它们自身的优秀，还在于它们组成了一支优秀的团队，并分工协作，致力于共同的目标。

一位哲人曾经说过："你有一个苹果，我也有一个苹果，两个苹果交换后，每个人仍然只能拥有一个苹果。但是，如果你有一种能力，我也有一种能力，两人交换的结果就不再是一种能力了。"在专业化分工越来越细、竞争日益激烈的现代企业中，靠一个人的力量是无法面对千头万绪

的工作的。如果你能把自己的能力与别人的能力结合起来，就会取得令人意想不到的成就。

一加一等于二，这是人人都知道的算术题，可是用在人与人的团结合作上，所创造的业绩就不再是一加一等于二了，其结果可能是一加一等于三、等于四、等于五……团结就是力量，这是再浅显不过的道理了。每个人的能力都是有限的，与集体的力量相比，个人之力就如同大海中的水滴一般微不足道。白蚁的身形虽然微小，可是一旦它们发挥团结的力量，只需要很短的时间，就足以把一栋木屋变成废墟。

一个没有团队精神的人，即使个人工作干得再好也无济于事，因为在这个讲究合作的年代，真正优秀的员工不仅要有超人的能力、骄人的业绩，更重要的应该是与他人合作，加强凝聚力，进而发挥组织的整体优势，把工作做好，为团队整体业绩的提升作出贡献。一个人是否能和别人相处与协作，要比他个人的能力重要得多，也将直接关系到他的工作业绩，这也是为什么很多知名企业招聘人才时都十分注重其是否具有团队合作精神的原因。

在知识经济时代，竞争已不再是单独的个体之间的斗争，而是团队与团队的竞争、组织与组织的竞争，任何困难的克服和挫折的平复都不能仅凭一个人的勇敢和力量，而必须依靠整个团队。

很多人认为团队精神就是与别人一起去做某件事，事实上，这种认识太过肤浅和狭隘了。正是因为对团队精神的肤浅理解，使得很多标榜自己善于与人合作的人并未取得真正的成功。那么，究竟什么才是团队精神呢？有一位英国科学家曾经做了这样一个实验：他把一盘点燃的蚊香放进了蚁巢里。开始时，巢中的蚂蚁惊恐万状，过了十几分钟后，便有蚂蚁向火光冲去，对着点燃的蚊香喷射自己的蚁酸。由于一只蚂蚁能射出的蚁酸量十分有限，所以很多蚂蚁纷纷葬身火海。但是，这些蚂蚁的牺牲并没有吓退蚁群，相反，又有更多的蚂蚁投入到灭火行动之中，它们前仆后继，几分钟便将火扑灭了。剩下的蚂蚁将死去"战友"的尸体移送到

附近的一块墓地,盖上薄土安葬了。

过了一段时间,科学家又将一支点燃的蜡烛放到了那个蚁巢里。虽然这一次的"火灾"更大,但是蚂蚁们已经有了上一次的经验,它们很快便协同在一起,有条不紊地作战,不到一分钟,烛火便被扑灭了,而蚂蚁则无一殉难。

个体的力量是有限的甚至是微不足道的,而团队的力量则可以实现个人难以达成的目标。团队精神的核心就是无私和奉献精神、是主动负责的意识,是与人和谐相处、充分沟通、交流意见的智慧。它不是简单地与人说话、与人共同做事,而是不计个人利益、只重团队整体的奉献精神。

有人说,最能体现团队精神真正内涵的莫过于登山运动,因为在登山的过程中,运动员之间都以绳索相连,假如其中一个人失足了,其他队员就会全力挽救,否则整个团队便无法继续前进。但是当所有队员用尽所有办法仍不能使失足者脱险时,便只有割断绳索,让失足者坠入深谷,只有这样才能保住其他队员的性命。而在这种两难的选择面前,割断绳索的人往往是那个前一分钟还在等待救援的失足者,这就是团队精神。

"团队精神"这4个字说起来很容易,很多人也把它想象得很容易,但真正实施在自己的行为上时,大家才会看到人与人之间的差距。可以说,没有高尚、无私、乐于奉献、勇于负责的灵魂,就无法真正体现团队精神的真谛,只有对团队认真负责的人,才能对自己的人生和事业负责。

小张是一家营销公司的一名营销员,他所在的部门曾经因为团队精神而创造过奇迹,而且部门中每一个人的业务成绩都特别突出。

一天,公司老总把一项重要的项目安排给小张所在的部门,部门主管经过反复斟酌考虑,仍然犹豫不决,最终没有拿出一个可行的工作方案,而小张则认为自己对这个项目有十分周详而又容易操作的方案。为了表现自己,他违背了团队精神的主旨,没有与主管商量,更没有贡献出自己的方案,而是直接向老总表示自己愿意承担这项任务,并提出了可行性方案。

　　结果可想而知，小张的做法严重地伤害了部门主管，也破坏了团队精神。于是，当老总安排小张与部门主管共同操作这个项目时，两个人在工作上始终不能达成一致意见而产生了重大的分歧，导致团队中出现分裂，致使项目最终流产，而团队中那种和谐而又融洽的合作氛围更是早已荡然无存。

　　在这个案例中，小张是破坏团队和谐氛围的直接责任人，正是由于他狂妄、清高、自私的"独行侠"作风才导致了团队精神的受损，但那位部门主管似乎也没有领悟团队精神的真谛，而是一味计较自己在老总跟前丢了面子，又对小张的"背叛"心怀愤恨，最终将这种不良情绪带入工作中，导致了整个项目的流产。

　　由此可见，团队分裂并非一个人的过错，如果每个人都能扮演好自己在团队中的角色，以维护团队利益为第一要素，那么这个团队将是个无坚不摧的团队，自然也就不会轻易被某个人的不当行为所击垮。毫不夸张地说，团队要想创造并维持高绩效，员工能否扮演好自己的角色是关键也是根本，有时它甚至比专业知识更加重要，而要想扮演好自己在团队中的角色，则必须做到以下几点：

　　第一，永远站在团队的一边。在工作中，不要直接否决团队的决定，始终让团队作为与客户打交道的主体；如果可能的话，要让团队与上级打交道；如果到了你必须表态的时候，就公开支持自己的团队；对团队的工作计划感到不妥时，私下里跟团队成员商量、解决，并把功劳让给团队，让客户觉得在你这里得到的承诺远不如在团队那里得到的多，最好让上级也产生同感，这样他们就会养成与团队直接打交道的习惯。从员工个人的角度来讲，直接和团队打交道可以使你的工作更加轻松；站在团队的角度讲，让团队成为主体可以使团队的运作更有效率——真正的一举两得。

　　第二，主动寻找团队成员的积极品质。在一个团队中，每个成员的优

缺点都不尽相同，你应该积极寻找其他成员的优秀品质，并且向其学习，使自己的缺点和消极品质在团体合作中减少以至消失。在提升自己素质的同时，也能提升团队成员之间合作的默契程度，进而提升团队的执行力和战斗力。团队强调的是协同而不是命令和指示，所以团队的工作气氛很重要，它直接影响着团队的工作效率。如果你积极寻找其他成员的积极品质，那么你与团队的协作就会变得更加顺畅，与此同时，你自身工作效率的提高也会使团队整体的工作效率得到提高。

第三，时常检查自己的缺点。改变工作角色之后，你应该时常检查自己的缺点，比如自己是否依旧对人冷漠或者依旧言辞锋利，这是扮演好团队成员角色的一大障碍。团队工作需要成员之间不断地进行互动和交流，如果你固执己见，难与他人达成一致，你的努力就得不到其他成员的理解和支持，这时，即使你的能力出类拔萃，也无法促使团队创造出更高的业绩。相反，如果你意识到了自己的这些缺点，不妨通过交流坦诚地讲出来，让大家共同帮助你改进，你将会得到更多的理解、帮助，而不是别人的嘲笑。

在竞争日益激烈的今天，树立以大局为重的全局观念，不斤斤计较个人利益和局部利益，将个人的追求融入团队的总体目标中去，从自发地遵从到自觉地培养，最终实现团队的最佳整体效益，这才是一个团队成员的最佳素质和最高境界。

第三节　佛语道破:
佛法大海,学会低头

□ **核心提示**

　　佛经曰:低头看得破。能够把自己压得低低的,那才是真正的尊贵。

　　据说,僧人的每只僧鞋之所以前后会有 6 个洞,是为了让出家人"低头看得破"。"低头"是谦诚有礼的表现,"看得破"是要看破眼、耳、鼻、舌、身、意六根,是要看破色、声、香、味、触、法六尘以及参破六道轮回,看破贪、嗔、痴、慢、疑、邪六大烦恼,甚至要看破人生的短暂、人身的渺小。

　　在禅宗里有这样一则故事。

　　从前有一位高僧是一座大寺庙的住持,因年事已高,所以心中一直思考着找接班人的问题。他有两个弟子,一个叫慧明,另一个叫尘元,两人无论从各个方面相比,似乎都难分高下,高僧也为此难以取舍。一天,他将两个得意弟子叫到面前,对他们说:"你们俩谁能凭自己的力量从寺院后面悬崖的下面攀爬上来,谁就是我的接班人。"

　　慧明和尘元一同来到悬崖下,那真是一面令人望而生畏的悬崖,崖壁极其险峻陡峭。身体健壮的慧明信心百倍地开始攀爬,但是不一会儿就从上面滑了下来。慧明毫不气馁,爬起来重新开始,尽管这一次他加倍

地小心翼翼，但还是从山坡上滚落到原地。稍微休息了一下后，他又开始攀爬，尽管一次次被摔得鼻青脸肿，但他仍然不放弃……不过，让人感到遗憾的是，当他最后一次拼尽全身之力爬到半山腰时，因气力已尽，又无处歇息，最后重重地摔到一块大石头上，当场昏了过去，高僧不得不让几个僧人用绳索将他抬了回去。

慧明失败了，接着便轮到尘元了。一开始，他也和慧明一样，竭尽全力地向崖顶攀爬，结果同样也是屡爬屡摔。气喘吁吁的尘元紧握着绳索站在一块山石上面，正打算再试一次时，却在不经意间向下看了一眼后，突然放下了用来攀上崖顶的绳索。只见他整了整衣衫，拍了拍身上的泥土，扭头向山下走去。

旁观的众僧都十分不解，心想：难道尘元就这样轻易地放弃了？大家对此议论纷纷，只有高僧默然无语地看着尘元离去的方向，仿佛在沉思着什么。

尘元匆匆到了山下，沿着一条小溪流顺水而上，穿过树林、越过山谷……最后没费什么力气就到达了崖顶。

当尘元重新站在高僧面前时，众人还以为高僧会痛骂他贪生怕死、胆小怯弱，甚至会将他逐出寺门，谁知高僧却微笑着宣布尘元将成为寺庙的新一任住持。

众僧被惊得面面相觑、不知所以，随后便追问原因。高僧向尘元微微点头，示意他将自己的想法告诉大家。于是，尘元镇定自若地向同修们解释道："寺后的悬崖乃是靠人力不能攀登上去的，但是，只要在山腰处低头往下看，便可见一条上山之路。师父经常对我们说'明者因境而变，智者随情而行'，就是教导我们要知道伸缩退变啊！"

高僧满意地点了点头说："若为名利所诱，心中则只有面前的悬崖绝壁。天不设牢，而人自在心中设牢。在名利的牢笼之内，徒劳苦争，轻者苦恼伤心，重者伤身损肢，极重者粉身碎骨。"随后，高僧将衣钵锡杖传交给了尘元，并语重心长地对大家说："攀爬悬崖，意在堪验你们的心境，能不

入名利牢笼、心中无碍、顺天而行者，便是我中意之人。"

世间执著于勇气和顽强者不在少数，但是往往却如故事中的慧明一样并不能达到心中向往的那个地方，枉自摔得鼻青脸肿，最终却依然一无所获。在已之所欲面前，人们缺少的往往是一份低头看的淡泊和从容。低头看，并不意味着信念的不坚定和放弃，只是让我们拥有更多的选择和回旋的余地。

在现实生活中，人们同样应该试着去学习低头。在人生的道路上，人们常常会因为光鲜的事物而迷失了方向，以不屈不挠、百折不回的精神坚持到底，结果反而输掉了自己，所以，用平和的心态学会低头恐怕应该是最基本的生活常识。就像被大雪打压的雪松一般，当积雪达到一定程度时，雪松那富有弹性的枝条就会向下慢慢弯曲，直到积雪从树枝上一点一点地滑落，这样反复地积累、反复地弯曲、反复地落下，风雪过后，雪松依然完好无损，而其他的树，由于没有学会"低头"，枝丫早就被积雪所压断了。

被称为"美国人之父"的富兰克林，年轻时曾去拜访一位德高望重的老前辈。那时的富兰克林年轻气盛，挺胸、抬头、迈着大步，没想到刚一进门，他的头就狠狠地撞在门框上，疼得他一边不住地用手揉搓，一边无奈地看着比他的身高矮一大截的房门苦笑。而那位老前辈看到他这副样子，却只是笑笑说："很疼吧？可是，这将是你今天访问我的最大收获。一个人要想平安无事地活在世上，就必须时刻记住该低头时就低头，这也是我要教你的事情。"

此后，富兰克林一直把那次拜访所获取的教导看成是他一生最大的收获，并把它列为一生的生活准则之一。他从这一准则中受益终生，后来，当他功勋卓越、成为一代伟人时，还特意在一次谈话中提到此事，并告诉大家："这一启发帮了我的大忙。"

的确，做人不能没有骨气，但做事却不能总是仰着高贵的头。作为现

代企业的管理者,每天在瞬息万变的商海中征战、打拼,更要明白"低头"的真谛和意义。"低头"具有两种不同的意义,一是在不可能逆转的困境中懂得暂时认输,二是在日常的工作生活中懂得谦虚做人。

学会低头其实并不难。只要知道,当自己摸到一把烂牌时,就不要再希望自己这一局还是赢家,只有傻子才会在手气不好的时候还对着自己手上的一把烂牌说,人定胜天,我只要努力就一定会胜利!只要知道,在陷入泥潭时要及时爬起来,远远地离开那个泥潭,只有笨蛋才会在狼狈不堪的时候还对着自己的鞋子说,我是出淤泥而不染的。不可否认,低头是需要极大的勇气的,否则又怎么会有明知是输却依然执迷不悟的赌徒呢?可以说,在每个人的身边都有这种因为缺乏这种勇气而酿成大错的人。

一只蝴蝶从敞开的窗户飞进来,在房间里一圈又一圈地飞舞,有些惊慌失措,显然它迷路了。尽管如此,它却依然没有放弃寻找出路,但它在房间的顶部空间左冲右突,努力了好多次后,它依然没能飞出房子。最终,这只蝴蝶耗尽了气力,气息奄奄地落在桌子上,就像一片毫无生气的叶子。其实,只要它肯往低处飞一飞就会发现,那里有一扇敞开的窗户,甚至有好几次,它都飞到高于窗户顶部至多两三寸的位置了,可就是不肯再飞低一点儿。

无独有偶,在 2002 年举行的全日本中学生机器人障碍赛上,有一位中学生曾成功地利用"低头"的智慧将冠军头衔收获囊中。

关于这次机器人大赛,组办方制订了明确的规定:机器人的重量不能超过 16 公斤;身高统一在 30 厘米;身体各部位可以随设计者的爱好,弯曲折叠不限;比赛有爬坡、过河、穿越树林……一共 37 道障碍,总长为 9 公里,走完全程大约需要两个小时。谁的机器人第一个到达终点,谁就是此次大赛的冠军。

比赛开始后,19 名机器人昂首挺胸、大步向前,带着创造者的激情踏上了比赛的征程。

值得一提的是,这次比赛虽然只是中学生的赛事,但科技含量却是

相当高的，参加比赛的机器人有的安装了激光电子眼雷达系统，有的安装了最佳目标路线锁定器，还有的具有清除路障等特殊功能，许多尖端技术在这次比赛中被体现得淋漓尽致，人们都认为，冠军一定会出自科技最尖端的那几个机器人之中。

谁也没有想到，激烈的比赛过后，获得第一名的并不是人们以为的科技含量最高的机器人，而是一个貌不惊人、特点毫不突出的机器人，它的设计者名叫野森，只有 14 岁。野森的机器人，其科技含量是所有参赛选手中最低的，然而在穿越障碍中，它却跑出了最好的成绩。

原来，野森设计的机器人虽然在科技含量方面无法与其他机器人相比，但它却具备一个其他机器人都没有的功能——弯腰低头。事实证明，在两小时的障碍赛中，有些障碍物会将机器人的头部挡住，使机器人不得不绕行，而野森的机器人却能弯下腰、低下头，从障碍物下面钻过去。这样算起来，在两小时的路途中，仅仅弯腰低头这一项功能就给野森省下了 6 分钟的绕道时间，就是这短短的 6 分钟让野森拿到了本次大赛的冠军。

野森的设计给了人们以极大的启迪，原来在人生的路上，除了奋勇向前的精神，同样也需要弯腰低头、做出种种牺牲，而这也是人在旅途中无法逃避的付出。

的确，人们从小所接受的教育是"永不低头"、"永不言败"，否则就是懦夫。其实，"学会低头"是一种人生智慧。面对外界的压力，你可以尽力地去承受，但当承受不了的时候，就要懂得暂时退让一下。能屈能伸、刚柔相济，正是这种气度和风范，使得无数优秀的管理人才在各个方面脱颖而出。

美国著名的政治家帕金斯在 30 岁那年曾就任芝加哥大学校长一职，当时，很多人都怀疑以他的年纪是否能胜任大学校长的职位，帕金斯知道后只说了一句话："一个 30 岁的人所知道的事情是那么少，而需要依赖他的助手兼代理校长的地方却是那么多。"只是这短短的一句话，便

使得那些原本怀疑他能力的人一下子放心了。通常，人们在遇到这样的情况时，往往喜欢尽量表现出自己比别人强大能干，或者努力证明自己是有特殊才干的人，然而，一个真正有能力的领袖是不会自吹自擂的，所谓"自谦则人必服，自夸则人必疑"，就是这个道理。

马辛利任美国总统时，因为用人问题曾遭到一些人的强烈反对。在一次国会会议上，有位议员竟然当面粗野地讥骂他，然而他极力忍耐，没有发作。等对方骂完了，他才用温和的口吻说："现在你的怒气应该平息了吧，照理你是没有权利这样责问我的，但现在我仍然愿意详细地解释给你听……"他的这种让人的姿态立刻使那位议员臊红了脸，双方的矛盾也随即缓和下来。试想，如果马辛利得理不饶人，利用自己的职位和得理的优势咄咄逼人地进行反击，那么可想而知，对方是绝对不会服气的。由此可见，当双方处于尖锐对抗的状态时，得理者的忍让态度能使对方的对立情绪立刻"降温"。

低头不是妥协，而是战胜困难的一种理智的忍让；低头不是倒下，而是为了更好、更强地站立；低头不是毁灭，而是为了退一步海阔天空……

理性地低头是一种消除"应激反应"、适应社会环境的健康心态，更是管理工作中的一种良好的合作行为。低头的含义还在于某些时候自我意识的校正以及自我心态的调整，例如人们如果能对自己的能力、知识水平作出一个较为客观的评价，就能适当地降低成就欲和期待值，从而使自己摆脱沉重的失落、难解的怨气、无名的惆怅，让自己轻装上阵，用更高的智慧去面对厄运、化解僵局、摆脱困境。

低头，其实是一门人生的艺术，更是企业管理者手中那个装有"妙计"的"锦囊"，正像大哲学家苏格拉底所昭示人们的那样："天地之间只有3尺，而我们每个人的身高都有5尺，所以，凡是高度超过3尺的人，要长立于天地之间，就要懂得低头。"不论你的资历、能力如何，在浩瀚的社会中，你只是一个渺小的分子，因此，你要时常在人生舞台上唱低调，在生活中保持低姿态，把自己看轻些、把别人看重些、把奋斗的目标

看高些。无论你是在山脚刚刚起步，还是正向山腰跋涉，抑或是即将登顶成功……无论你处在什么位置，都要把自己放在山的最低处，时时警醒自己。即使你已经信步于顶峰，也要记住低头，因为，在你所经历的漫长人生旅途中，总难免有碰到头的时候。

第四节　佛语道破：
修持定力，宁静以致远

□ **核心提示**

禅定为父，智慧为母，能生一切导师。

——《大智度论》

在佛家看来，功夫是修出来的，因此是靠不住的，因为凡是修得成的东西也就能坏得了。只有一个东西不会坏，那就是不生不灭的大智慧，也就是《摩诃般若波罗蜜多心经》中所讲的不生不灭的大智慧。修行要先由禅定开始修，"禅定为父，智慧为母"，只有禅定与智慧能生一切导师，导师就是佛，众生之所以能够成佛，非修定得慧不可。

定力是什么？戒生定，定力是持戒的果报。要想有定力，必须净其"六根"，从眼、耳、鼻、舌、身、意下手，修正自己的行为。一个"六根不净"的人是难以有定力的；清净了"六根"，自然就有了定力。这个定力是佛与菩萨加持给你的，也是由于你自性的恢复而自然生成的。因此佛家常说，一分清净，一分加持，也可以说成是一分定力，一分加持。

佛法是觉悟的宗教，可以使人内心宁静、祥和、智慧、慈悲，可是实际上，许多人学佛多年之后，内心依然充满烦恼，不能深得佛法的受用，问题到底出在哪里？如何才能深得佛法的受用？

释迦牟尼佛在 2500 多年前成道，宣说"四圣谛"、"八正道"、"缘起无我"的正法，当时的佛教弟子们证悟、解脱者不计其数，确实带给人宁静、祥和、智慧和慈悲。学佛的难易全在个人入道的深浅，作为佛门重要课题之一的修定与修慧，看起来是横亘在学佛者面前的一道很大的难题，但其实只要学佛者在面对诱惑情绪波动时能够仔细体察自己当下的言行举止，就会很容易明白什么是"定"、什么是"慧"。

佛经中有这样一则故事。

有一位无果禅师深居幽谷一心参禅，20 余年来都由一对母女护法供养。由于他一直未能明心见性，就想出山寻师访道。

护法的母女要求禅师能多留几日，要做一件衲衣送给禅师。母女二人回家后，马上着手剪裁缝制，缝一针便念一句弥陀圣号。做完之后再包了 4 锭马蹄银，送给无果禅师做路费。

禅师接受了母女二人的好意，准备明日动身下山。

当晚，无果仍坐禅养息。半夜时分，见有一青衣童子手执一旗，后随数人吹鼓而来，扛着一朵很大的莲花，抬到禅师面前。童子说：请禅师上莲花台。

禅师心中暗想：我修禅定功夫，未修净土法门，就算修净土法门的行者，此境亦不可得，恐是魔境。念此，便对童子不予理睬。

童子见了，又再三地劝请，让禅师切勿错过这次机会，于是无果禅师随手拿了一把引磬放在莲花台上，不久，童子和诸乐人便吹鼓而去。

第二天一早，禅师正要动身时，供养他的母女二人手中拿了一把引磬站在门外，见到无果禅师便问："这是禅师遗失的东西吗？昨晚家中母马生了死胎，马夫用刀破开，见此引磬，知是禅师之物，特来送回，只是不

知为什么会从马腹中生出来？"

无果禅师听后，顿时汗流浃背，乃作偈曰："一袭衲衣一张皮，四锭元宝四个蹄；若非老僧定力深，几与汝家作马儿。"

说罢，将衣服和银两还给母女二人，自己独自离去。

能进入"禅境"的人，自然而然有一种"定力"，当然，定力也有程度上的差异，这完全取决于习禅的功夫深浅，没有足够定力的人纯属浮夸，只消一试便会原形毕露、不攻自破。

宋代大学士苏东坡有一日写了一首五言绝句："稽首天中天，毫光照大千。八风吹不动，端坐紫金莲。"他自认为禅境高远，已经到达了"八风吹不动"的境界了，越想越得意，大有飘飘然之感。写诗自夸还不算，他还特地叫书童将这首诗送给好友——庐山归宗寺佛印禅师过目，希望禅师能够称赞他一番。

佛印禅师看了之后，在原诗笺上草草写了几个字，便套上信封要书童带回去。苏东坡拆开一看，顿时勃然大怒，拍案大骂说："岂有此理，出家人怎么如此无礼！"原来，佛印禅师在原诗笺上只写了"放屁，放屁！"4个大字。

苏东坡越想越气，索性怒气冲冲地赶往归宗寺去兴师问罪。谁知当他来到禅师门外时，却见禅门上贴着一副联语："八风吹不动，一屁过江来。"

所谓八风，即"利、衰、毁、誉、称、讥、苦、乐"，凡是真正有定力的人，是不会被这些外境所困扰和苦恼的。

所谓"定力"，简单说来其实就是管理好自己的心。人人生活在尘世间，不可能不遇到情境，如果一遇到情境，心情立刻受到波动，而且还不知自我管理，不断扩散这种波动，最后烦恼无限延续，这就叫做没有定力。有定力的人则是情绪一有波动便能随时觉察，就如古德所说的"不怕

念起，只怕觉迟"，能够有"觉"，就已经具备了定力的基础。当然，觉察不是让我们不要触境或不再受波动，人心始终都有所缘，不是对内攀缘就是对外执取，如此缘境生心，这就是世间的实相。而我们要做的就是随时觉察与觉照，如实知自心，便能开展耐心、慈悲心来对待自己与他人。

对于企业管理者来说，管理好一个企业需要有滴水穿石和铁杵磨针的精神是对管理者意志和耐力的考验，更是对其定力深浅程度的一种检验。"耐得住寂寞，禁得住诱惑"，无论是创业初期还是成熟阶段，这句话都是对企业管理者的最佳忠告。

一只老鼠意外地掉进一个盛得半满的米缸里，这一意外使它喜出望外，一通猛吃之后倒头便睡。老鼠就这样在米缸里吃了睡、睡了吃，日子很快便在衣食无忧的悠闲中过去了。

这期间，老鼠也曾为是否要跳出米缸儿进行过痛苦的抉择，但终究未能摆脱白花花的大米对它肚肠的诱惑。直到有一天，米缸见了底儿，老鼠不得不离开这里另谋生路时才发现，以它现在所站的位置和米缸的高度来看，它根本不可能跳得出去。

定力是一个人意志的忍耐程度，它是和勇气恰为互补的意志元素。在这个花花世界中，人们所面对的诱惑自然要比老鼠所面对的诱惑多得多，比如孩子会受到糖果的诱惑、学生会受到游戏的诱惑、为官者会受到贿赂的诱惑、为民者会受到利益的诱惑，而每个企业管理者几乎都会受到风花雪月、锦衣玉食、钞票黄金、名誉地位的诱惑。于是，很多人都在面对诱惑的考验时慢慢淡忘、放弃了自己的人生理想。此时，唯有坚定的自制力才是抵御诱惑最有力的武器，能够使管理者从软弱无力的受迷惑状态中解脱出来，恢复控制自我的能力，重新主宰自己和企业的命运。管理者的定力越高，就越能遇事不慌、临危不乱，就能从容面对花花世界的种种诱惑。

在企业管理这个大课题中，许多企业管理者都不缺乏发现机会的能力，却恰恰缺乏一种抵御市场经济条件下各种诱惑的定力，例如在发展

思想上急于求成、在发展战略上跟风走、在经营管理上不愿苦练内功、在科技创新上重"概念"炒作而不重实际创新等现象，都是企业管理者缺乏定力的表现，如果此时再不修炼定力，则势必会被这些诱惑所俘虏，从而断送企业的发展之路。

修炼定力最关键的是要修炼企业管理团队的信仰力和战略执行定力。企业管理团队的信仰和如何坚定自己的信仰关系到企业的生存和发展。信仰明确而坚定者会像恒星一样久远生辉，反之，则必然像流星一样稍纵即逝。只有对自己所从事的行业和企业存有真心和真爱，才会产生一种极大的创造力和旺盛的生命力。大树之所以枝繁叶茂，是因为其扎根土壤至深至广，培养企业管理团队的信仰力则必须持之以恒。而要想成功地做到这一点，就必须用一种高尚的思想进行指引，人有七情六欲，企业也同样面临很多机会的选择和利润的诱惑，能够坚持走下去就必须具有强大的定力，而这个定力的根本就是真心和真爱。

在市场经济条件下，面对各种机会和信息的冲击，企业要建立一种连贯的、富有内聚力的战略变得非常困难，企业要想保持住战略主动权则更加困难，此时就需要一种不轻易为周围各种干扰因素所动的"以不变应万变"的执行战略的定力。这种执行战略的定力来自于这个管理团队能够紧紧抓住企业最为要害的问题，自主地去思考和行动；能够始终围绕着目标而考虑手段，以"果"论"事"，防止因一些枝节问题而影响战略决心。只要牢牢把握住既定的正确目标，就能够摆脱急功近利的短期行为，推动企业长远发展。

当然，企业定力的修炼说到底还是管理者的定力修炼，正像佛家所说的："定学的修持意在培养人之定力，有定力的人，正念坚固，如净水无波，不随物流，不为境转，光明磊落、坦荡无私，有定力的人心地清净，如如不动，不被假象所迷惑，不为名利而动心，定学修持到一定程度自然开慧。"佛法修持者的定力如何，对其能否修成正果至关重要；而对于企业管理者来说，其自身定力修炼的功夫高低则关系到企业的兴衰。定力功

夫高的管理者应该具有"什么事能干"和"什么事不能干"的战略判断,还应该具有敢于和善于拒绝的战略素质,此外,能够克服功利的良好心态和有所为,有所不为的境界也是衡量定力功夫高低的一把标尺。有了这份高深的定力,管理者就能够遵循更多的理性、启发更多的睿智、建立更深邃的思考和更具水准的管理运作能力,同时,这也是保证他所领导的企业能够健康、持续发展的基础。

人们常用"宁静致远,淡泊明志"这句话来形容自己的处世态度,其实这句话对于"定力"一说也是一种很好的诠释。宁静是心灵的洁净,心中宁静,就不会困于喧嚣的市井,不会被流言飞语扰乱心智,就意味着能静下心来思考,并因思考而得到灵魂的自由和永恒。

淡泊则蕴涵着平和,淡看名利、淡看世俗、无欲无求,也无所羁绊。正因为心中无尘杂,志向才能明晰和坚定,不会被贪念侵蚀,也不会被虚荣蒙蔽。一切都在平静和淡然之中,没有欲望和杂念,只有和谐美好、生生不息。

这就是智慧,一种大智慧。这种智慧不是消极的,而是积极的。对于变化多端、丰富多彩的现代社会来说,在各种变化和诱惑中保持清静圆满的心态并坚定不移地努力追求自己的目标,这才是真正的定力、真正的淡泊宁静。

第九堂管理课

以理服众，
团队建设首尚理

佛陀在那兰陀时，有些人来见佛陀，并且问道："为什么你不表演神通，这样很容易地就使那兰陀的人民归信佛教了。"佛陀回答："我不喜欢那样做，我喜欢表演的神通只有一种，那就是弘法的神通。"对于佛教来说，强迫他人信仰或不信仰都是不对的、不好的，会受到佛陀的谴责。佛教只承认一种奇迹，那就是弘法的奇迹，因为在弘法时，佛法能够以理服人。

以理服人，即指通过说"理"来教化他人，通过摆事实、讲道理等方式对他人施加正面的影响，进而使得他人具有辨别是非的能力，使思想认识的水平得到提高。这里的"理"，即真理、事实。

一只已经饱餐一顿的狼发现一只绵羊倒在地上，知道绵羊是因过分害怕而昏倒的，就走过去弄醒它，告诉它不要怕，并答应绵羊，只要说出3件真实的事情就放它走。于是绵羊说："第一件事是我们不想遇到狼，第二件事是如果一定会遇到，最好是只瞎眼的狼，第三件事是我希望所有的狼都死掉，因为我们对狼丝毫没有恶意，而狼却常来攻击我们、欺负我们。"

狼认为绵羊说的话都没有错，就放它走了。

试想，在某种情况下，连敌人都能被真理感动，作为共同在这个竞争时代谋生存、谋发展的芸芸众生又怎么会不受教化呢？当然，将"以理服人"运用到企业管理中，它可以演化为另一个词——"以理服众"，因为在生活中，你面对的是千万众生的各种思想，也许不可能用一条道理就"降服"所有人，但在企业管理中，大家所面对的亟待解决的问题会单一得多，也容易得多，往往可以用一种方法就解开所有人的思想疙瘩，因此可以称为"以理服众"。

令人信服既是管理的起点，也是管理的目标，因为，要让他人采取行动，首先必须让人相信你所说的话，如果别人对你所说的根本不信，管理也就无从谈起。至于怎样才能让人信服，你可以尝试以下3种方法：以理服人、以势压人和以情动人。

以理服人实际上就是摆事实、讲道理,让大家将各种各样的理由和借口都说出来,然后一条一条地进行分析和解释,最后让人心服口服。

以势压人就是利用权势让人不服也得服,你的利益和前途掌握在我的手中,不服从就得被扣工资或者炒鱿鱼,所以不能有任何借口,只管执行就是了。

以情动人就是不需要理由的信仰,不要问为什么,只要相信就行了。常用的说法是:我完全是为了你好,我们这么好的关系,我会骗你吗?按我说的去做就好了。

显而易见,在这3种方法中,最令管理者没有后顾之忧的方式就是以理服人,因为以势压人难免会使对方产生抵触情绪、口服心不服;以情动人难免会让对方一而再、再而三地怀疑你的决策,因为情感是世间最难琢磨也最难掌控的东西,对方也许会频繁地来找你"谈心",以便打消自己心中强烈的不安感,这就意味着管理者需要耗费大量的精力与体力来帮助对方放下思想包袱;唯独以理服人这一条最为简单有效,真理面前人人平等,心服口服的结果就是大家会严格地按"理"行事,不需要你每天瞪大眼睛监督大家,也不用苦口婆心地做大家的思想工作,更不用提心吊胆地害怕哪个员工又会来找你的麻烦。

当然,以理服人的管理手段是最有效的,但用此方法进行管理也是最难的,因为你需要掌握非常有力的理论工具,否则明知道对方说的是歪道理,可就是无法用道理说服对方,于是不得不转为采用第二或第三种手段进行管理。

第一节　释家哲理：
以人为本，佛性实为人性

□ 核心提示

佛经曰：后代迷人，若识众生，即是佛性；若不识众生，万劫觅佛难逢。吾今教汝识自心众生，见自心佛性。欲求见佛，但识众生；只为众生迷佛，非是佛迷众生。自性若悟，众生是佛；自性若迷，佛是众生。

这段经文是禅宗六祖留给后世的开示，意思是说，后世的众生如果可以识得众生，即是见了佛性。如果不识众生，那么即便是花费万劫这么长的时间去寻觅佛法，最终也是难以遇见的。所谓识得众生即是识自心众生，要见的是自心佛性，所以说要见佛性，即见众生。

古今中外，几乎所有宗教皆以神为本：人由神所造，并最终回归神的怀抱。而佛教则认为，生命形态分为天、人、阿修罗、地狱、饿鬼、畜生6道，如此轮转不息。其中，人的身份是最为重要的。

人，含有众生性，也含有佛性，而人又有人的特性，例如人性、众生性、佛性。浸淫于神教的西洋学者一般以为，人有神性，同时也带着兽性的成分，例如人的性格如果发展到极其残暴酷毒、丧失人性的程度，那么便与禽兽没有什么分别了。在基督教的神学说中，人可以分为3类：体，即生理本能，想到什么就任性地去做，完全受肉体的欲望所支配，这是堕落的，与兽性相近；灵，即神性，是上帝赐给人类的灵性，是尽美尽善的。如果可以秉承这种灵性而活动，即会得到上帝的济拔而上升天堂，永生

不死;魂,即上帝将灵性赋予人类,魂虽不是纯属于情欲的,但也与神性相隔,是灵性与身体结合而产生的。神学的人性分析,认为人类如果专向肉欲(物质)的方面去追求,则必定堕落;如果专向灵性的方面去发展,则必能升天。而中国儒家的四书五经在说到人心与道心时,却一向重视这二者的协调综合,如《尚书·大禹漠》中所说的"人心惟危,道心惟微,惟精惟一,允执厥中",其大意是:人类受了情欲的冲动,想求得肉体的安适,这种物质的贪求不已,可能发生种种的危险。微妙难思的道心就是契合天理的心。以道心制人心,不偏向于情欲;以人心合道心,不偏重于理性。

佛法所说的人类特性不像儒者所说的人心,而是与道心相对,却偏于人欲;它也与神学者的魂不同,仅仅是灵与肉的化合物,有些偏向于灵的生活。那么,佛教提出的以人为本和西方人文主义思想究竟有何不同呢?人文主义者认为,人是自己的主人,也是世界的主人,可以根据人类所需随意改造世界,使其提供更多的服务;而佛教则认为,人类虽然是自己的主人,但世界却不仅是人类的,也是其他生物的,一切众生皆有独立生存的权利,谁也不隶属于谁,所以,佛教不仅提倡人权,更强调众生权。在生存权利上,人类和众生是平等的。佛教和其他宗教的最大区别就在于,佛教认为人的命运是由自己决定的,不存在什么造物主。

佛经中有这样一则故事。

有一次,一个婆罗门(印度社会中阶级最高的祭司僧侣)问佛陀说:"人一生下来便属于不同的阶级,可见众生并不平等,可是您一再强调众生平等,那么对于这种矛盾的现象,您如何自圆其说呢?"

佛陀随即回答说:"你虽然是贵族,比社会上其他的人似乎更为幸运,不过我想请问你,你是否可以比其他的人少受一点儿因果的报应?可以比其他的人少受到生老病死的痛苦?可以比其他的人少一点儿定业?如果你做了好事或坏事,将来是否跟其他的人一样,都要接受报应?你的肉体是否跟其他的人一样常常会有病痛?将来是否一样会死?你一旦造

了业,会不会因为你是贵族就可以受到上天特别的赦免而消除?"

这位婆罗门听了佛陀的开示后异常佩服,就向佛陀顶礼答谢,并且皈依了佛教。

佛教本来是人间佛教,具有鲜明的人间性,是以人为本、以人间为本,而非以天帝鬼神为本的。正如星云大师所指出的:我们知道佛教的教主——释迦牟尼佛就是人间的佛陀。他出生在人间,修行在人间,成道在人间,度化众生在人间,一切都以人间为主。佛陀为什么不在其他5道成佛呢?为什么不在十法界或其他法界中成道,而要选择降世在人间成道呢?再深入来看,佛陀为什么不在过去的时间、未来的时间成道,而要在我们现世的婆娑世界成道?因此可以说,佛陀在我们这个地球人间成佛教化这件事便是一次意味深长的现身说法,表明了佛教对人间的重视和对人身殊胜的肯定,说明佛法以人为本、以人间为本,佛道须由人而成。此中的道理,经论中已对其解说甚明。既然佛道以人为本,则佛教的教化应从人类出发,关注人生、发达人间。

现在,许多企业管理者都纷纷将佛法的精髓运用在日常的管理工作中,而"以人为本"这一佛教精神也被成功地转化为企业的人性化管理,并取得了良好的效果。

要明白什么是人性化管理,就必须知道人性是什么。人是复合体,是一种复杂的、变化的、不同于物质资料的特殊资源,并非简单的"经济人"或"社会人",所以人性也不能简单地以性"善"、性"恶"来概括。人性中的东西有善的、有恶的,在不同环境中又是变化不定的,由此导致人的需求并非固定不变。企业人性化管理中的人性指的就是人的天性,即"善"、"恶"并存的天性,所以,企业的人性化管理应该是在充分认识人性的各个方面的基础上按照人性的原则去管理,利用和发扬人性中有利的东西为管理和发展服务,同时对于人性中不利的一面进行抑制,弱化其反面作用。在企业人性化管理的实施和手段上应该采取"人性"的方式、方法

去尊重个人、个性，在实现共同目标的前提下给员工更多的个人空间，而不是主观地以组织意志或管理者意志来约束和限制员工。

在通用电气公司，总裁韦尔奇每周都会突然视察工厂和办公室，匆匆安排与比他低几级的经理共进午餐。他还向几乎所有员工发出自己的手写便条，让员工感受到他的领导，以此来鼓励和鞭策员工。

除此以外，任何人都可以在没有上司在场的情况下召集会议、解决问题。如果与会者提出一项计划，如废除某个无用的表格或置换某个不起作用的泵，其上司必须当场明确表态，不许扯皮推诿，因此，在通用电气下属任何一个较大的部门里，"群策群力"已经成了家常便饭，天天都有可能发生，而且管理层甚至可能对此一无所知，直到有人将"群策群力会"上讨论的结果拿来和管理层探讨时，才知道发生了什么。

也许有人会说，通用电气这样的制度不就等于宣布所有员工都可以随意参与管理层的工作吗？的确，根据现代管理学理论，企业管理层的最佳人数应该是 7~13 人，但通用电气却将这个人数变成了数十人乃至上百人，这似乎是对最佳管理人数原理的嘲笑，但却充分体现了通用电气对人性的尊重。这样做的目的恰恰就是要让员工的主动性和创造性得到更好的发挥，同时迫使每级管理者向员工授予更多的权力，让员工能够充分发挥其自主性，以利于上下级之间的信息沟通，特别是便于基层员工的意见能很快反映到公司的决策层。

如此一来，员工有了更多的自主性，得到了更多的重视与尊重，其工作动力自然大大增强，这可以说是对僵化制度的颠覆，也是对员工天性的释放。这种富有人情味的举动再加上更加开放、自由的工作模式，不断激发着员工的智慧、挖掘着员工的潜力，通用电气正是以此来实现员工的目的，因为员工目的的实现正是企业目的实现的基础。

企业管理者都明白，对于企业而言，最重要的资源就是人才，而得到人才之后，该如何培育使用、如何使其主动积极地发挥作用，也是每个管理者都需要思考和解决的问题。

从人的经济层面进行分析，人都是利己的；而从道德层面进行分析，人又都具有同情心和利他性。可以说，这两个方面时刻存在于一个鲜活的人身上，存在于人类的发展过程中，因此人性也总是在经济性层面的利己和道德层面的利他之间游弋。

基于人性的这些特点，管理者在使用人才的问题上应该注意以下几个方面：

第一，在使用人才的问题上要量才录用

管理者在人才的使用上务必要杜绝大材小用、小材大用甚至是乱用的现象，人才使用不当只能使双方都陷入失败的窘境。

第二，在使用人才方面，管理者不要求全责备，要学会择其长处而用之

这个世界上根本不存在十全十美的员工和十全十美的老板，因此管理者务必摒弃这种不切实际的幻想，只要员工身上有一条长处可用就足够了。

第三，在对人才的使用上，应当把握人性的两个层面，即经济层面和道德层面的需求

其中，经济层面的需求表现在工资待遇上，道德层面的需求则表现在互相尊重和良好的工作氛围上。如果企业能够很好地协调两者之间的关系，那么不但能留住人才，而且还能发挥人才的主观积极性和能动性，产生巨大的正面效益，形成良好的企业文化和风气。

第四，在个人与集体的关系上，员工要以企业为本

在市场经济的激烈竞争中，员工与企业实际上构成了一个共同体。企业坚持以人为本，应该把重点放在如何使员工树立以企业为本的思想这一工作板块上来，提倡每一个员工都要把心思、精力用在做好各项工作上，为搞好企业出力献策。为此，管理者平时要注意对员工进行集体主义教育，引导员工树立牢固的集体观念和集体意识，关心企业的改革和发展，与企业同呼吸、共命运，特别是当个人利益与企业利益发生矛盾时，要能够做到顾全大局，使个人利益服从企业利益。此外，管理者还应

该鼓励和帮助员工在为企业集体利益的奋斗中积极实现个人的价值，使个人通过辛勤劳动显示自己的力量、作出自己的贡献、提高自己的社会地位。当然，在对员工进行集体主义教育的过程中，切不可忽视对员工个人的重视和关心，因为企业作为人的群体，是由一个个单个员工组成的，他们才是企业走上兴旺之路的基石。

最后，在管理者与员工的关系上，管理者要以员工为本

企业管理者和员工是对立统一的关系，一方面，二者之间有着明确的界限；而另一方面，他们又是互相依存、互相联系、互相渗透的。作为企业的员工，应当树立以管理者为本的思想。一个企业是否成功，关键在管理者，特别是企业的决策者，如果员工能够树立以企业管理者为本的思想，就会慎重地推荐和选择本企业的管理者，对于不称职的管理者，就会通过职代会、举报、监督等多途径的民主渠道和法定的程序要求决策层予以调整。当然，对于优秀的管理者，员工自然会自觉维护其权威、服从其指挥、响应其号召。因此，作为企业的管理层成员，必须坚持以员工为本的管理思想，因为企业的兴衰归根到底要靠企业的员工，他们是从事安全生产与经营管理活动的主体，管理者唯有把着眼点放在最大限度地调动员工的创造性上来，充分发挥他们的聪明才智，最终才会受到员工的拥护和欢迎，企业也才会走上兴盛之路。

第二节　释家哲理：
佛教认可求同存异

□ 核心提示

佛经曰：傍海平盗日月久，九莲山下有宿头，南北少林同
一寺，大乘禅在心中留。

佛教素来以人为本，关怀人生、净化人生。在处理人际关系方面，佛教主张众生平等，倡导平等待人、尊敬待人、宽容待人、和合待人；在处理社会关系方面，佛教主张各阶层和睦相处，反对等级制度；在处理宗教关系方面，佛教倡导求同存异、殊途同归……

和而不同自古就是渗透在中国文化传统中的重要文化精神。中国文化几千年的发展过程，正是各种不同文化思潮不断交流、不断互相吸取、融合的过程。佛教传入中国以后的发展情况，更深刻地反映了这一点。

佛教传入中国后，经过数百年的发展，逐步走上了中国化的道路，产生了中国化的佛教禅宗。同时，儒学也在吸取佛、道两家思想的基础上发展到了新的阶段，产生了宋代的道学。经过儒、道、佛3家的互相吸取、融合，终于形成了儒、道、佛3家互补共存、和而不同的局面，共同构筑了中国文化总体体系的格局。

2000年前，佛教传入中国。在传入中国的第一个千年，中国佛教又传入韩国、日本和越南等地；再传入中国的第二个千年，佛教又从亚洲传

播到欧洲、美洲、大洋洲等全球广大地区。佛教讲中道，是理性的宗教；佛教讲慈悲，是和平的宗教；佛教讲自利利他、自觉觉他，是智慧的宗教；佛教讲律仪、讲行持，是践行的宗教，它有利于人心的净化、道德的增强、社会的稳定、人际关系的和谐，因此，佛教越来越受到东、西方人士的欢迎，佛教的教义和精神也被人们越来越多地运用在生活和工作的各个方面，而佛教所提倡的求同存异这一思想也正被越来越多的企业管理者运用于管理工作之中。

聪明的管理者都清楚，对于一个合作型团队来说，其最致命的伤害之一就是回避冲突、不愿意面对冲突，其结果往往会形成冲突的恶性循环，从而导致团队的分裂。虽然所有人都希望团队能够处于一个和谐的氛围之中，谁也不愿意遇到冲突，但事实上，没有任何一个团队的所有团员的思维是可以完全一致的，即便对于同一事物的看法也会因为仁者见仁、智者见智而导致这个问题无法得到最好的解决，所以冲突是人力资源管理中无法回避的重要问题。

恶性冲突通常是团队中基于个人私心的品质冲突，也可能是一种基于对事物不同看法而转化为对人不同看法的人际冲突，无论前者还是后者，都是分裂团队的关键因素。其实，从某种意义上来说，冲突并非全是坏事，特别是对于一个有创造力的团队，如果管理者能够学会激发良性冲突，将会对企业的人力资源管理大有助益。

在团队中，由于人与人之间存在着知识、经验、立场、角度和方法、环境、职务高低、年龄、性别、岗位等方面的差异，因而对同一个问题的看法和处理方式自然也有所不同，这就会不可避免地产生分歧，而这种并未造成人与人之间交恶的冲突被称为良性冲突。良性冲突的特点表现为，双方都对实现企业的共同目标颇为关心，因此乐于了解对方的观点、意见，双方之间发生的冲突是以争论问题为中心，而不是进行人身攻击，且能在冲突中注重互相交换情况、互相吸收。应该说，这类冲突对于企业目标的实现是极为有利的，人们往往能够通过这种冲突找到解决问题的有

效方法，因此，求同存异是企业管理者解决冲突的有效法则。

通用电气的总裁杰克·韦尔奇就十分重视良性冲突在企业中所发挥的积极作用。他认为，在企业管理这个"游戏"中，开放、坦诚、良性冲突、不分彼此是唯一的"游戏"规则。企业必须反对盲目的服从，每一位员工都应该有表达反对意见的自由和自信，将事实摆在桌上进行讨论，并学会尊重不同的意见。可以说，正是这种良性冲突最终培植了通用公司独特的企业文化，从而成就了韦尔奇的宏图伟业。

而素有"日本爱迪生"之名的盛田昭夫也从自己的管理实践中深刻体会到，通过一定的途径和方式激发良性冲突，让员工表达自己的不满、发表批评意见，对于企业而言非但不是不幸，反而有利于培养上下级一体的工作关系，使企业少冒风险。为此，盛田昭夫在公司里鼓励大家公开提出意见，即使面对自己的上司，也不要怕因为公开提出意见而发生冲突。他认为，不同的意见越多越好，因为最后的结论必然更为高明，如此一来才会减少公司犯错的风险。

由此可见，良性冲突是团队建设的活力和创造力所在。如果一个团队的全体成员都按照管理者一个人的思路去工作，那么这个团队必然是死水一潭，在工作上也不会有任何突破，这样的团队注定会因为没有生命力而遭到无情的淘汰。因此，作为企业的管理者务必应该学会诱导、引发团队成员之间的良性冲突。

除此以外，冲突对于企业的发展究竟是积极的因素还是消极的因素，其关键完全在于企业领导层和管理者对冲突是否进行了有效的管理。一旦发现员工之间存在冲突，管理者应该立即要求双方必须主动化解矛盾、彼此做出解释，鼓励并引导冲突双方看到事态积极的一面，避免工作冲突转化为人际冲突，鼓励冲突双方把实际存在的冲突与感觉上的误会区分清楚。

激发良性冲突的关键是信任，这应该是每一个管理者都务必把握的关键要素。如果没有信任作为前提条件，管理者想要让大家畅所欲言，表

述对问题的真实看法，并对企业的发展提出建设性意见，恐怕得到的只能是员工心有余悸的随声附和、胡乱应付。要知道，如果没有最起码的坦诚，那么每个人都无法在工作中提升自己，更不要妄谈团队的建设和企业的发展。信任意味着一种凝聚力的产生，一个企业的管理者必须学会信任，而一个卓越的团队成员也必须学会彼此欣赏、彼此信任，不但要勇于承认自己的错误、弱点，还要时时看到别人的长处。

作为一个企业管理者，应该积极鼓励良性冲突，并建立有效的良性冲突激励机制，例如可以对在企业发展中提出建设性意见的员工给予奖励，即使他们的意见是和管理者的想法相悖；管理者也可以主动与员工沟通，听取他们对某些问题的意见和建议等。只有真正做到了畅所欲言、集思广益，企业才会有较大的发展，团队的卓越功能也必然能被发挥得淋漓尽致。

第三节　释家哲理：
持戒守行、有章可循、有的放矢

□ 核心提示

佛经云：万丈高楼从地起，菩提涅槃戒为基。

修行的目的是要达到佛陀的境界，佛教经常提倡"愿"、"力"并行，十方三世一切诸佛都是依愿成佛，虽然人们信佛、学佛不能离开"愿"，但光

有"愿"还不够，还必须配合身体力行，要以实际行动来表现自己信佛、学佛的希望，才能成就成佛的愿望。仅以空口谈愿，而不以实际的行动来表现，永远都不能满"愿"，因此，在三足鼎立的"信"、"愿"、"行"之间，"行"是非常重要的一项功课。

佛经中说："戒为无上菩提本，长养一切诸善根。"又说："佛灭度后，以戒为师。"因此，佛教徒的本分可以用两个字来代表，那就是"持戒"。受戒是"学"最好的行为，就是要世人做好事，不做坏事，也就是佛教所讲的"断一切恶，修一切善"、"诸恶莫做，诸善奉行"。一个人守戒，那么他就是觉悟的菩萨，不守戒就是迷惑的凡夫，正所谓"众生受佛戒，即入诸佛位"，守戒不但可以助其修身、解脱，甚至还可以成佛。

"戒"的意义，从消极方面来说是防止做恶，从积极方面来说是做善、止持并行，要停止"恶"，要奉持"善"。戒的最高含义是"行善而不行，亦是犯戒"——应当要做的善行，你不做就是犯戒。

"戒"要重视出发点。比如一个人见到别人有好东西，心里就想据为己有，虽然还没有实施偷盗的行为，但心中已生起盗念，虽没有犯戒之行为，却已有犯念。

由此可见，"戒"之一字的定义，不是教人单方面地戒恶——诸恶莫做，更重要的是教化世人，凡利益众生之事，无论事情大小都要去做——诸善奉行。那么，用什么方法才能达到"诸恶莫做、诸善奉行"的修炼境界呢？就是依戒。依照戒律勤修戒、定、慧，自然能够"诸善奉行"；依照戒律不做杀、盗、淫等恶业，自然可以"诸恶莫做"。

佛经中有这样一则故事。

释尊在舍卫国祇园精舍传法的时候，一天，许多化缘归来的和尚行走在荒野中，一群强盗看见了他们，便立刻前来抢劫。

和尚们被扒光了衣服，强盗首领还不肯罢休，下令说："这些和尚到了村里难免会胡说八道，你们快点儿下手，把他们全部除掉。"

强盗中有一个人曾出过家,他知道佛法中有守戒一说,便提议说:"首领,没有必要动手杀他们。这些和尚是非常慈悲的,只要用青草把他们捆住就可以了。为了不伤害青草,他们不会动弹,当然也就不会逃走了,还怕他们胡说八道吗?"

强盗首领一听有道理,便采纳了这个人的建议,于是强盗们把所有的和尚都用青草捆起来,将他们弃在荒野中之后便扬长而去。

被青草捆住的和尚为了守戒都不肯挣断青草。他们的衣服被剥得精光,被日光暴晒了一天,又遭到蚊子、牛虻、苍蝇和跳蚤的叮咬,好不容易才挨到太阳西下,天地顿时陷入一片黑暗,各种野兽开始在四周出没,远处不时传来野狼的嚎叫声,耳边还时常响起猫头鹰比哭还难听的尖叫声,荒郊野外顿时变得如地狱一般恐怖,令人不寒而栗。

此时,许多年轻的和尚开始心中慌乱、怨言四起。一位老和尚见此情境,开口说道:"人生短促,比水流还快。即使天上的殿堂也有崩塌的时候,何况人的生命,更是无常了,大家不必叹息这种无常的生命,要明白持戒的重要,不要挣断青草,更不要为这样白白死去、坠入六道轮回、很难再度出生为人而觉得很遗憾。其实,我们现在能懂得佛的教义、遵守戒律,这才是最珍贵的。"

为了持守戒律不挣断青草,这些和尚既不能伸直被捆紧的身体,也不能挪动位置,时间长了,身体难免有些承受不住。老和尚看到这个情景,便又说道:"我们的修行跟现在的状况一样,即使遇到了恐怖,也要忍耐,甚至要把我们的生命奉献给高尚的佛法。纵使现在我们能站起身子来,也无处可去,唯有坚守戒律、死而后已。"

年轻的众僧听了老和尚的话之后心中大悟,于是纷纷端正身体,不动不摇,静静地坐在黑暗的荒野之中。

第二天黎明,国王带着大队人马出来打猎,经过这里时看见了这群和尚,心中疑惑,就命令身边的随从下马察看。臣子遵照国王的命令前去察看,很快回报国王说:"他们全身赤裸,自觉羞愧,都垂下头不肯说话。

253

但经我仔细察看，发现他们右肩的皮肤黝黑，原来是一群僧人，因为他们穿着袈裟，是偏袒右肩的。他们一定是碰到强盗，被剥去了衣服。"

国王听见臣子的报告，心中仍然在想："手上捆着青草，要挣脱不费吹灰之力，然而他们却像祭祀的羊羔一样一动也不动，这是为了什么？"于是亲自下马，来到众僧之间问道："你们身体健壮无病，为何被草捆得不能动弹？是被咒术迷住，还是为了苦行？"

众僧回答说："纤细的青草非常脆弱，不难挣断，但我们是被金刚戒所捆，才无心去挣断它。挣断草木无异于杀生，我们遵照佛法的戒律，才不去挣断它。"

国王听见众僧的回答之后心中十分欢喜，亲自为他们解开了青草，并赞叹道："好一群和尚，为遵守戒律，宁可舍弃自己的生命，我也要皈依伟大的释尊、皈依无上的佛法、皈依守戒的僧人。只有皈依才能离开苦恼。"

向佛之人要想圆成佛道，首先便要发菩提心利益众生。每一个众生有困难，都是我们的责任，要效法菩萨的无缘大慈、同体大悲，视一切众生的困难为我们自己的困难，发扬舍己为人的精神去帮助他们、解救他们，而结果则是救人者常自救、与人乐者常自乐。

传承了2500年之久的佛教之所以作为一个团体组织能够历千年而不衰、经数代而不竭，无疑与佛教用清规戒律管理佛门弟子以及其组织完备的寺庙制度有关，它在日常的行为规范上有着严格和详尽的规定。

作为现代企业，从佛教的组织管理中应该得到的启发是：企业必须明确高尚的目标，组建合理的组织机构，建立完善的操作规程、职务说明书、行为准则等规章制度来规范和指导员工的日常工作，要用严明的"规矩"来管理企业员工，正所谓"没有规矩，不成方圆"。这个规矩的建立不光只是嘴上说说而已，还必须严格按照规章制度执行，对任何违反规章制度的人员要严格惩戒、不能姑息，只有这样才能使企业的管理工作有章可循、有的放矢，并以此树立员工的责任心和自我反省能力，促进有质

量的工作成果，实现企业的良性发展，反之，再完善的组织规章，如果没有严格守戒的人去奉行，也都如同虚设。

规章制度能够使企业的各部门人员都有章可循，形成一个组织严密的团队。如果没有制度做保障，那么企业就完全丧失了凝聚力，也不可能形成良好的企业文化。要想使一种思想或文化在企业员工的思想中渗透，运用规章制度进行贯彻是非常必要的。

聪明的管理者深谙"用制度管理行为"之道。在一个企业中，员工的行为既是个人行为，也是企业行为。企业内各个不同的个体，包括老板、管理人员和普通员工的行为共同作用构成了企业的行为。企业中的每一个人从思想观念到价值取向都不可能达成一致，因此，"管理"的基本出发点就不应强求所有人的思维观念一致，而应该把重心放在严格要求企业内标准行为的统一和一致上。

其实，简单地说，企业制度就是限制企业的非标准行为，企业文化就是要固化企业要求的标准行为。当然，这个标准行为是企业的基本要求或希望、提倡的行为。从某种意义上来说，制度就是限制人性之恶，拟定制度的基本出发点是基于人性中恶的一面，联系到企业行为，制度实际上就是限制企业中"恶"的行为，因此要"先小人，后君子"，用严格的制度来防患于未然。而这个善、恶区分的标准，就看这种行为是不是企业所希望或提倡的行为，或者这种行为能否为企业的长远发展带来有利的影响。

商场如战场，战场取胜在于用兵之道，商场得意在于管理之法。知名的企业各有各的赚钱高招，但它们共同的一个特点是：都有一套自己的经营理念。在管理企业的过程中，不论是创业也好，守业也罢，追求成就必须讲求效率，讲求效率最重要的是做好管理工作，而做好管理工作的前提就是有管理之道。在好的制度下，坏人难做坏事；在坏的制度下，好人难做好事。所以在企业管理中，没有坏的行为，只有坏的制度。

世界著名的哈佛大学曾经发生了一场大火，这场火烧毁了哈佛楼，把哈佛牧师当年遗赠的 250 本图书几乎全部烧掉，每个人都心疼不已。

碰巧，一名学生在大火发生前夜带出了一本，按照校规，这批珍藏的书只能在图书馆阅读，不能带出馆外。这名学生想来想去，最后还是把这本书还给了学校，校长收下后对学生表示了感谢，随即下令把他开除出学校。之所以感谢他，是因为他把书送回学校的这份诚信；之所以开除他，是因为他违反了校规。哈佛大学的管理理念是：让校规守护哈佛的一切比让道德看守哈佛还安全有效。

人们也许都有过这样的经历：去一家经常光顾的餐厅，想再品尝一次自己偏爱的特色菜，却发现这道菜的味道变了，原因是换了厨师。而作为全世界最大餐厅的麦当劳，几十年来却没有一名顶级厨师，有的只是全世界一样的标准化作业流程，这就是制度的效力。

制度是人们行事的标准、行为的规范、行动的指南，因此，每一个管理者都应该懂得用制度管理人、用制度规范人、用制度约束人，谁触犯了制度，谁就要受罚，企业从上至下都必须成为制度的维护者、执行者和建设者。当制度在员工心中的地位能够媲美受戒者心中的"戒律"时，企业则必将会在商战中打赢更多恶仗、硬仗，走向更宽广的发展之路。

第四节　释家哲理：
将欲取之，必先予之

□ 核心提示

佛经云："舍得，舍得，有舍才有得。"

　　舍得一词，最早出自《佛经·了凡四训》，传入中国后，迅速与中国传统的老庄道学思想相互融会，成为"禅"的一种哲理：就如水与火、天与地、阴与阳一样，舍与得是对立又统一的矛盾概念，相生相克、相辅相成，存于天地，存于人生，存于心间，存于微妙的细节，囊括了运行之机制，万事万物皆在舍得之中成就自身，并达到和谐统一的最高境界。舍与得，禅之真谛、道之领悟。舍得的哲学，成为中国文化亘古不变的精髓。

　　舍，古文写作"捨"，即用手拿东西给人；得，即是得到，它不是人们口中通常意义上的"舍得"与"不舍得"，是舍与得的组合，代表有"舍"有"得"，有着更深层次的内涵和更沉重的意蕴。

　　佛经中有这样一则故事。

　　佛在世时，有一次，波斯国王出城巡游，他乘坐在高大的白象上，一群随从簇拥在他身旁。

　　半途中，波斯国王看到一位白发苍苍的老人远远走来，他生怕自己

威严的仪仗会使这位年迈的长者受到惊吓和冲撞，便吩咐身边的随从："停下来!停下来!"以便让老人能平顺地走过去。

当老者从国王面前走过时，国王以慈爱、轻柔的声音呼唤他说："老人家，看你白发苍苍，似乎年纪不小了吧?"

老人仰头看着国王，露出天真的笑脸，并伸出4个手指头对国王说："我才4岁。"

国王看了看老者雪白的须发，怀疑地说："你才4岁?"

老人坚定地说："对!我才4岁。因为我在4年前所过的生活是很糊涂、懵懂的人生，那不是真正的人生。后来我很幸运地得闻佛法，至今受佛陀的教育才4年，所以我也只有4岁而已。"

国王又问："那你认为如今的人生与过去有什么不同呢?"

老者回答："如今，我凡事都放得下，一心只想要施舍，在我有生之年尽力去付出。在这当中，体会到付出是一件多么欢喜、快乐的事，而不与人计较又是如此的安闲!由此，我才真正了解到，心无烦恼才能身轻心安。这4年来，我过得很逍遥安闲，这才是真正的人生，所以，我真正会做人的年龄才4岁。"

波斯国王听了欢喜地说："老人家，人生确实要放得下、舍得付出，与人无争、与事无争，这才是最逍遥的人生。我很羡慕你，虽然你听闻佛法才4年，但你的人生已经很有价值了。要体会佛法真理、追随圣贤者的行迹，必须先学会放得下。有些人常有自我的主见，以为谦让会使自己吃亏，或认为身旁事物都是恒常、坚固的，所以不愿让步。这些见解如同用一条绳子将自己绑住，真是苦不堪言啊!假如我们不将过去的凡夫心赶紧放下，又如何能学圣贤的行迹呢?其实要学会付出、放下，并不困难，要达到身轻心安的境界也很容易，只是我执放不下众生，才会这么辛劳，只要能够放得下，佛法就在眼前啊!"

舍得，是种精神、是种领悟，更是一种境界。因为有了可以舍予别人的，才能够舍，所以"舍"是一种财富，因为舍予了才会得到，这是事物循

环之规律，舍得舍得，有舍有得；小舍小得，大舍大得。

其实，佛家"舍得"的真谛早在成书于春秋时期的《道德经》中就有诠释，这就是老子的那句著名的"将欲取之，必先予之"。事实上，这句话也是人们在为人处世时应该特别掌握的一个原则。就像农夫，虽然他们日复一日地用心耕种、辛勤劳作，其目的只是为了秋天的收获，但在收获的季节里，他们从来不会忘记在土地里留下其中一部分劳动果实作为来年的种子或肥料，唯有如此才能保证年年耕种、年年有收获。人生也是如此，只想索取、回报而不愿意奉献、付出的人，到头来只会落得两手空空。

有一个人在沙漠里行走了两天，按照测算，再有一天就可以走出沙漠了，但是两天前，他已经喝光了水壶里的最后一滴水，如今他被干渴折磨得再也没有力量走完最后一天的行程了。

正当他快要撑不住而倒在地上的时候，突然发现不远处有一间小屋，于是他打起最后的精神，拖着疲惫不堪的身躯走进了屋里，希望能找到一些水。

这是一间已经废弃的屋子，角落里堆着一些枯萎的木材，看样子已经很久没有人住过了。他几近绝望地在屋里寻找，却意外地发现一个抽水机，他兴奋地扑过去开始疯狂地汲水，可惜的是，任凭他怎样用力，抽水机里始终没有流出半滴水来，他颓然地坐倒在地，突然看见抽水机旁有一个装满水的瓶子，瓶子下压着一张字条：你必须先把水灌入抽水机，然后才能有足够的压力引出水来。不要忘记，在你离开前，请再把水装满。

他的内心开始剧烈地作斗争：如果自私一点儿，把瓶子的水喝掉，那么自己起码还可以再坚持半天的时间；但如果把水灌入抽水机，万一仍然抽不出水来，或者那个抽水机根本就是坏掉不能用的，那么他就只有死路一条。思虑再三后，他仍然决定冒险把瓶子里的水灌进抽水机，然后用颤抖的手开始汲水。

当他压到第十下的时候，水真的大量从抽水机里涌出来，他美美地

喝饱了水并灌满了自己的水壶，然后把水重新装满瓶子，并在原来的字条上加上了一句话：相信我！真的有用！

只有懂得牺牲和奉献的人才会像故事中的这个人一样，选择先将水灌进抽水机，而如果没有这瓶水的压力，抽水机就无法将地下的水抽上来，他虽然"舍弃"了瓶子里的水，但最终却获得了更多的水。

而对于如何将"将欲取之，必先予之"这一思想运用在企业管理中，最关键的一点就在于一个"先"字，即如何把握积极主动的问题。主动地去把握，就处理好了目的与手段的关系，就会通过主动的手段调整来达到目的的实现，真正高明的管理者正是在这种主动中体现出智慧和谋略的。

有个商人到一个偏僻的小镇上去推销鱼缸，尽管这些鱼缸做工精细、造型精巧、价格公道，但却依然无人问津，人们都说："我总不能为了买下你这个鱼缸而特意再去买几条金鱼吧！"

于是，商人在花鸟市场找了一个卖金鱼的老人，以很低的价格向他订了500尾小金鱼。老头非常高兴，因为他在小镇卖金鱼多年，一直生意惨淡。

商人付过钱后，便让老人挑着金鱼和他一起来到穿镇而过的水渠上游，并让老人将500尾金鱼全部投进水渠。

结果不到半天，一条消息就传遍了小镇：镇子里的水渠中竟然不可思议地多出了一尾尾漂亮、活泼的小金鱼。镇上的人们立即争先恐后地涌到渠边，许多人更是立刻跳到渠里，小心翼翼地寻找和捕捉小金鱼，生怕被别人抢了先。

捕到小金鱼的人一上岸就犯了愁：没有鱼缸用什么养鱼？于是大家不约而同地想到了那个卖鱼缸的商人，便立刻兴高采烈地跑去买鱼缸。而那些还没捕到金鱼的人也纷纷加入了抢购鱼缸的行列，他们的想法是：既然水渠里有了金鱼，虽然自己今天没捕到，但总有一天会捕到，那么鱼缸早晚能派上用场的。

趁此机会，卖鱼缸的商人便把鱼缸的售价抬了又抬，而他的几千个

鱼缸还是很快被人们抢购一空了。

通过这个故事我们可以看出，在企业管理，特别是在以营销为主的企业中，管理者应该把握这样一个思想：如果企业想要充分实现消费需求，完成产品推广的最终目标，就应该首先给予客户一定的实惠，使他们体会到利益所在，产生消费需求和购买热情，进而向企业发出购买要求。

"先舍后得"的营销策略能够极大地引导消费需求，更能够创造消费需求，尤其是在拥有竞争性产品的市场中，企业推出的新产品如果不运用独特的营销手段使其突现出来，则必然会被淹没在众多同类产品中。此时，如果企业能够通过产品派送、免费试用等方式让客户体会到产品的优越品质和独特之处，就能有效地引导客户的消费倾向，极大地提高客户的购买欲望和购买力。精明的商家总是能抓住人们爱占便宜的消费心理，在销售之初就让他们觉得自己尝到了甜头、占到了便宜，从而刺激其消费的欲望，大把大把地将钱扔进商家的口袋。

此外，"取"与"予"、"舍"与"得"之间还包含着进与退的辩证问题。在竞争中，主动出击是一些企业常用的做法。企业生产能力的扩大、经营业务的拓展、主动进入新的细分市场或新的区域等，都是靠进攻达到目的的。在今天买方市场的经济条件下，企业只有积极进取、主动出击，才能满足广大客户的需要，从而使市场不断扩大、占有率不断提高。但在某些特殊情况下，主动退出其实也是一种进攻，而且往往是一种更有效、更高明的进攻。企业在面对客户展开营销活动时，善用以退为进、欲进故退的办法，常常能收到特别的效果。

在很多人眼中，"退"只是身临困境时的无奈之举，不到万不得已绝不为之的下下策，然而，水无常形，兵无常势，许多"以退为进"的事例却告诉我们，很多时候，选择"退"不仅是一种策略，更需要勇气和智慧，退出的目的是为了更好、更快、更合理地前进，因此，进与退都应该是积极主动的，只有有能力驾驭进退的管理者才能游刃有余、灵活自如地运用好商战谋略。

第十堂管理课

以文合众，
企业文化需要气象引领

　　文化是人类社会历史实践过程中所创造的物质财富与精神财富的总和，也是社会意识形态以及与之相适应的组织机构与制度。

　　佛教文化是中国传统文化的一部分。佛教自从东汉初年传入中国以来，经历了近 2000 年的岁月，它已渗透到中国社会的各个领域，并产生了广泛的影响。举个最普通的例子来说，语言是一种最普遍、最直接的文化因素，我们的日常生活中就有许多语言来源于佛教，例如，世界、如实、实际、平等、现行、刹、清规戒律、相对、绝对等词汇都是来自佛教的词汇。佛教与社会主义精神文明的关系也是要靠文化来连接的。人类文化的发展是一个不断连续的过程，佛教文化和现代文化不可能完全分割开来，我们要在佛教文化中汲取一切精华来充实和发展社会主义的民族新文化，更好地为先进文化服务。

　　正如文化在佛教中的重要地位一样，文化对一个企业的发展也具有不可小觑的力量，一个好的企业必定有自己独特的企业文化。简单来说，企业文化是企业在生产经营实践中逐步形成的，为全体员工所认同并遵守的、带有本组织特点的使命、愿景、宗旨、精神、价值观和经营理念以及这些理念在生产经营实践、管理制度、员工行为方式与企业对外形象的体现的总和，它与文教、科研、军事等组织的文化性质是不同的。

　　企业文化是企业的灵魂，是推动企业发展的不竭动力。它包含着非常丰富的内容，其核心是企业的精神和价值观。这里的价值观不是泛指企业管理中的各种文化现象，而是企业或企业中的员工在从事商品生产与经营中所持有的价值观念。

　　杰出而成功的企业都有强有力的企业文化，即为全体员工共同遵守，但往往是自然约定俗成的而非书面的行为规范，并有各种各样用来宣传、强化这些价值观念的仪式和习俗。正是企业文化这一非技术、非经济的因素导致了诸多决策的产生、企业中的人事任免，甚至影响着员工们的行为举止、衣着爱好、生活习惯。

　　企业文化应该具备 5 个要素，即企业环境、价值观、模范人物、文化

仪式和文化网络。

企业环境是指企业的性质、企业的经营方向、外部环境、企业的社会形象、与外界的联系等方面，它往往决定企业的行为。

价值观是指企业内成员对某个事件或某种行为的好与坏、善与恶、正确与错误、是否值得仿效的一致认识。价值观是企业文化的核心，统一的价值观使企业成员在判断自己的行为时具有统一的标准，并以此来选择自己的行为。

模范人物是指企业文化的核心人物或企业文化的人格化，其作用在于作为一种活的样板给企业中其他员工提供可供仿效的榜样，对企业文化的形成和强化起着极为重要的作用。

文化仪式是指企业内的各种表彰、奖励活动、聚会以及文娱活动等，它可以把企业中发生的某些事情戏剧化和形象化，用以生动地宣传和体现本企业的价值观，使人们通过这些生动活泼的活动来领会企业文化的内涵，使企业文化"寓教于乐"之中。

文化网络是指非正式的信息传递渠道，主要是传播文化信息，它是由某种非正式的组织和人群以及某一特定场合所组成，它所传递出的信息往往能反映出职工的愿望和心态。

今天，企业文化已经被越来越多的企业家所重视，并正在企业管理中积极地加以实践。众多管理学家和企业家都认识到，建设优秀的企业文化、塑造良好的企业形象是企业在市场经济中提升竞争力的有效手段。

第一节 气象源头，佛语曰为：
就在企业人心

□ 核心提示

佛经曰：天上天下，唯我独尊。

据说，悉达多太子，也就是后来的释迦牟尼佛在刚生下来的时候，一手指天，一手指地，周行 7 步，说："天上天下，唯我独尊。"这个"我"，当然不是指悉达多本人，而是指"人"，尤其是指有智慧、有觉悟的人。这句偈语既肯定了人的价值，更指出了人的真正资源在于智慧和觉悟。

《尚书》中说："惟天地，万物父母；惟人，万物之灵。"《孟子》中说："天时不如地利，地利不如人和。"可见古人对于"人"的高度重视，而对于"人"的理解和研究，在佛教文化中更是有着最丰富的内容，很值得当今世人去借鉴和学习。

《中阿含经》中有一段关于佛陀的记载。

未出家前，释迦牟尼的贵族生活是优裕舒适的，他拥有适合不同季节居住的 3 座官殿，有冬天御寒的官殿、夏天避暑的官殿、雨季防潮的官殿；他衣着华贵、饮食丰盛；他每日歌舞于庭，极尽享受之乐。他的父亲净饭王也对他寄予厚望，希望他能继承王位，成为统一天下的"转轮王"。

但是，释迦牟尼却在 29 岁时选择了出家修行。究其原因，有社会的，也有个人的。当时，他所处的时代正是古印度各国之间互相讨伐、并吞，阶级和民族矛盾十分尖锐之际，他所属的释迦族受到邻国强权的威胁，朝不保夕。因为释迦牟尼早已预感到王朝难免覆灭的结局，因而认为世间"无常"。此外，他还目睹了人自有生以后接踵而来的老、病、死的情景，联想到自己也摆脱不了同样的命运，从而产生了人生难脱苦难的烦恼，而当时婆罗门教的思想和行事又不能使他在精神上获得解脱之道，所以他最终选择了舍弃王位、出家修行。

出家后，释迦牟尼先来到跋伽仙人的苦行林，那里有很多修行者，他们以种种苦行折磨自己的肉体，以求得到精神上的解脱。释迦牟尼不满意这种做法，滞留一宿便独自离去。他的父亲听到他出家的消息之后甚为悲伤，因派人劝说无效，便在亲族中选派了阿若憍陈如、阿说示、跋提、十力迦叶、摩诃男拘利 5 人伴随他修行。

后来，释迦牟尼南渡恒河，到达了摩揭陀国的首都王舍城，国王频婆沙罗会见了他。而后，他又寻访隐栖于王舍城附近山林的数论派信奉者阿罗逻·迦罗摩和郁罗迦·罗摩子，修习禅定。然而，他们的教义在释迦牟尼看来，仍然不是真正的人生解脱之道，于是他又来到伽阇山苦行林，在尼连禅河边静坐思维，实行苦行。经过 6 年的时间，仍没有获得所期望的结果。最后，他决定抛弃绝食和苦行，来到菩提伽耶的一棵毕钵罗树下结跏趺坐，静思冥索，最后终于觉悟成道，时年 35 岁。

由此看来，佛之所以成佛，不仅需要执著坚持，还需要"悟"。正因为如此，所以佛教非常重视悟性与修行，悟性极高者，灵犀一点即可成佛，潜心修行者也可成高僧，而那些既无悟性也不肯修行的人则只能是芸芸众生中的一员。

佛教认为，人的智慧和觉悟全在人的"心"里。而心在哪里？明代高僧蕅益大师在解释《大学》时说："大者，心也。学者，觉也。"可见，人的一切

全在于心，而人的最大资源则在于觉、在于悟性。

司马迁在《史记·淮阴侯列传》中有这样一段话："秦失其鹿，天下共逐之。于是高才疾足者先得焉。"这是一个形象化的比喻，道出了一条真理。在这里，鹿被比喻为一种理想、一个目标，谁能实现这个理想、达成这个目标？答案是：高才疾足者。至于高才怎么高、疾足者怎么疾？则全在人的心、人的觉悟，因此才会有"得人心者得天下，得人才者得天下"之说。人才之所以会成为国宝、家宝、企业之宝，则取决于他们的心、他们的智慧、他们的悟性，高才实际上是高在智慧、高在悟性。而一个企业要想获得这种智慧和悟性，则必须具有一种气象。

"气象"一词最早见于魏晋及南北朝，昔日，佛祖说东有大乘气象，遂命达摩东渡，传布佛法。由此，人们把发展到圆满阶段的事物称为"气象"，古时也叫天子之气、王者之气、圣者气象。而今，在这个经济飞速发展、竞争愈加激烈的商战时代，一个成熟的企业、一个高度发展的名牌企业也都应该具有一种气象，这种"气象"就是企业精神，也就是这个企业的文化魅力。这种精神和文化魅力无处不在，最终就会形成一种"气象"，而这种"气象"的源头就在整个企业的人心。

企业的管理组织实际上是人的组织，企业的管理行为实际上是人的行为，企业的最大资源实际上是人才的资源，企业的管理活动也是人类特有的心智的活动，因此可以说，在企业内，"人"既是执行管理的主体，又是被管理的客体，任何有效的管理都要通过"人"才能实现。所以"人是管理哲学的核心"，这句话是颇具道理的。

无论多么优秀的管理者，在工作的过程中都难免会碰到人心不齐的现象，俗话说，人心齐，泰山移。如果管理者无法把人心凝聚到一起，这对于企业的存在和发展是极为不利的。当然，导致人心不齐的现象出现，可能是由于多方面的原因造成的，但最主要的原因还在于许多管理者不懂得企业管理的基本原理。

许多管理者，特别是私人企业的所有者总习惯把企业当做自己可以

随心所欲左右的私有品来对待。其实在现代社会中，即使是私人企业也是一个具有社会性的利益共同体，而不是个人的私有物。日本企业家松下幸之助曾经说过："经营事业非私人之事，乃公众之事，企业是社会的公器，所以，我认为即使是私人企业，也不应该仅仅站在私人的立场考虑，一定要经常想到它是否对人类共同生活的提升有所裨益。"

的确，私人企业的资产是私人的，但是，当它作为企业进行经营时，它就成为了一个社会性的实体。从经营的角度来看，任何一个企业都必须通过为社会提供某种产品或服务而取得收益，同时也必须从市场中取得相应的生产资料而进行生产，企业属于市场整体的一个组成部分；从企业的主体来看，企业是由资产主体、管理主体和劳动主体三大部分构成的，因此企业的变化也势必与这三大主体的利益密切相关。

简单来说，企业在本质上是资产主体、管理主体和劳动主体满足自己利益要求的共同体，因此资产所有者、管理者和劳动者都是按不同比例分享利润的主体，而企业的生产经营实质上就是创造利润的过程。在这一过程中，优秀的企业管理者会把握两个关键：一是要确定一个合适的、能使三方接受或认可的分配比例，这是做好和做大企业的基础；二是要把主要精力放在如何做大企业的基础之上。这两个关键点就是企业管理的基本原理，只有懂得了这一基本原理，管理者才会知道如何去进行有效的工作。

反观某些私人企业的老板，他们往往只把注意力放在分配利润的比例上，害怕员工的收入增长太高或增加太快，因而常常想方设法去减少员工的收入，其结果自然是丢尽了人心，甚至导致企业越做越小。

还有许多企业虽然也制定了很好的企业发展目标，但是这些目标往往不是建立在合理分配利润的基础上，只是企业老板的目标，不是管理者和员工需要的目标，因此同样难以激发管理者和员工的积极性，难以实现既定的目标。

由此可见，在企业的存在和发展过程中要想真正凝聚人心，关键在

于认识三方的共同利益，从而通过建立恰当的分配制度使企业的发展状况与员工、管理者、资产所有者的利益变化密切关联，由此而形成共同的奋斗目标，使企业真正具备不断发展的动力和活力。

日本有一家企业，其老板每天只做两件与企业经营无关的事情，却仍然能够将企业经营得井井有条，一件事是早晚在员工上下班的时候，老板一定会准时站在厂门口向经过的每一名员工鞠躬问候；另一件事是老板会在上午的工作时间拿上钓鱼竿去钓鱼休闲，中午回来将钓到的鱼拿来为员工改善伙食。

电视剧《大染坊》中也曾经成功刻画了一个"得人心者得天下"的实业家陈寿亭。剧中有这样一个片段：陈寿亭发现伙夫在准备午饭时只买回了半块猪肉，于是狠狠地斥责了他："工人们每天这么累，你就买这么点儿肉够谁吃呢？工人们吃不好，心里能没有怨气？有了怨气还能好好干活吗？"而后叮嘱伙夫立刻去买两块猪肉，一定要让工人们吃好，并且对自己的合伙人解释说："工人们端起碗来看见满碗的肉，他心里能不感激咱们？能不拼命给咱们干活？工人们一旦拼了命，咱们想不赚钱都难！"

虽然电视剧中的情节是杜撰出来的，但人们却能够从中轻易发现成功者的经营秘诀。的确，通过自己的关心和行为使每一名员工深受感动，从而尽职尽责、发挥潜能，这比起自己一个人累死累活地干活，哪一个生产力更大？哪一个创造的价值更多？

人是企业最有活力、最有潜力、最有生产力的组成部分，经营企业就是"经营人心"，对人力资源的整合是最高级别的整合，对人心的经营是最具有价值的经营。正所谓"人心齐，泰山移；人心散，事业完"，一个企业有没有向心力、凝聚力、战斗力，关键取决于管理者；而一个管理者有没有吸引力、号召力、影响力，则关键取决于其胸怀和气度，是否有容人之量、是否有用人之心。古人说：视人如"草芥"者，人必视之为"寇仇"；视人如"手足"者，人必视之为"腹心"。作为管理者，如果没有一颗对员工的"爱护"之心，自然也就别想奢求员工的诚心"拥护"。

第二节　欲速不达，佛语曰为：
　　　　闲适得当，远离"忙文化"

□ **核心提示**

佛经曰："如是为利生，我发菩提心，复于诸学处，次第勤修学。"

"菩提道次第论"是宗喀巴大师总摄三藏十二部经的要义，按"三士道"由浅入深的进程而编成的。"三士道"是任何一种有根基的人从初发心乃至证得无上菩提，中间修学佛法所必须经历的过程。亲近善知识是修学一切佛法的基础，要亲近善知识才能趣入佛法，趣入佛法之后，就要思维有暇圆满的人身难得，才能策励自己，起大精进，修学佛法，所修学的就是三士道。

中国佛教禅宗传到日本之后，禅的精神、禅的智慧渗透到社会每一个角落，而且产生了许多变种，比如茶道、花道、弓道、剑道都可以说是禅的分支，许多日本人也从佛教要义中体悟了深刻的人生智慧，由此也衍生了不少颇具禅宗精要的故事。

柳生又寿郎是日本一位著名的剑手之子，他的父亲认为他学习成绩太差，不能精通剑道而与他脱离了父子关系，于是，他前往二荒山去拜见名剑手武藏，想跟随对方学习剑道。

武藏听了他的请求后，只是回答："恐怕你不能满足我的要求。"

"但是，假如我努力学习的话，需要多少年才能成为一名剑师？"柳生又寿郎坚持问道。

"你的余年。"武藏答道。

"我不能待那么久，"柳生又寿郎解释说，"只要你肯教我，我愿意下任何苦功去达到目的。如果我当你的忠诚仆人，需时多久？"

"嗯，也许 10 年。"武藏缓和地答道。

"家父年事渐高，我不久就得回去服侍他了，"柳生又寿郎继续说道，"如果我更加热烈地学习，需时多久？"

"嗯，也许 30 年。"武藏答道。

柳生又寿郎惊讶地问："你先说 10 年而现在又说 30 年。我不惜任何代价下苦功，要在最短的时间内精通此艺！"

"嗯，"武藏说道，"那样的话，你得跟我学 70 年才行，像你这样急功近利的人多半是欲速不达。"

"好吧，"柳生又寿郎说，他终于明白他因缺乏耐心而被申斥了，"我同意好啦。"

然而，在接下来的时间内，柳生又寿郎所得到的教导是：不但不许谈论剑术，连剑也不准他碰一下。他的师父只要他做饭、洗碗、铺床、打扫庭院和照顾花园，对于剑术则只字不提。

3 年的时光就这样过去了，柳生又寿郎仍是做着这些苦役，每当他想起自己的前途，内心便不免有些凄怆：他发誓全力以赴学好的剑艺却连学都没有学过！

但是有一天，武藏悄悄地从他背后蹑进，以木剑给了他重重的一击。

第二天，正当柳生又寿郎忙着煮饭的时候，武藏再度出其不意地向他扑击而来。

自此以后，无论日夜，柳生又寿郎都得随时随地预防师父突如其来的袭击；一天 24 小时，他时时刻刻都要准备品尝遭受剑击的滋味。

但他总算悟出了其中的道理。看到柳生又寿郎豁然贯通，他的师父得意地绽出了笑容。最后，柳生又寿郎终于成了全日本最精湛的剑手。

很多学生在刚入学时无一例外地都会抱定一个目标：准备读好书后要做什么事。然而事实证明，在读书期间如果总把目标存在心里，因为心中有了这个障碍物，就会导致无法专心攻读，最终就会离自己的目标越来越远，这就是欲速则不达的道理。只有暂时忘却心中的目标，放下任何期望去专心读书，才能达到目的。

坐禅的道理也是一样，坐禅乃是为了开悟，开大智慧、了生脱死。但很多人却在坐禅时存有各种各样的念想：我什么时候开悟？我如何开大智慧？如何了生脱死？如果常存着这些念头，那么无论坐禅多久终究还是不能开悟的。必须要将身心放下，无拘无束、无挂无碍，不要管是否会开悟、是否会开智慧、是否会不了生死，只要念兹在兹，专一参悟"念佛是谁"，不要贪快，当功夫纯熟时，你自然会开悟，这就是所谓的"毋欲速，欲速则不达；毋见小利，见小利则大事不成"。

读书如此，参禅如此，办企业同样如此，无论做什么事，只管专心去做，不要心存收获的企图。一旦心存收获的企图，则结果必然大相径庭，与本来的目标离得远之又远。

使"忙文化"大行其道的原因有很多种，但总结起来，大致可以归纳为以下几方面：

首先是企业导向错误。 企业里鼓励什么、抑制什么，天长日久就会形成一种风尚。如果企业里的高层管理者心态浮躁，赞赏个人英雄主义，甚至总用一种"我花钱雇你，你就得拼死拼活地卖命"的心态去对待员工、对待管理工作，那么"忙文化"就会在这个企业中蔚然成风。

其次是流程制度不健全。 许多比较风行"忙文化"的企业，其操作流程和规章制度要么没有，要么太多，要么就是流程之间没有很好地衔接，要么就是规章制度朝令夕改，全看老板的心情如何，要么就是执行层面操作、监督得不到位。

第三是职责划分不明。很多企业根本没有划分各个岗位的职责，有事情时就临时安排一下，平日里员工不知道自己该做什么，管理者也不知道该叫谁去做。没有了责任心，员工的工作技能无法得到提升，工作效率和效益自然也不能提高。

最后是人力资源管理不到位。可以说，企业风行"忙文化"在很大程度上是与人力资源管理工作的缺失分不开的，比如领导层没有打造一支高效的中层管理队伍，没有建立跟踪监管和科学的内部培训体系；管理层缺乏先识人再用人的思想和能力，没有开展以激励为主的绩效考核；管理者能力有限，不能很好地调动、协调部属，不能明晰分辨工作的轻重缓急……种种原因，最终使得员工的素质永远跟不上企业的发展步伐。

不可否认的是，企业出现"忙文化"的主要原因与这个企业的价值观有很大的关系。老子曾在《道德经》中言道："天下难事必做于易，天下大事必做于细。"先人早就告诉了我们这个道理，提倡无论做人、做事都要注重细节，从大处着眼、从小事做起。道理似乎很简单，但真正实行起来却不那么容易，因为我们缺少的不是雄韬伟略的战略家，而是精益求精的执行者和执行力文化。管理无小事，精细化的管理要从文化的价值观开始抓起，终端的问题就是管理者的问题，"忙文化"的存在首先就是企业的管理者有问题。企业出现"忙文化"，从某种意义上正说明了企业的价值观有问题，是企业文化建设不健全的体现。企业文化是水，可以渗透到企业的方方面面，任何员工的思想问题都可以追溯到观念的问题，因为观念决定行动，行动决定结果。

第十一堂管理课

以实率众，
执行力在于脚踏实地

　　身为佛门弟子，不管修何法门，都应当遵佛遗教，发扬大乘佛法的真正精神，做个真正的菩萨。而一个真正的菩萨行者则必须是脚踏实地的务实者。学佛者决不是只尚空谈的"菩萨"，菩萨行的工作很多，太虚大师就说过"改善人民的生活风俗习惯，提高一般民众的教育，增加农村的生产，协助工业的发达，兴办救济贫病的医院、教养院等慈善事业"，这些都是菩萨利他之事，也是修行菩萨道者的实际工作。

　　许多人总想干一番轰轰烈烈的大事，对眼前的琐碎小事却不屑一顾、不以为然；他们好高骛远，总想去摘天上的月亮，却无法认真对待每次机会，尽心尽力去做好眼前的事；他们三心二意，这山望着那山高，却不能静下心来踏踏实实地专注于当下的工作；他们虽然有很多好的想法和点子，却不能把这些漂在空中的想法转化为一个个可以落地的实际行动。

　　老子说"千里之行，始于足下"，荀子说"不积跬步，无以至千里；不积小流，无以成江海"，《中庸》上说："君子之道，辟如行远，必自迩；辟如登高，必自卑"……整天生活在自己编织的梦幻世界里，用浮躁、空想、急功近利代替了脚踏实地的人，充其量只能称之为"梦想家"，而非行动者、实践者和执行者。

　　试想一下，倘若爱迪生只是躺在被窝里构想一个个发明，而不脚踏实地亲自实践，又怎能使构想变为触手可及的现实？倘若戴尔公司的首席执行官迈克·戴尔不能在创业初期从一名普通的销售人员做起，又怎能体味产品、市场、客户、销售和利润之间的微妙关系？又怎能了解和掌握企业运营中每个环节对销售成败的影响？又怎能在担任公司的首席执行官后得心应手地统驭公司，并创造出骄人的销售业绩？

　　其实，在我们身边不乏资质甚高的聪明人，也不乏能力颇高的优秀人才，为何他们却平庸无奈地活着？为何多年来他们在事业上未有多大拓展和递进？为何他们总是漂移在各家公司，痛苦地找不到自己的位置？就是因为他们缺乏吃苦耐劳、脚踏实地的精神。

没有认真踏实的态度，没有一步一个脚印的行动，没有亲力亲为的实践，没有不折不扣的执行，就没有从无到有的转换和质的飞跃，自然也根本不可能实现目标，攀上事业的巅峰。

有一个农夫一早起来，对妻子说要去耕地。当他走到地里时，发现耕耘机没有油了，准备立刻去加油，突然，想到家里饲养的三四只母猪还没有喂食，于是忙着赶回家去。途经仓库时，他发现库房旁边的几只马铃薯发芽了，随即捧起马铃薯往田里走。途中经过一个木材堆，他又记起家中需要一些劈柴，正当他要去取柴火的时候，看见了一只生病的小鸡躺在地上，于是他又抱起小鸡往家里走。

这样来来回回跑了几趟，这个农夫从早上一直忙到夕阳西下，油没有加、猪没有喂、田没耕，最后什么事也没有做成。

相信在现实生活中，会有很多跟故事中的农夫一样没有定性的人，总是同时周旋在几件事务中，无法踏踏实实、认认真真做完一件事，使许多好项目、好计划、好方案就这样搁浅、流产了。其实，故事中的农夫就好比企业的领导者、管理者，正是因为他们既没有对如何解决企业里的种种问题事先做出统筹安排，也没有确立明确的目标和实现目标的先后顺序，更没有设计良好的业务流程和执行机制，而只是拍着脑袋做事，想到哪儿就做到哪儿，因此，其结果必然会是顾此失彼，行动不得法，丧失市场竞争力，甚而连自己都被这种因为三心二意、缺乏定力、东一榔头，西一棒槌的工作方法弄得无所适从，最终信心大减而导致计划的执行性大打折扣。

第一节　法力感召：
融合贯通，不能僵化

□ 核心提示

"禅教一体，折衷法相、三论、华严、天台，以禅融合贯通之，持律精严，欣求往生。"

——净宗六祖永明大师

　　佛教向人们描述了万物的结构，如实地分析了人们的现实生活，让人们深切地认识到自己生存的自然环境与社会环境，并教给人们去清醒地认识它们的方法与途径。正如《般若经》提出"空色不二"、维摩诘立"不二法门"、天台宗提倡"三谛圆融"、华严宗提倡"六相圆融"等，目的都在于强调此岸与彼岸、现象与本体、全体与部分的关系，告诉世人存在于世间的那些大小、长短、隐显、成败等对立与差别之间都是相通互融的。此外，禅宗所主张的人即佛、佛即人、世间即出世间、烦恼即菩提、迷即悟、生死即涅槃等思想也是一种圆融无碍的思想，这些辩证法思想不仅开导了人们的思维方法，拓展了人们的思维空间，而且提高了人们的思维能力，为人们认识整个世界提供了一个全新的视角。

　　圆融是学佛之人的一种境界：功德圆满、成就人生；同时也是一种处世态度：你中有我、我中有你、融合贯通。这里的圆融并非奸诈狡猾，而是提倡一种"方而不怪，圆而不滑"的处世原则。佛教的圆融观认为，万法容于一心，故万法相容无碍，一与多、长与短、成与败皆为相依赖而存在，因

此二者之间相互容含、一体无别。作为一种观点、一种方法、一种境界，佛教的圆融无碍观不仅体现了辩证的思辨智慧，而且体现了对待诸矛盾大而容之、圆而通之的精神，而在当今矛盾重重的多极化社会里，正需要这种辩证智慧和精神境界。

在中国佛教中，圆融思想并非只是哲学的玄想、思辨的游戏，而是宗教修持和世俗应用的指针。佛法圆融观可用于处理当今和未来人与社会、人与自然、人类心灵等各种矛盾与冲突。

慧缘大师曾经说过："世事多变，人生无常。生灭的世界原是无常的世界，昨天还生龙活虎的好友，今天不幸发生车祸竟然和你阴阳两隔；昨天还是拥挤热闹的百货公司，今天却被大火夷为平地……明天，甚至下一分钟，世界将会发生什么事或是会有什么惊天动地的变故，众生都不能预知，这就是世界无常。"

的确，人们生活在无常的世界里，现实世界经常给人们带来许多的烦恼、感受太多的苦痛，从而动摇人们身心的安定。参禅学佛可以求得一个不生不灭的世界，也就是"如"、"悟"、"净"、"圆"的世界。

"如"的世界，即不动的世界、如来的世界、如法的世界、如实的世界。如果人们的心能安定在如如不动中，外界的一切干扰都不会影响人们的心境，人们就会生活得幸福快乐。

"悟"的世界，即智慧的世界、光明的世界、解脱的世界、自然的世界。悟是我心、我佛、众生三无差别的世界；是"不以得喜，不以失悲"的世界；是不为情爱所羁、不为生死所转的世界；是恢复自然、找到本性、认识自我的世界。

"净"的世界，即清净的世界、极乐国的世界、法眼净的世界、莲花藏的世界。佛教认为，贪、嗔、痴、悔、恨、怨、怒时时侵扰着人们的心灵，使人不得安宁。衣服脏了要洗净，心里不清净更需要洗濯心灵的污垢，"自净其意，是诸佛教"，所谓"心净则国土净"，若人人都能如此，则佛国净土就在眼前。

"圆"的世界，即一切如日月的世界、如虚空的世界、如因果的世界、如自性的世界。佛法讲宇宙人生都讲圆，理要圆、事要圆，事事圆融，有始有终、功德圆满，人生要追求圆融、一切随缘。

唐朝江州刺史李渤曾向智常禅师发问道："佛经上所说的'须弥藏芥子，芥子纳须弥'未免失之玄奇了，小小的芥子怎么可能容纳那么大的一座须弥山呢？简直是不懂常识，是在骗人吧？"

智常禅师闻言而笑，问道："人家说你'读书破万卷'，可有这回事？"

"当然！当然！我岂止读书万卷？"李渤一副得意扬扬的样子。

"那么你读过的万卷书如今何在？"

李渤抬手指着脑袋说："都在这里了！"

智常禅师微笑道："奇怪，我看你的头颅只有一颗椰子那么大，怎么可能装得下万卷书？莫非你也在骗人吗？"

李渤听后，脑中轰然一声，当下恍然大悟。

一切诸法，有时从事上去说，有时从理上去解。要知宇宙世间，事中有理，理中有事；须弥藏芥子是事，芥子纳须弥是理，若能明白理事无碍，此即圆融诸法了。

在企业管理中，圆融同样是极其重要不可或缺的，特别是在企业的战略和政策方针确定之后。管理者都知道，实现战略的关键在于执行，但在实际执行战略的过程中却经常会遇到来自企业内部和外部的种种问题，这就要求管理者运用圆融无碍的辩证思维方式去创造性地灵活执行战略和方针政策，不能僵化顽固，否则便很难将公司的战略得以彻底的贯彻和执行。此外，在企业内部管理上也要充分运用圆融无碍的思想，去建立起一支团结协作的团队，在团队中体现你中有我、我中有你、密切配合、融合贯通的合作精神，使团队的执行力发挥出最佳效能。

实现圆融管理、避免管理僵化，管理者可以从以下几个方面入手：

其一是检查症状、治理源头：当管理者面对如一潭污水甚至是一潭死水的企业现状时，首先需要做的就是查明这种现状的源头是原本就是污水、死水，还是源处无源、通处不通？抑或是遭到了人为的破坏，影响了水质或是截断了源头、堵住了疏导之处。

其二是要时刻检讨自己：此话说来容易做来难，因为人的劣根性决定了许多人在需要承担责任时会把过错推到别人身上，特别是那些企业管理者，因为自己的特殊身份和地位，难免会犯只责怪别人而不检讨自己的错误。

其三是积极开源、有容乃大：通过研究国内外的许多企业可以发现，它们热衷于招聘具有不同地域与从业背景的员工，并非仅仅是为了补充新鲜血液，在很大程度上往往是为了使自己的企业在某个市场着陆本土化。

其四是加强交流：无论是想要避免企业成为一潭死水，还是想要引导它流向自己预期的方向，都应该经常走出去加强自己与其他企业横向之间的各种交流，以便从中汲取可以活化自己的企业氛围及运行机制的有效方法。

其五是加强制度与执行的保障：企业的有效运作离不开制度的有力保障，而"执行力"一直是许多企业的一个软肋。甚至可以这样说，许多企业缺乏的并不是可行与完善的制度以及各种各样的计划，最终定出优劣、分出胜负的关键因素是执行力。因此，管理者应该专门设定与职位、薪酬相联系的监管与考核机制，并使其互相联系、牵制，还应该在企业中专门设定负责执行和督导执行的机构，并加强对该机构工作成效的检查，以此来保障企业制度的有效执行。

每天在波涛汹涌的商海中拼搏，人们时刻要接受来自各方的挑战，因此，面对无常的、变动不羁的市场，管理者必须要懂得圆融，不能僵化，随时检讨原因、随缘应变，否则必然无法在风急浪大的商海中站稳脚跟，更谈不上个人的成功和企业的发展。

第二节　法力感召：
团结合作，功德圆满

□ 核心提示

"社会是大家的，团体是成员共有的，所以当我们有缘与别人相处时，必须跟大众团结和包容别人，不要强求别人完全采纳自己的意见，应本着'有容乃大'的原则，尽量包容别人。如果你能包容别人，就能赢得别人的信任和好感。"

一天，佛祖释迦牟尼问他的弟子："一滴水怎样才能不干呢？"

弟子们苦思冥想，众说纷纭，但始终答不出来。

释迦牟尼说："把它放到江、河、海洋里去，一滴水，风一吹就干了，可是放到江、河、海里却是永不枯竭。"

是啊，风可以很容易吹倒一棵树，却无法吹倒一片森林；烈日可以很容易地蒸干一滴水，却无法蒸干一片汪洋；灾难可以毁灭一个人，却无法毁灭整个人类；一滴水，风一吹便干，只有投入大海才能永不干涸，可见团结就是力量。

应该说，人们从小就知道"团结就是力量"这个道理，这句话曾经被家长、老师当做至理名言一遍遍在我们耳边叮咛，但是在生活中，要做到真正的团结却是十分不易的，因为真正的团结需要大家确立共同的目标，例如见到破庙，和尚们都有重修的心愿，于是便会各施所长，破庙也

就成了佛教圣地。真正的团结还需要每个人都为实现共同的目标而全力奋斗:甲和尚诵经念佛从不间断、乙和尚挑水种菜一年到头、丙和尚接待香客常候山门……这其中,哪怕只有一个人偷奸耍滑,也会影响整个团队,最终使这种团结分崩离析。

就像蚂蚁,虽然看似渺小,但在遇到困难时,它们却能马上团结起来,浩浩荡荡,力量惊人,势不可当。当野火烧起来的时候,蚂蚁们并不是四散奔逃、各求生路,而是迅速聚拢,抱成一团,然后像雪球一样迅速滚动,逃离火海。正是最外面的一层蚂蚁毫不犹豫地牺牲了自己的生命才开辟了整个种族的求生之路,那种场面虽然令人惊心动魄,却也同时让人生起无比的感动与敬佩之心。再伟大的天才也不可能独自支撑一个企业;脱离了团队,无论多么优秀的人才都无法生存。唯有像蚂蚁一样团结起来,把自己融入团队中去,各司其职,最大限度地发挥团队的优势,为了共同的目标而努力,你才能和团队共同成长、共同成功。

应该说,人类是通过与他人的交往并成为团队中的一员而获得安全感的。当人们遇到困难时,通常习惯去求助于团队,以获得指导和支持。

索尼公司的功臣井深大刚在进入这个企业时,索尼还是一个只有20多人的小企业,但老板盛田昭夫却对他信心百倍地说:"我知道你是一个优秀的电子技术专家,好钢要用在刀刃上,我把你安排在最重要的岗位上——由你来全权负责新产品的研发,怎么样?你这一步走好了,企业也就有希望了!"

"我?我还很不成熟,虽然我很愿意担此重任,但实在怕有负重托呀!您能给我指点迷津吗?"井深大刚说。

面对井深大刚的疑惑,盛田昭夫自信地说:"新的领域对每个人来说都是陌生的,关键在于你要和大家联手,这才是你的优势所在。众人的智慧联合起来,还有什么困难是不可战胜的呢?"

听了这番话,井深大刚顿时豁然开朗。其后,他找到市场部的同事一同探讨产品销路不畅的问题,然后又找到信息部的同事了解情况。在研

制的过程中,他又和生产第一线的工作人员团结合作,共同攻克了一道道技术难关,终于在 1954 年试制出日本最早的晶体管收音机,并成功地将其推向市场,索尼公司由此迈进了新纪元,井深大刚也凭借集体的力量由一名缺乏信心的新手脱颖而出,一跃成为索尼公司的副总裁。

一个人的智力水平很低,能力有限,可是一旦与他人形成群体,他们所迸发的能量却是无比惊人的,能够通过群体成员之间的互动和协调解决任何棘手的问题。

除了与团队成员精诚合作以外,与对手的合作也同样能够创造成功。

人类因为相互依赖而共存,矛盾的双方同样也因为相互依赖而共存。现代社会的竞争就像空气一样,充斥在整个社会空间,"杀敌一千,自损八百"的竞争手段早已被淘汰,取而代之的是对双方都有利的"双赢理论",竞争双方往往会在特定的环境下化敌为友,形成战略伙伴的关系,共同获利。

1997 年,比尔·盖茨宣布,微软公司要向陷入财务危机的苹果电脑公司注入 1.5 亿美元的资金。消息一经传出,电脑业无不为之惊愕。几乎所有人都知道,微软与苹果近年来一直是计算机市场中的绝对对手,在市场竞争中斗得很激烈。如今,苹果公司遭遇到了前所未有的困难,甚至可以说只差一步就要被淘汰出局,此刻的微软只要一记重拳,就会将苹果逼上绝路,所以比尔·盖茨的这一举动在当时受到了许多人的质疑。而事实上,老谋深算的比尔·盖茨之所以会向苹果公司注资、助其渡过难关,是有自己的打算的。

这样做的好处首先是没有把苹果推给对手。当时,许多电脑公司也都想抓住苹果公司陷入财务危机这一绝好机会,纷纷提出合作的建议。可想而知,如果苹果公司与其他大软件公司联手,微软的压力必将大增,而如果能及早将苹果公司拉到微软的一边,就可以减少对微软的不利影响,从而提高微软公司的经营安全度。

其次,比尔·盖茨还考虑到了法律方面的问题,如果苹果公司彻底垮

了，那么微软公司操作系统软件的市场占有率将会上升至 92%左右，必然要受到美国司法部门和联邦贸易委员会的反垄断调查。若真是那样，那么微软为这场诉讼所需要付出的费用将大大超过从苹果公司让出的市场份额中所赚取的利润。

第三，微软在关键时刻助了苹果公司一臂之力，就等于在成功之路上为自己多争取了一个忠实的合作伙伴。

由此可以看出，比尔·盖茨所作出的对苹果公司注资的决策是有着深远的战略意义的，它决不是一项慈善活动，而是商业味极浓的利人又利己的双赢谋略。

对于市场来说，没有竞争就没有活力，但如果没有协作，那么竞争也同样无从谈起。正所谓"我有利，客无利，则客不存；我利大，客利小，则客不久；客我利相当，则客可久存，我可久利"，因此，对于现代社会来说，竞争是无法避免的，但团结合作、强强联合同样也是发展趋势。

特别需要注意的是，在共同目标尚未实现时，做到真正的团结也许还不太困难，只要大家心往一处想、劲往一处使，必然能达成目标。可是，当渡过创业的艰难期、目标初步实现后，真正的团结恐怕就要面临严峻的考验了。

可以这样说，工作中的根本问题基本上都是由于沟通和交流的中断造成的，每个团队内部成员的矛盾与摩擦都是不可避免的，想要让员工保持团结互助的局面，最重要的因素就是有效的沟通。

沟通的重要性不言而喻，然而正是这种大家都知道的事情却又常常被人们所忽视。没有沟通就没有成功的企业，最终导致大家都不能在这里工作，团队内部的有效沟通可以使所有成员真实地感受到沟通的快乐和绩效。加强团队内部的沟通管理既可以使管理者的工作更加轻松，也可以使全体成员大幅度提高工作绩效，同时还可以增强企业的凝聚力和竞争力，因此每个人都应该从战略意义上重视沟通。

优秀的企业都有一个很显著的特征：企业从上到下都重视沟通管

理、拥有良好的沟通文化,优秀管理者的必备技能之一就是高效沟通的技巧。一方面,管理者要善于向更上一级沟通;另一方面,管理者还必须重视与员工的沟通。许多管理者喜欢高高在上,缺乏主动与员工沟通的意识,凡事喜欢下命令、挑毛病,从不愿意倾听员工的心声。对于管理者来说,"挑毛病"在某些时候的确会起到独特的作用,但却必须讲求方式方法,切不可走极端,类似"鸡蛋里挑骨头"的做法只会得到适得其反的效果。此外,管理者在挑毛病的过程中也不能只有责备,还要告知员工改进的方法及奋斗的目标,这样才能不挫伤员工开拓进取的锐气。

而作为员工,也应该注重与管理者的主动沟通。一般来说,管理者要考虑的事情很多、很杂,有很多时间并不能为自己主动控制,因此经常会忽视与员工的沟通。更重要的一点是,对于许多工作,管理者在下达命令让员工去执行后,自己并没有亲自参与到具体工作中去,因此没有切实考虑到员工可能会遇到的具体问题,总认为不会出现什么差错,因此导致了与员工的沟通欠缺。因此,作为员工应该要有主动与管理者沟通的概念,以此来弥补管理者因为工作繁忙和没有具体参与执行工作而忽视的沟通欠缺。

沟通是双方面的事情,如果任何一方积极主动,而另一方消极应对,那么沟通也是不会成功的,所以,加强企业内部的沟通管理,最重要的就是不能忽视沟通的双向性。作为管理者,应该有主动与员工沟通的胸怀;作为员工,也应该积极与管理者沟通,说出自己心中的想法。只有大家都真诚地沟通、双方密切配合,企业才有可能发展得更好、更快。

沟通是每个人都应该学习的课程,提高自己的沟通技能更应该被上升到战略高度,为了事业有成,我们需要力量的源泉——真正的团结。聪明的员工没有不爱自己的企业的,智慧的员工会永远和同事们组成一个坚强的整体,他们会把所有同事视同手足、荣辱与共,也会用自己全心全意的爱为团队的崛起而尽心尽力。

第三节 法力感召：
凡所有相皆虚妄，赢利源于财商

□ 核心提示

凡所有相皆是虚妄，若见诸相非相，即见如来。

——《金刚经》

有两个和尚决定从一座庙走到另一座庙，他们走了一段路之后，遇到了一条河，由于下了一阵暴雨，河上的桥被冲走了，但河水已退，他们根据水的深度估计涉水而过应该是没问题的。

这时，一位漂亮的少妇正好也走到河边，见到桥被冲走，不禁皱眉叹气，并对和尚说自己有急事必须过河，但涉水而过又怕被河水冲走。

第一个和尚闻言之后二话不说立刻背起妇人涉水过河，把她安全送到对岸。第二个和尚愣了一下，连忙跟上了。

过了河之后，少妇谢过和尚之后便独自离去了。

两个和尚继续赶路，一路上，第二个和尚总是一副欲言又止的样子，就这样默不做声地走了好几里路，他终于忍不住问第一个和尚："男女授受不清，更何况我们和尚是绝对不能近女色的，刚才你为何犯戒背那个妇人过河呢？"

第一个和尚淡淡地回答："什么妇人？刚一过河我就把她放下了，可你到现在怎么还没有忘记她呢？"

"凡所有相,皆是虚妄","相"是指整体现象界,所有一切的变化都属于相的范围,按照佛教的说法,相从体而来,体就是佛性,是所有一切生命的源头。而"相"就是由人们心中所想而显现变化出来的表象,是虚妄的、是"空"的。这个"空"不是视而不见、睁着眼睛说没有,而是说任何事物都是不稳定的、不是永恒不变的,它们都是暂时地假合在一起,都要经过成、住、坏、空 4 个阶段,最终归于消失。世间万物在不停地变化发展,没有任何东西是能够固定不变的,所以这些都是"空"的,人们现在所看见的一切认为"真实"的东西最终都会消亡,一切也都会归于空寂,因此"相"都是假的,所有众生及万法皆如梦中境、镜中花、水中月,刹那生灭、虚幻不实。事因人立,人既虚妄,人所立之事自然也是虚妄的。如眼睛有病的人,天空中原本没有花,因病见花,事如病花之果。

因此,佛说不能以身相得见如来,"何以故,如来所说身相,即非身相",意思是说,真正的那个不生不死的身,不是这个肉身,肉身还是有生死的,即使是修持到活 1000 年,最后还是要死。譬如佛教里有一位禅师叫宝掌千岁,先是在印度活了 500 年,因为没有悟道,所以在得知将来大乘佛法要传入中国后, 便先到中国来等。等到他见到了达摩祖师后,又在中国活了 500 年。所以,长寿的人是有,但那只是肉身的相,并非不生不灭的。肉身无论是存活 500 年还是 1000 年, 最终还是会归为一个"空",能够永远不生不灭的是法身而非这个肉身相,而法身是不能拿形象来见的,所以佛叮嘱人们:"佛告须菩提,凡所有相,皆是虚妄,若见诸相非相,即见如来。"

佛法中提到的 4 种相:我相、人相、众生相、寿者相,如果用现代的名词来说,就是人的生理现象、心理现象以及与人们密不可分的社会现象。什么叫"社会"?凡是人和人的关系、组织以及彼此的互通有无就叫"社会"。人们的生理现象、心理现象加上环绕周围的社会现象就形成我相、人相、众生相和寿者相。佛法中提及的"众生"主要是指人,许多人生

活在一起就叫做众生的环境。寿者相就是"时间相"的意思,是生命在时间过程中所做的活动,而生命的活动是在社会之中进行的,社会的关系是什么?是你、我以及由许多的你与许多的我加起来所形成的众生,然而这些皆为"虚妄相",因为这些都是经常在变异更动的。

相是虚妄的,更是无常的,它处于不停的变化中,包括家庭问题、事业问题、健康问题、关系问题、地位成就等各种体验都随时在变化,企业也是如此。既然一切都在变,那么把握规律、预料胜负自然是难上加难之事,因此,提高个人素质就成了企业管理者所面临的最重要的问题。许多聪明的管理者为了加强自身的修养,纷纷选择了一条捷径——多读有关的文化典籍,如《易经》、《孙子兵法》等修身养性的作品。如书中所说的"凡所有相皆是虚妄,若见诸相非相,皆是如来",意思是只有你具备了透过现象看本质的能力时,才有可能把握规律、把握真理。管理者的财商可以说是考量一个企业管理者是否优秀的关键标准。

所谓财商就是理财的智慧,是指如何管理财富的智商和能力,它包括两方面的能力:一是正确认识金钱及金钱规律的能力;二是正确应用金钱及金钱规律的能力。在当今社会的商海中搏杀,财商、智商、情商是三大不可或缺的并列素质。智商反映的是人作为一般生物的生存能力;情商反映的是人作为社会生物的生存能力;而财商则是人作为经济人在经济社会中的生存能力。面对物价上涨、通货膨胀的社会经济状态,人们应该如何应对?怎样才能让将来的生活过得更富有、更舒适、更安全呢?

俗话说,"你不理财,财不理你"。很多人非常勤快地学习、努力地工作,追求更好的工作岗位和更高的职位,甚至放弃与家人开心相聚的时间,为的只是能让自己有更多一些的收入来支付不断增加的账单:物价上涨产生的更多的生活费、孩子长大后需要的更多学费、父母年迈需要的更多的医疗费……随着年龄的增加,你的压力会越来越大,直到最后你会猛然发现,原来你的一生都是在为了赚钱和支付这些账单作斗争

中度过的。而拥有足够的财商就像抓住了财富的手，从而让你知道怎么可以赚到钱，然后不断赚到更多的钱，并且可以避开如通货膨胀、经济不景气等风险，不断地增加你的财富。

对于企业来说，如果管理者拥有足够的财商，那么当他们面对变化时，其态度会是欢迎而非抱怨，因为这些翻天覆地的变化对于企业来说既是机遇也是挑战。在管理者不断提高财商的同时，企业也会获得更大的成功；反之，这个富有变化的时代对企业而言就会成为一个令人恐慌的时代，于是有些人永远会自信勇敢地走在前面，而有些人却总是在抱怨担心陷入生活的恶性循环并难以自拔。例如在企业界，某些保守型的企业管理者、投资者往往总是对重大变革抱有一种明显的怀疑态度，甚至越是那些富有创新意义的观念就越可能使他们感到困惑。100年前，"电话之父"亚历山大·格雷厄姆·贝尔刚刚为他的电话机申请了专利，却发愁无法满足市场对于他新发明的强劲需求。为了得到大公司的支持，贝尔找到了当时的通信大王——西部联合公司，问他们是否愿意购买他的专利和他的小公司，开价仅仅是10万美元。然而，西部联合公司的头脑人物却认为这个价格简直是荒谬可笑，并对这一建议大加嘲笑，甚至轻蔑地对贝尔说："我们公司要这个电子玩具干什么呢？"主动提议将他难以置信的电话发明以低价转让给当时的西部联合公司。

于是发生了后来的事情：一个拥有数十亿美元的产业产生了，而且最终成立了美国电报电话公司，在泰国、德国、新加坡等地设有工厂，在意大利、韩国、日本等国设有子公司或者合资公司，而它的前身只是贝尔电话公司的一个子公司。

因此，不要以假乱真、以次充好；不要只管自己富足而不管他人死活；不要只管自己赚钱而不顾环境恶化；不要赚了无数的钱却发现自己对社会的价值还是负数；不要越赚钱越不开心、不幸福……其实这些说的都是财商。仅仅渴盼财富是没有用的，那只是财商的想象阶段。要正

确认识它,找到赚钱在相关领域内的游戏规则,使用它、驾驭它、成为它的主人,这是财商的认知阶段,然后要确立目标作出选择,找出自身独具的能力或资源,然后将其转变为财富的路径,不断实践学习,尝试完善自我,使自己赚钱的能力得到最大发挥,这才是财商的最高境界。